Quizás lle...

SONRÍE
OTRA VEZ

Experimenta el gozo rebosante

CHARLES R.
SWINDOLL

EDITORIAL
UNILIT

Publicado por
Editorial **Unilit**
Miami, Fl. U.S.A.

Derechos reservados

Primera edición en español 1993

© 1991 por Charles R. Swindoll
Originalmente publicado en inglés con el título:
Laugh Again por Word Publishing
Dallas, Texas U.S.A.

Traducido al español por: Alicia Arratte de Valdés-Dapena

Citas bíblicas tomadas de la Biblia
Revisión de 1960 © Sociedades Bíblicas en América Latina.
Otras citas bíblicas tomadas de la Biblia al Día
© 1979 *Living Bibles International.* Otras versiones debidamente marcadas
Usadas con permiso.

Producto 490276
ISBN 1-56063-288-7
Impreso en Colombia
Printed in Colombia

Dedico este libro cariñosamente a
Al y Margaret Sanders,
y a
Jon y Peggy Campbell,
con gratitud por su desinteresada devoción
al ministerio radial de
Insight for Living
(Discernimiento para vivir).
Fue la visión de los Sanders lo que originó
las transmisiones, y la dedicación de los Campbells
lo que las sostuvo durante su infancia.
Debido a su incansable participación
en el ministerio y su apreciación por el mismo,
me he hallado alentado y fortalecido.
Y debido a su espíritu de alegría bulliciosa,
los momento que pasamos juntos se
caracterizan a menudo por
la diversión y la risa.

Contenido

Reconocimientos

Lo que más acerca a un hombre a comprender lo que significa dar a luz, es escribir un libro. Un cólico nefrítico también anda cerca. Yo he tenido cuatro de ellos, pero esa es otra historia. El proceso del nacimiento de este libro en particular ha sido inusitadamente delicioso y relativamente indoloro. Quizás después de mis muchos "chiquillos" literarios, le estoy "cogiendo la vuelta".

Aquéllos que han servido de parteras están entre los mejores del ramo: Byron Williamson, Kip Jordon, Ernie Owen y David Moberg de Word Publishing no sólo se regocijaron porque yo estuviera "en cinta", sino que me ayudaron a buscar nombre para el bebé y proporcionaron una envoltura de colores para vestirlo. De hecho, toda la atmósfera que trajeron a la casa de maternidad fue tan placentera, que me olvidé de que se suponía que fuera un proceso difícil.

Una vez más deseo expresar mi gratitud a Helen Peters, quien limpió al bebé después que nació. También estoy agradecido de Judith Markham y Ed Curtis, quienes una vez más me proporcionaron consejos editoriales sabios e ideas útiles, que mantendrán a este recién nacido saludable y fuerte. Como toda mi familia más cercana vino a verme o telefoneó para interesarse por mí, la moral se me levantó. Y, como siempre, Cynthia me dio mucho valor, sabiendo lo preocupado que estaba porque este fuera un bebé feliz y libre de innecesarias complicaciones. Su presencia confortadora resultó ser crucial.

Finalmente, quiero proclamar mi gratitud a mi Gran Médico, quien me permitió reunirme con El regularmente sin cita previa, y me proporcionó unos exámenes excelentes, mostrando una solicitud compasiva, y me asistió en el parto con gentileza y alegría. Supe que todo iba a salir bien porque inmediatamente después que nació, sucedió algo insólito: a diferencia de todos los otros que he tenido, cuando éste llegó, se rió.

Estoy agradecido de ti también. Cuando te lo acerques y disfrutes de su compañía, que su alegre disposición te proporcione horas de disfrute. Todo lo que pido es que cuando él te sonría, le devuelvas la sonrisa. Si lo haces, pronto descubrirás que se está formado un vínculo entre ustedes dos que aligerará tu carga y te ayudará a relajarte. Hay algo curioso acerca de los bebés: la forma en que se acurrucan en nuestros brazos y se vuelven una parte de nuestras vidas mientras más tiempo pasamos con ellos. ¿Quién sabe? En algún momento inesperado, cuando ustedes dos estén solos y nadie esté mirando, puede ser que bajes la guardia y te rías otra vez. Eso está bien. Como padre orgulloso, no se me ocurre nada que pudiera agradarme más.

Introducción

Este es un libro acerca del gozo. Trata de cómo relajarse más, liberar la tensión y no permitir que las circunstancias nos impongan actitudes.

Trata de cómo observar la vida desde una perspectiva diferente de la del reporte del tránsito o las noticias vespertinas de hoy.

Trata de cómo darle una oportunidad al niño que vive dentro de nosotros para que mire a la vida y se vuelva a reír.

¿Puedes acordarte de cuando la vida estaba llena de alegría? Yo sí que puedo. Sin saber nada del índice de las operaciones de la bolsa, de la caída del producto nacional bruto, del aumento de la criminalidad en veinticinco de las mayores ciudades de la nación, o de la disminución de los beneficios de salud en las principales empresas de nuestro país, yo era feliz como una almeja. Ni esperaba mucho ni necesitaba mucho. La vida era para disfrutarla, no soportarla; y por consiguiente cada día yo encontraba algo —cualquier cosa— de que reírme.

A través de mis ojos de niño la gente era graciosa. (¿Cuándo dejaron de serlo?) Cuando se acababa la escuela y aquellos vagos y confusos meses de verano eran para que yo los disfrutara, usualmente había suficiente agua en alguna parte para nadar, o una pelota de baloncesto para jugar con ella, o viejos patines para precipitarme por las aceras, o un chiste ingenioso para reírme. (¿Cuándo se volvieron tan serias todas las cosas?)

Nuestra familia de cinco miembros no tenía una peseta. Mi padre era maquinista; a menudo trabajaba en más de un lugar para que el dinero alcanzara. Mi madre se quedaba en casa y hacía todo lo que las madres hacen con tres testarudos chicos muy normales. Puesto que se libraba una guerra a ambos lados de nuestro país, teníamos carretones de razones para no reír... pero entonces nunca me di cuenta de ello. Yo era un niño y hacía lo que hacen los niños. En nuestra familia nos gustaba tocar música otro pasatiempo relajante. Alguna de esta música daba miedo, pero nos reíamos de ella también. ¿Y por qué no? Quiero decir, no era como si estuviésemos ensayando para el Carnegie Hall o aspirando a conseguir una beca en la Escuela de Música Juilliard. Simplemente nos estábamos divirtiendo... y la música era el medio creativo de que nos valíamos para expresarnos. Muchacho, ¡y cómo disfrutábamos! (¿Por qué las familias han dejado de tocar música juntos?)

Mientras regresaba de Alemania en el otoño de 1990, conocí a un hombre muy agradable con una risa infecciosa. Hablar con él era fascinante, y mientras conversábamos me enteré de que daba conferencias alrededor del mundo y llevaba alegría a miles de personas, desde presos hasta presidentes. Como se imaginarán, tenía una reserva inacabable de cuentos, la mayoría de ellos verdaderos y cada uno absolutamente hilarante. Nuestro viaje de varias horas se me fue volando.

Uno de mis favoritos me hace sonreír cada vez que lo recuerdo. Este incidente le sucedió realmente a la mujer que se lo contó a mi compañero de viaje.

Abuela y nieta, una muy precoz chiquilla de diez años, estaban pasando la tarde juntas cuando la niña de pronto miró hacia arriba y preguntó:

—¿Qué edad tienes, abuela?

La abuela se sorprendió un poco, pero sabiendo que su nieta tenía una mente muy despierta, no se asombró.

—Bueno, querida, cuando uno llega a mi edad, no se la dice a nadie.

—Vamos, Abuela... puedes confiar en mí.

—No, querida, nunca le digo mi edad a nadie.

La abuela se entretuvo en preparar la cena hasta que de pronto se percató de que la chiquilla había estado ausente por unos veinte minutos. ¡Demasiado! Fue al piso alto, a su dormitorio, y encontró que su nieta había volcado el contenido del bolso de su abuela sobre la cama y estaba sentada en medio del revoltijo, con la licencia de conducción de su abuela en las manos.

Cuando sus ojos se encontraron, la niña dijo muy ufana:

—Abuela, ¡tú tienes setenta y seis años!

—Bueno, es verdad. ¿Cómo lo supiste?

—Encontré tu fecha de nacimiento en tu licencia de conducir y resté ese año al año en que estamos... ¡así que tienes setenta y seis!

—Es cierto, queridita. Tu abuela tiene setenta y seis años.

La niñita siguió mirando la licencia y añadió:

—También te dieron F en sexo, abuela.[1] En algún momento entre esa edad inocente de la niñez y el momento actual, la vida se ha convertido en una sombría maratón de entrecejos fruncidos: una de las mayores causas de depresión para demasiados adultos. Supongo que algunos justificarían el cambio diciendo: "Cuando uno se vuelve adulto, necesita ser responsable". Estoy totalmente de acuerdo. Lo tengo grabado en mi cráneo. (Recuerden que la inicial de mi segundo nombre ¡es R!) Más aún, esos mismos dirían: "El ser responsable incluye vivir en un mundo de realidades, y no todas las cosas reales son chistosas. Algunas son extremadamente difíciles". Una vez más, estamos de acuerdo. Habiendo tenido que lidiar con las responsabilidades del mundo real por más de treinta de los años de mi adultez, estoy dolorosamente enterado de que esta vieja tierra no es un gigantesco cuenco de cerezas. Ellos continúan: "Así que, puesto que la adultez es sinónimo de responsabilidad, y ya que la realidad cierta-

---

1 NOTA DEL EDITOR: En el sistema escolar de algunos países, F es la calificación que indica: Desaprobado. En este caso indicaba: Femenino.

mente incluye dificultades, no tenemos por qué reírnos y disfrutar de la vida". Aquí es donde yo me enfrento a su lógica. Sencillamente no acepto el concepto de que la gente responsable que está en contacto con la realidad, deba llevar una expresión sombría y adoptar una posición mental de mortal gravedad.

Mi pregunta es esta: ¿Cuándo un saludable y bien ejercitado sentido del humor fue sacrificado en el altar de la adultez? ¿Quién dice que convertirse en un adulto responsable significa una cara larga y una actitud lo más grave posible hacia la vida?

Mi vocación está entre las más serias de todas las profesiones. Como ministro del evangelio y como pastor titular de una iglesia, los asuntos que me incumben son de dimensiones eternas. No pasa una semana sin que sepa de —o tenga que tratar con— la vida al desnudo. Matrimonios que se deshacen, hogares que se separan, gente que sufre, empleos que se evaporan, rampantes adicciones de todas clases. Las necesidades son enormes, interminables y desgarradoras.

Lo más natural para mí sería permitir que todo eso me robara la alegría y me cambiara de ser una persona aficionada al buen humor en la vida —lo mismo que a reír alto y con frecuencia— para ser un clérigo estoico, de ceño fruncido. No, gracias.

De hecho, ése fue mi mayor temor hace muchos años. Por pensar que pudiera lucir sombrío y ser superserio veinticuatro horas al día, resistí un llamamiento al ministerio durante años. La mayoría de los clérigos que yo he visto tienen el aspecto de trabajar de noche en el necrocomio local. Recuerdo vívidamente haber forcejeado con el Señor acerca de todo esto hasta que El me inmovilizó sobre el colchón y me susurró al oído una promesa que me forzó a rendirme: "Puedes servirme fielmente, pero puedes seguir siendo tú mismo. El ser mi siervo no requiere que dejes de reír". Eso me convenció. Esa declaración me ganó. Al fin decidí que podía ser un vocero de Dios y seguir disfrutando de la vida.

No hace muchos años, cuando comencé el programa de radio "Discernimiento para Vivir", recordé fugazmente aquel primer llamamiento, y decidí ser yo mismo, sin que nada importara. Tanto si la transmisión tenía éxito como si fracasaba, yo no iba a salir como algunos superpiadosos fanáticos religiosos, exagerados en su disciplina. Cuando algo me hiciera gracia, yo me reiría.

Una de mis radioescuchas me escribió y comentó: "Le agradezco mucho su programa. Sus enseñanzas me han ayudado mucho... pero tengo una importante petición que hacerle: ¡No deje de reír! Puede dejar de enseñar y hacer cualquier otro cambio en sus transmisiones, pero *¡No deje de reír!"* Y añadió: "La suya es la única risa que entra en nuestro hogar!"Sus últimas once palabras han seguido resonando en mis oídos durante años. ¡Qué comentario tan triste en nuestros tiempos! De muchos hogares —¿me atreveré a decir que de la mayoría?— la risa se ha ido. La alegría que fue antes un ingrediente esencial de la vida familiar se ha marchado, dejando corazones que rara vez cantan, labios que en pocas ocasiones sonríen, ojos que ya no bailan y rostros que dicen no. Trágicamente, esto sucede en hogares cristianos tanto como en no cristianos... y quizás más.

Tengo la completa convicción de que es imprescindible un cambio urgente; por eso he tomado la pluma para escribir otra vez. Hace un par de años advertí acerca de los asesinos de la gracia y urgí a mis lectores a que tuvieran valor para unirse a las filas del movimiento de avivamiento. Muchos lo han hecho así. Más tarde me preocupó toda la actividad complicada que muchos le estaban agregando a la vida de fe; así que, denuncié a los aplastadores de la fe mientras animaba a las personas a cultivar un estilo de vida de fe sencilla. Muchos también lo hicieron así. Quizás tú seas uno de esos. Ahora, en los últimos meses, he sentido una necesidad urgente de alertar contra los ladrones de la alegría, cuyo número ha ido aumentando, especialmente desde que han llegado tiempos de recesión. No recibimos más que malas noticias.

13

Es indiscutible que atravesamos tiempos difíciles. Los problemas que enfrentamos todos son no solamente serios, sino reales. Pero ¿son tan intensos, tan importantes, tan graves y tan desoladores que deban eclipsar toda expresión de regocijo? Lo siento, pero no estoy de acuerdo. Este libro te dirá por qué. Espero que, como resultado de viajar a través de estas páginas conmigo, ganarás una nueva perspectiva de estos días tan duros. Mejor aún, muchas de tus cualidades infantiles surgirán y suavizarán los golpes de tu intensidad. Tu actitud cambiará. Notarás que estás cambiando. ¿Cómo lo sabrás? Hay un síntoma inequívoco: volverás a reír otra vez.

Chuck Swindoll
Fullerton, California

Allí donde el alma no cree, hay poca afección.... O uno toma en serio la salvación, o no lo hace. Y es bueno darse cuenta de que la máxima cantidad de seriedad admite la máxima cantidad de comedia. Unicamente cuando estamos seguros de nuestras creencias podemos ver el lado cómico del universo.

Flannery O"Connor

1

Tu sonrisa aumenta tu valor personal

NO CONOZCO DE UNA necesidad mayor en la actualidad que la del gozo. El júbilo inexplicable, contagioso. La alegría desbordante.

Cuando esa clase de regocijo sube a bordo del barco de nuestra vida, trae consigo cosas buenas; como entusiasmo por la vida, determinación de aferrarse a ella y un fuerte deseo de dar aliento a otros. Esas cualidades hacen llevadero nuestro viaje cuando llegamos a alta mar y nos encontramos las altas olas del sufrimiento que tienden a desmoralizar y paralizar. No hay nada mejor que una actitud alegre cuando enfrentamos los retos que la vida nos lanza.

Alguien le preguntó una vez a la Madre Teresa cómo podía ella describir los requerimientos de su trabajo a cualquiera que deseara trabajar junto a ella en las sombrías calles y estrechas callejuelas de Calcuta. Sin vacilar, mencionó sólo dos cosas: el deseo de trabajar duro y una actitud alegre. He observado que ambas cualidades son raras, pero la segunda lo es mucho más. La diligencia puede ser difícil de encontrar, pero comparada con una actitud de genuino gozo, el trabajar duro es algo corriente.

Por desgracia, nuestro país parece haber perdido el espíritu de diversión y risa. Hace poco, un estudiante brasileño que cursa estudios en una universidad cercana me dijo que lo que más lo asombra de los americanos es su falta de risa. No pude refutarle su observación.

Mira a tu alrededor. Por dondequiera hay malas noticias, caras largas y corazones apesadumbrados; incluso en casas de alabanza (¡especialmente en casas de alabanza!). La mayor parte de la música popular que puede considerarse como la voz de la conciencia nacional, fomenta el sufrimiento, la tristeza y la desesperanza. Si el sexo y la violencia no son los temas principales de una nueva película, lo es alguna variante de la infelicidad. Los periódicos abundan en tragedias y calamidades, pérdidas de empleos y accidentes horribles. Lo mismo puede decirse de los noticiarios de televisión. Incluso los informes del tiempo dan primordial atención a tormentas, sequías, nevadas y ventiscas. Mañana será por lo regular "parcialmente nublado, con veinte por ciento de probabilidades de lluvia", nunca: "Mayormente claro, con ochenta por ciento de probabilidades de soleado". Si alcanzas a encontrar alguna risa en la pantalla, o es una cinta grabada de alguna estúpida comedia de enredos, o un comediante de moda que cuenta algún chiste sucio.

Esta actitud de caras largas y corazones apesadumbrados ahora ha invadido las filas del cristianismo. Visita la mayoría de las congregaciones hoy en día en busca de un signo de felicidad y sonidos de risa, que con frecuencia saldrás defraudado. El gozo, "el secreto gigantesco del cristiano",[1] hoy en día brilla por su ausencia. Considero que eso es *inexcusable*. El único lugar sobre la tierra donde las cargas de la vida debían ser más ligeras, donde los rostros debían reflejar entusiasmo genuino y donde las actitudes debían ser positivas y edificantes, es el lugar donde todo eso tiene menos oportunidad de ser cierto.

Cuando yo era jovencito, el más popular anuncio de negocios decía: MANDEME UN HOMBRE QUE LEA. Con todo lo que yo valoro la lectura y aplaudo los muchos recursos con que cuentan aquellos que se beben las páginas de buenos libros, considero que el lema de hoy en día debía ser: MANDEME UNO CUYA ACTITUD SEA POSITIVA,

CUYO CORAZON ESTE LLENO DE REGOCIJO, CUYO ROSTRO GRITE ¡SI!

Algunos críticos argumentarían de inmediato que nuestros tiempos no conducen a tal filosofía "feliciana" e indolente. Preguntarían: "En estas circunstancias, ¿cómo puedo sentirme de otra manera que no sea lúgubre?" A lo cual yo contesto: "¿Qué estás haciendo *en* estas circunstancias?" Que me corrijan si me equivoco, pero ¿no se supone que la vida cristiana debe vivirse *por encima* de las circunstancias?

Un buen sentido del humor aviva nuestro discernimiento y nos guarda de tomar todo lo que nos llega, demasiado en serio. Si nos conservamos alegres y despreocupados, negándonos a permitir que nuestro extremismo domine nuestros pensamientos, permaneceremos mucho más objetivos. Ogden Nash estaba tan convencido de esto, que proclamaba que si el pueblo alemán hubiese tenido sentido del humor, nunca habría dejado que Adolfo Hitler lo engañara. Sino por el contrario, la primera vez que hubieran visto a un tipo marchando con paso de ganso y levantado un brazo tieso para gritar: "¡Viva Hitler!" se habrían destornillado de risa.[2]

La gente que vive por encima de sus circunstancias por lo regular posee un bien desarrollado sentido del humor porque, en un análisis final, es eso precisamente lo que les permite salir adelante. Hace años conocí en Chicago a una mujer así durante una conferencia. Nos reímos un rato juntos después de una sesión en la cual yo di una charla. Más tarde me escribió para darme las gracias por haberle agregado un poco de regocijo a una conferencia que por lo demás fue ultraseria. (¿Por qué la mayoría de las conferencias cristianas son ultraserias?) Su nota fue una expresión deliciosamente original de alguien que ha aprendido a equilibrar el lado oscuro de la vida con el resplandeciente brillo de la risa. Entre otras cosas decía:

El humor me ha ayudado muchísimo en mi vida espiritual. ¿Cómo podía haber criado doce hijos, comenzando a los treinta y dos años, sin tener sentido del humor?

Anoche, después de su charla, disfruté un rato de esparcimiento con unos amigos que conocí aquí. Les conté que me casé a los treinta y uno. No me había preocupado por casarme; dejé mi futuro en las manos de Dios. Pero debo confesarle algo: cada noche colgaba un pantalón de hombre en mi cama y me arrodillaba para orar así:

> Nuestro Padre celestial,
> si contestas mi oración
> muy pronto este pantalón
> con un hombre has de llenar.

El domingo siguiente leí esa humorística carta a mi congregación y todo el mundo la disfrutó muchísimo. Noté las diferentes reacciones de un padre y su hijo adolescente. El padre rió a carcajadas, pero el hijo pareció preocupado. Ese día la madre se había quedado en la casa con su hija enferma. Obviamente ninguno de los dos le mencionó el cuento, porque un par de semanas después recibí esta nota de la madre:

Querido Chuck:

Me pregunto si debía preocuparme por algo referente a nuestro hijo. Durante las dos últimas semanas he notado que antes de apagar la luz para dormir, cuelga un biquini de mujer en un extremo de la cama... ¿Cree que deba preocuparme?

Le aseguré que no tenía por qué preocuparse. Y me complace decirles que el joven se casó hace poco, así que a lo mejor la idea del traje de baño funciona.

Quizás te encuentres entre el grupo de los "si sólo". ¿Dices que te reirías *si sólo* tuvieras más dinero... *si sólo* fueras más inteligente o mejor parecido... *si sólo* pudieras encontrar un empleo más satisfactorio? Pongo en duda esas excusas. Lo mismo que tener más dinero nunca volvió generoso a nadie, ni tener más talento volvió agradecido a nadie, tampoco tener más de *cualquier cosa* convirtió jamás a nadie en una persona gozosa.

La gente más feliz rara vez es la más rica, o la más hermosa o incluso la más inteligente. La gente feliz no depende del entusiasmo o la 'diversión' venida desde el exterior. Disfrutan de las cosas básicas, a menudo muy simples, de la vida. No pierden el tiempo pensando que otros pastos son más verdes; no añoran el pasado o el futuro. Saborean el presente, contentos de estar vivos, disfrutando su trabajo, su familia, las cosas buenas que los rodean. Son adaptables; pueden inclinarse con el viento, ajustarse a sus tiempos, disfrutar de las luchas de la vida y se sienten en armonía con el mundo. Sus ojos miran hacia afuera; se muestran despiertos y compasivos. Tienen la capacidad de amar.[3]

Sin excepción, la gente que constantemente se ríe, lo hace *a pesar de* algo, y rara vez *debido a* algo. Buscan la diversión antes que esperar que ella les toque a la puerta en medio del día. Tales creyentes contagiosamente gozosos no tienen dificultad en convencer a la gente que los rodea de que el cristianismo es real y de que Cristo puede transformar una vida. El gozo es la bandera que ondea sobre los castillos de sus corazones, anunciando que el Rey mora allí.

CONOZCA A UN HOMBRE
QUE SONREIA A PESAR DE...

Una vez vivía un hombre que se hizo cristiano después que llegó a adulto y dejó la seguridad y popularidad de su carrera anterior como líder religioso oficial para seguir a Cristo. La constante persecución que le acompañó durante el resto de su vida no fue más que el principio de sus aflicciones. A pesar de ser incomprendido, tergiversado y difamado, siguió adelante con gozo. Encima de todo eso, sufría de una dolencia física tan severa que él la llamaba un "aguijón en mi carne"; posiblemente una forma intensa de migraña recurrente.

A estas alturas ya sabrás que me refiero a Saulo de Tarso, llamado más tarde Pablo. Aunque no era dado a enfatizar sus propias dificultades o dolencias, el apóstol se tomó el tiempo de hacer una lista parcial de ellas en su segunda carta a sus amigos en Corinto. En comparación con sus contemporáneos del siglo primero había estado...

> en azotes, sin número; en cárceles, más; en peligro de muerte muchas veces. De los judíos cinco veces he recibido cuarenta azotes menos uno. Tres veces he sido azotado con varas; una vez apedreado; tres veces he padecido naufragio; una noche y un día he estado como náufrago en alta mar; en caminos muchas veces; en peligros de ríos, peligros de ladrones, peligros de los de mi nación, peligros de los gentiles, peligros en la ciudad, peligros en el desierto, peligros en el mar, peligros entre falsos hermanos; en trabajo y fatiga, en muchos desvelos, en hambre y sed, en muchos ayunos, en frío y en desnudez; y además de otras cosas, lo que sobre mí se agolpa cada día, la preocupación por todas las iglesias.

2 Corintios 11:23-28

Aunque todo eso fuera suficiente desventura para mucha gente, la senda de Pablo se hizo más escabrosa según pasó el tiempo. Finalmente fue arrestado y colocado bajo vigilancia constante de soldados romanos a quienes estuvo encadenado por dos años. Aunque se le permitió permanecer "en una casa alquilada" (Hechos 28:30), las restricciones deben haber sido mortificantes para un hombre que se había acostumbrado a viajar y a la libertad de planificar su tiempo. Sin embargo, ni una vez leemos que haya perdido la paciencia y protagonizado una rabieta. Por el contrario, consideró las circunstancias como una oportunidad para dar a conocer a Cristo mientras sacaba lo mejor de su situación.

LEA UNA CARTA CON UN
TEMA SORPRENDENTE

Es muy interesante que Pablo escribiera muchas cartas durante esos años de prisión domiciliaria, una de las cuales la dirigió a un grupo de cristianos que vivían en Filipos. Es una carta sorprendente, que resulta todavía más notable por el tema que en ella aparece vez tras vez: el gozo. ¡Piensen en eso! Escrita por un hombre que ha conocido desventuras y dolores espantosos, que vive en un recinto restringido, encadenado a un soldado romano, la carta a los filipenses ¡resuena con júbilo! Las actitudes de gozo y contentamiento están entretejidas a lo largo de la trama de estos 104 versículos como hilos de plata. En vez de sumirse en la autocompasión o de acudir a sus amigos para que lo ayuden a escapar o por lo menos a encontrar alivio de esas restricciones, Pablo les envió un mensaje sorprendentemente alegre. Y para colmo de todo eso, una y otra vez insta a los filipenses (y a sus lectores) a ser personas gozosas.

Permítanme mostrarles cómo ese mismo tema reaparece en cada uno de los cuatro capítulos.

• Cuando Pablo oraba por los filipenses, ¡sonreía!

Doy gracias a mi Dios siempre que me acuerdo de vosotros, siempre en todas mis oraciones rogando *con gozo* por todos vosotros.

Filipenses 1:3-4

• Cuando comparaba el permanecer en la tierra con irse a estar con Jesús, estaba gozoso.

Porque para mí el vivir es Cristo, y el morir es ganancia, mas si el vivir en la carne resulta para mí en beneficio de la obra, no sé entonces qué escoger. Porque de ambas cosas estoy puesto en estrecho, teniendo deseo de partir y estar con Cristo, lo cual es muchísimo mejor; pero quedar en la carne es más necesario por causa de vosotros. Y confiado en esto, sé que quedaré, que aún permaneceré con todos vosotros, para vuestro provecho y *gozo de la fe,*

Filipenses 1:21-25)

•Cuando los alienta a trabajar juntos en armonía, su propio gozo se intensifica mientras vislumbra ese acontecimiento.

Por tanto, si hay alguna consolación en Cristo, si algún consuelo de amor, si alguna comunión del Espíritu, si algún afecto entrañable, si alguna misericordia, *completad mi gozo,* sintiendo lo mismo, teniendo el mismo amor, unánimes, sintiendo una misma cosa.

Filipenses 2:1-2

• Cuando menciona el envío de un amigo a ellos, les insta a recibirle con gozo.

Mas tuve por necesario enviaros a Epafrodito, mi hermano y colaborador y compañero de milicia, vuestro mensajero, y ministrador de mis necesidades; porque él tenía gran deseo de veros a todos vosotros, y gravemente se angustió porque habíais oído que había enfermado. Pues en verdad estuvo enfermo, a punto de morir; pero Dios tuvo misericordia de él, y no solamente de él, sino también de mí, para que yo no tuviese tristeza sobre tristeza. Así que le envío con mayor solicitud, para que al verle de nuevo, *os gocéis,* y yo esté con menos tristeza. *Recibidle, pues, en el Señor, con todo gozo,* y tened en estima a los que son como él;

Filipenses 2:25-29

• Cuando les explica el "meollo" de lo que desea que ellos escuchen de él, estaba lleno de gozo.

Por lo demás, hermanos, *gozaos en el Señor.* A mí no me es molesto el escribiros las mismas cosas, y para vosotros es seguro.

Filipenses 3:1

• Cuando va llegando al final de su carta, vuelve al mismo mensaje de gozo.

Regocijaos en el Señor siempre. Otra vez digo: ¡Regocijaos!

Filipenses 4:4

• Finalmente, cuando Pablo recuerda la preocupación de ellos por su bienestar, el gozo acerca del cual escribe es (en mi opinión) uno de los pasajes más optimistas de las Escrituras.

En gran manera me gocé en el Señor de que ya al fin habéis revivido vuestro cuidado de mí; de lo cual también estabais solícitos, pero os faltaba la oportunidad. No lo digo porque tenga escasez, pues he aprendido a contentarme, cualquiera que sea mi situación. Sé vivir humildemente, y sé tener abundancia; en todo y por todo estoy enseñado, así para estar saciado como para tener hambre, así para tener abundancia como para padecer necesidad. Todo lo puedo en Cristo que me fortalece. Sin embargo, bien hicisteis en participar conmigo en mi tribulación. Y sabéis también vosotros, oh filipenses, que al principio de la predicación del evangelio, cuando partí de Macedonia, ninguna iglesia participó conmigo en razón de dar y recibir, sino vosotros solos; pues aun a Tesalónica me enviasteis una y otra vez para mis necesidades. No es que busque dádivas, sino que busco fruto que abunde en vuestra cuenta. Pero todo lo he recibido, y tengo abundancia; estoy lleno, habiendo recibido de Epafrodito lo que enviasteis; olor fragante, sacrificio acepto, agradable a Dios. Mi Dios, pues, suplirá todo lo que os falta conforme a sus riquezas en gloria en Cristo Jesús.

Filipenses 4:10-19

SE NECESITA: UNA TRANSFUSION DE JUBILO

Sospecho que después que los filipenses recibieron esta deliciosa cartita de Pablo, su regocijo aumentó a niveles nunca antes alcanzados. Recibieron una transfusión de júbilo de alguien a quien amaban tiernamente, la cual deben haber apreciado mucho más teniendo en cuenta las circunstancias en que estaba Pablo. Si él, en aquella situación de confinamiento irritante, podía ser tan positivo, tan valeroso, tan afirmativo, ciertamente los que vivían en libertad podían regocijarse.

Los ladrones de la alegría de vivir son muchos, y tendrás que deshacerte de ellos si esperas alcanzar la clase de felicidad descrita por la pluma de Pablo. Si no logras hacerlo, todo intento de recibir (o dar) una transfusión de gozo se verá obstaculizado. Uno de los cabecillas contra quienes tendrás que luchar más temprano que tarde es ese ladino ladrón que se desliza dentro de tus pensamientos y te recuerda algo del pasado que te desmoraliza (aunque esté terminado, liquidado y perdonado por completo) o conjura temores relativos a algo en el futuro (aun cuando ese aterrador algo nunca suceda). La gente gozosa está siempre afianzada en el presente: el aquí y el ahora, no el entonces y el jamás.

Helen Mallicoat hizo una contribución muy importante a tu vida y a la mía cuando escribió:

Yo estaba lamentando el pasado
Y temiendo al futuro...
De repente mi Señor hablaba:

"MI NOMBRE ES YO SOY". El hizo una pausa. Esperé. Continuó:

"Cuando vives en el pasado,
con sus errores y remordimientos,
es duro. Yo no estoy allí.
Mi nombre no es *YO ERA.*

"Cuando vives en el futuro,
con sus problemas y temores,
es duro. Yo no estoy allí.
Mi nombre no es YO SERE.

"Cuando vives en este momento,
no es duro.
Yo estoy aquí.
Mi nombre es YO SOY".[4]

SI DIOS ES DIOS... ENTONCES LA RISA ENCAJA EN LA VIDA

Mientras intento explorar la mente de Pablo, tratando de encontrar un común denominador, algún secreto para su gozo, tengo que llegar a la conclusión de que era su confianza en Dios. Para Pablo, Dios dominaba por completo todas las cosas. ¡Todo! Si llegaban desventuras, Dios las había permitido. Si el dolor le seguía los pasos, era sólo porque Dios lo había consentido. Si estaba prisionero, Dios seguía siendo el director soberano de su vida. Si parecía no haber escapatoria, Dios sabía que él estaba oprimido. Si se abrían las puertas y desaparecía toda opresión, era Dios quien lo había hecho.

¿Qué quiero decir? Dios no es una deidad distante, sino una realidad constante, una ayuda muy real siempre que hay necesidad. ¿Y qué? ¡Que debes vivir con esa confianza! ¡Y reír con esa ceerteza! Pablo lo hizo. Mientras vivió, le exprimió hasta la última gota de júbilo a cada día que pasaba.

¿Cómo lo sé? Esta cartita a los filipenses lo demuestra, como veremos en los capítulos siguientes:

- En el primer capítulo de Filipenses aprendemos que hay risa en la vida; tanto si alcanzamos lo que queremos como si no, a pesar de las circunstancias difíciles, e incluso cuando hay conflictos.

- En el segundo capítulo aprendemos que hay risa en servir. Comienza con la actitud correcta (humildad), se mantiene con la teología correcta (Dios es Dios), y se alienta con modelos y mentores correctos (amigos como Timoteo y Epafrodito).

- En el tercer capítulo aprendemos que hay risa en compartir; ya que Pablo cuenta tres bendiciones: su testimonio, su meta en la vida y la razón que lo estimula.

- Finalmente, en el cuarto capítulo, aprendemos que hay risa en reposar. Estas tienen que ser algunas de las mejores líneas jamás escritas acerca del principio de contentamiento personal.

¡Qué tesoro de júbilo! Francamente, estoy entusiasmado; y sé que tú lo estarás también. Antes que hayamos adelantado mucho, empezarás a darte cuenta de que la alegría es una elección. Descubrirás que cada persona debe escoger el gozo si espera reír de nuevo.

Jesús nos dio su verdad para que su gozo pudiera estar en nosotros. Y cuando eso tenga lugar, nuestro gozo sea cumplido (Juan 15:11). La tragedia es que tan pocos escojan vivir jovialmente.

¿Lo harás tú? Si lo haces, puedo prometerte algo: la risa y el entusiasmo te seguirán.

Me encontré una historia en un libro de Tim Hansel que señala esto de una forma inolvidable. Es la historia verídica de un hombre de ochenta y dos años que había servido como pastor durante más de cincuenta de ellos. En sus últimos años había estado luchando contra el cáncer de la piel. Era tan grave que ya había sufrido quince operaciones de piel. Tim escribe:

Además de atormentarlo el dolor, se sentía tan turbado por las marcas que el cáncer había dejado en su piel, que no salía a la calle.

Un día le dieron a leer Tienes que seguir bailando donde yo cuento de mi larga lucha con el dolor crónico que me quedó como secuela de un accidente casi mortal. En ese libro relato cómo un día me percaté de que tendría que vivir para siempre con ese dolor. En ese momento hice una decisión trascendental. Sabía que era yo quien escogería cómo hacerle frente a ese hecho. Así que me decidí por el gozo...

Después de leer un poco, el anciano pastor dice que puso el libro a un lado pensando: "Está loco. Yo no puedo escoger el gozo".

Así que desechó la idea. Un poco después leyó en Juan 15:11 que el gozo es un don. Jesús dice: "Para que mi gozo esté en vosotros, y vuestro gozo sea cumplido".

¡Un *don!* pensó. No sabía qué hacer, así que se arrodilló. Entonces no sabía qué decir, así que dijo: "Bueno, Señor, entonces *concédemelo*".

Y de repente, tal como él lo describe, esta increíble porción de gozo cayó del cielo sobre él.

"Me sentí abrumado", escribe. "Era como el gozo de que se habla en 1 Pedro, 'un gozo inefable y glorioso'. No sabía qué hacer, así que dije: "¡Enciéndelo, Señor, enciéndelo!" Antes que pudiese darse cuenta de lo que sucedía, estaba danzando por toda la casa. Se sentía tan jubiloso, que en realidad sintió que había nacido de nuevo... otra vez. Y este cambio asombroso tuvo lugar a los ochenta y dos años.

Tenía que salir. Tanto júbilo no podía quedarse encerrado. Así que fue a la cafetería local y compró una hamburguesa. Una señora percibió lo feliz que estaba y le preguntó:

—¿Cómo le va?

El contestó:

—¡Oh! ¡Estoy admirablemente!

—¿Es su cumpleaños? —preguntó ella.

—No querida, ¡mejor que eso!

—¿Su aniversario?

—¡Mejor que eso!

—Bueno, ¿qué es? —preguntó ella muy entusiasmada.

—Es el gozo de Jesús. ¿Sabes a qué me refiero?

La señora se encogió de hombros y contestó:

—No, tengo que trabajar los domingos.[5]

Cada vez que leo el relato de Tim, sacudo la cabeza. ¡Qué respuesta más ridícula! Pero no es rara. Básicamente hay dos clases de gente: la que se decide por el gozo y la que no. La gente que se decide por el gozo no presta atención al día de la semana que es... o qué edad tienen... o cuánto dolor sienten. Han decidido deliberadamente reír otra vez porque han escogido el júbilo. La gente que no escoge el gozo se pierde el alivio que puede traer la risa. Y como no escogen, no pueden, y como no pueden, no lo hacen.

¿Cuál de ellos eres tú?

2

Pon la proa al gozo

*E*STE AÑO CUMPLIRE cincuenta y ocho años. Pensé que podía anunciarlo al mundo.

Cuando uno llega a mi edad, descubre que los amigos más íntimos que tiene son los más inmisericordes en las tarjetas que le mandan. El año pasado, cuando cumplí cincuenta y siete, ¡fue de un insulto tras otro! Como: "Confunde a tus enemigos. Asombra a tus amigos. ¡Apaga *todas* tus velas!"

Otra decía en el frente: "Querría estar contigo para ayudarte a encender tus velas de cumpleaños," y adentro: "pero estaré observando el resplandor en el cielo y pensando en ti".

Esa era de Helen Peters, durante mucho tiempo mi asistente ejecutiva, quien ha mecanografiado todos los libros que he escrito... alguien de quien uno esperaría que fuera compasiva y preocupada por un tipo de mi edad, ¿no creen? Nada de eso.

Muchas más mencionaron el bizcocho y las velas, una de ellas advirtiéndome de dos peligros: las velas derretirían la cubierta del bizcocho en quince segundos, así que tenía que apagarlas lo más rápido posible. Pero cuando eso ocurriera, era probable que la alarma de humo se disparara.

Garfield, el tozudo gato, aparece en el frente de otra. Yace en el suelo (naturalmente) pensando (con un ojo abierto): "Puedes darte cuenta de que te estás poniendo viejo cuando te despiertas con esa horrible sensación de 'a la mañana siguiente'... ¡sin haber hecho nada la noche antes!" Cuando uno llega a esta edad —en realidad, a *cualquier* edad— es esencial tener sentido del humor. Una vez escuché una gran charla de un veterano misionero con el tema: "Qué pondría en mi maleta si regresara al campo misionero". ¿Lo primero que mencionó? Sentido del humor. Un amigo mío que una vez sirvió al Señor por muchos años en suelo extranjero tiene un dicho similar: "Se necesitan dos cosas si se quiere vivir feliz en la obra de Dios en el extranjero: un buen sentido del humor y ¡ningún sentido del olfato!"

He descubierto que un semblante jovial nada tiene que ver con la edad de uno o su ocupación (o la falta de ella) o la geografía, o la educación o el estado civil o la buena apariencia o las circunstancias. Tal como dije antes —y seguiré haciéndolo a lo largo de este libro— la alegría es una decisión. Es una cuestión de actitud que proviene de la propia confianza en Dios: de que El está obrando, de que El lo dirige todo, de que El ha originado lo que ha sucedido, está sucediendo o sucederá. O ponemos nuestro pensamiento en eso y nos decidimos a reír otra vez, o haremos el resto de nuestro camino a través de la vida entre lloros y lamentos, quejándonos de que nunca nos tratan con justicia. Somos nosotros los que conscientemente determinamos hacia dónde iremos. Parafraseando al poeta:

> Un barco zarpa hacia el este
> Un barco zarpa hacia el oeste
> Sin tener en cuenta hacia dónde sopla el viento.
> Es la posición de las velas
> Y no el viento
> Lo que determina hacia dónde vamos.[1]

El reír durante todo nuestro trayecto en la vida no depende de nada externo. Sin tener en cuenta cuán fuerte puede soplar el viento de la adversidad, somos nosotros los que ponemos la proa hacia el gozo.

Presencié un hermoso ejemplo de esto hace varios meses. Siendo uno de los miembros del consejo directivo del Seminario de Dallas, tuve el privilegio de entrevistar a nuevos integrantes de la facultad. En ese momento entrevistábamos a cuatro de sus más recientes miembros, uno de los cuales era una mujer. No cualquier mujer, sino la *primera* que se hubiera invitado jamás a unirse a las distinguidas filas de la facultad del Seminario Teológico de Dallas.

Su nombre es Lucy Mabery, y muchos de nosotros en el Consejo revivimos fugazmente su historia cuando ella nos contó su peregrinaje. La conocíamos desde hacía años. Esta agradable e inteligente mujer estaba criando una familia, impartiendo clases bíblicas y cumpliendo muy atareada con una docena de otros compromisos, al mismo tiempo que disfrutaba de un feliz matrimonio con el doctor Trevor Mabery, un médico de gran éxito en la cumbre de su carrera. Entonces todo su mundo se vino abajo.

Trevor volaba de regreso a Dallas con otros tres hombres desde un retiro en Montana, donde habían estado conversando con el doctor James Dobson acerca de orar por el ministerio Enfoque a la Familia. Su avión se estrelló y los cuatro hombres murieron en el accidente.

La ciudad de Dallas quedó paralizada por la sacudida: los cuatro hombres eran figuras públicas sumamente respetadas. A las viudas no les quedó otra posibilidad que recoger los pedazos de sus vidas y empezar de nuevo.

Lucy decidió hacerlo con alegría. Sin previo aviso, su amado Trevor había desaparecido. El dolor de la pérdida, uno de los más encarnizados ladrones de la alegría, entró a saco en la familia Mabery como un tornado. Pero, decidida a no permitir que el dolor perpetuo la inmovilizara con sus ataduras, Lucy permaneció positiva, con su mente alerta y gozosa.

Mientras la entrevistábamos aquel día, sus ojos brillaban con un agradable sentido del humor y su sonrisa era contagiosa. Le preguntamos qué le parecía eso de ser la primera mujer en la facultad. Con una sonrisa, contestó:

—He tenido una calurosa acogida y gran recepción de los miembros de la facultad. Ahora bien, el estudiantado —añadió— es otra historia.

Le preguntamos cómo se las había arreglado con los estudiantes más conservadores, que no estaban de acuerdo con que ella desempeñara ese cargo. Contestó:

—Oh, los invité a almorzar y conversamos sobre las cosas. Se suavizaron un poco —después de una breve pausa, agregó—: Esa ha sido una gozosa experiencia. De hecho, el alumnado me entregó un premio por ser ¡la miembro femenina mejor vestida de la facultad!

¿Cómo una persona en la situación de Lucy puede recuperarse, recoger los pedazos y seguir adelante? ¿Cómo alguien puede seguir abriéndose paso más allá del dolor de la pérdida que ha sufrido? ¿Cómo puede uno seguir riéndose de la vida? ¿Cómo puede abrazar a sus hijos después de quedar como único padre y ayudarlos a reírse del futuro? Eso viene de lo más profundo del ser; porque gente como Lucy Mabery pone proa hacia el gozo sin tener en cuenta de dónde sopla el viento.

Lucy tiene una tranquila confianza. No en la larga vida de un esposo ni en el hecho de que las circunstancias externas siempre serán plácidas, apacibles y fáciles, sino en Dios, que está obrando, que lo dirige todo, y quien hace que todas las cosas redunden en una mayor gloria para El. Cuando tú y yo nos concentramos en eso, descubrimos que también nosotros podemos reír otra vez, incluso después del horror de un avión estrellado y de la pérdida del compañero de una vida. Todo, repito, queda determinado por la forma en que nos hacemos a la vela.

UNA CARTA BREVE PERO CONVINCENTE

Todo esto nos conduce naturalmente hacia la magnífica aunque breve carta a los filipenses. Aunque contiene sólo 104 versículos, esta deliciosa pieza de correspondencia inspirada nos trae una sonrisa a los labios de todos los que la leemos ¿Por qué? ¡Por el que la escribió! Según la costumbre del siglo primero, él firma al principio en vez de al final: Pablo. Cuántos recuerdos deben haber cruzado por las mentes de sus amigos en Filipos cuando leyeron ese nombre. Diez años atrás ese hombre había estado entre ellos, fundando su iglesia. Diez años atrás lo habían encarcelado sin haber cometido ningún crimen. Diez años atrás ellos habían visto obrar a Dios al reunir un pequeño grupo de jóvenes cristianos en esta singular colonia romana. Y ahora, una década después, leían de nuevo de ese nombre. Se deben de haber sentido emocionados tan sólo de verlo otra vez. Como los italianos amantes del arte... emocionados por las obras de Miguel Angel; como los creyentes alemanes del siglo dieciséis, inspirados por un vocero llamado Martin Lutero; como los afroamericanos del siglo diecinueve, que se aferraron a cada palabra de Abraham Lincoln; como los patriotas británicos del siglo veinte, quienes necesitaban que Winston Churchill los ayudara a resistir, los integrantes de la iglesia de Filipos respetaban y necesitaban a Pablo. El era su fundador y amigo. Era su maestro, su capaz y muy admirado líder.

Pero Pablo no se limita a firmar con su nombre esta carta. También menciona a Timoteo, un nombre que significa "el que honra a Dios". Menciona a Timoteo no porque él haya escrito la carta, sino porque los filipenses lo conocían, lo amaban y pronto los visitaría. El dúo dinámico del siglo primero: ¡Pablo y Timoteo! Me imagino que los filipenses apenas podían esperar a saber lo que Pablo tenía que decirles.

De siervos a santos

En vez de presentarse como "Pablo y Timoteo, celebridades importantes" o "Pablo y Timoteo, superlíderes" o "Pablo y Timoteo, hombres a quienes deben respetar", los apóstoles escribieron: "Pablo y Timoteo, *siervos*". ¿Qué te parece? Por eso Pablo era grande. No actuaba como una prima donna a la que había que adorar, o un héroe frágil a quien había que tratar con guantes. El se veía a sí mismo como a un siervo.

La palabra griega traducida como *siervo* significa muchas cosas: uno atado a otro... por las ataduras de amor compulsivo... uno relacionado tan estrechamente con otro que únicamente la muerte puede romper el vínculo... uno cuya voluntad está sumergida en la dulce voluntad de Dios... uno que sirve a otro [Cristo]... con extrema renunciación, sin consideración para sus propios intereses.[2] Esas palabras definían a Pablo y a Timoteo.

Es interesante que ésta sea una carta de siervos a santos: "Pablo y Timoteo ... a todos los santos en Cristo Jesús que están en Filipos, con los obispos y diáconos" (1:1). Hoy en día podríamos decir: "a los pastores y diáconos" o a los "ancianos y diáconos".

Santos es un término muy interesante. Si has viajado por Europa, debes haber visto muchos santos de piedra dentro y alrededor de las catedrales. Si adoras en una iglesia litúrgica, debes haberlos visto en iconos —estatuas de yeso o mármol que representan a personas cuyas vidas fueron famosas en la larga y pintoresca historia de la iglesia.

En mis lecturas me tropecé con un artículo fascinante titulado: "Haciendo Santos". No se refería a la fabricación de grandes estatuas, sino al proceso por medio del cual hoy en día la gente es "santificada".

"El papa Juan Pablo II ha estado santificando más hombres y mujeres que todos sus predecesores del siglo veinte juntos",[3] escribe el autor, quien se extiende en la explicación del largo proceso seguido antes de nombrar a alguien como un santo oficial. Uno tiene que saber a quién tiene que dirigirse y qué pasos debe dar. También tendríamos que añadir que uno necesita una buena cantidad de dinero para santificar a alguien.

Pero los santos a quienes Pablo les estaba escribiendo no eran esa clase de santos. Los santos de Filipos eran gente común y corriente. Eran gente de todos los días como tú y yo.

No acostumbramos a poner los nombres comunes bajo ese reflector, ¡pero podríamos hacerlo! San Chuck. San Fran. Santa Shirley. Santa Cintia. San Silvestre. Santa Margarita. San Bob. San Tú. ¡Eso es: tú! El término griego traducido como *santo* viene de una palabra que significa "apartado y consagrado para los fines del servicio de Dios". ¿Verdad que esa es una gran idea? Por eso tú eres un santo. Cuando naciste en la familia de Dios por la fe en el Señor Jesucristo, obtuviste ese título. Quedaste apartado para el propósito especial de Dios. La esencia de esa palabra es la consagración.

"Pablo y Timoteo, siervos del Cristo vivo, a todos aquellos apartados para el propósito de servir a Dios, que viven en la ciudad de Filipos"; esa es la idea.

Ambos, gracia y paz

¿Y qué le ofrece Pablo a estos santos? "Gracia y paz". (Me encanta eso.) La gracia es algo que nos viene sin merecerlo nosotros. La paz es algo que tiene lugar dentro de nosotros sin que nuestras circunstancias externas lo afecten. Con gracia de lo alto y paz dentro, ¿quién no tiene motivo de regocijo?

En su forma original la palabra *paz* significó "ligar juntos" y llegaba a incluir la idea total de estar ligado tan íntimamente con algo o alguien que resultara en armonía. La mujer precisa que se une en armonía con el hombre exacto en matrimonio comienza una relación "apacible" donde existe la armonía. Cuando hay semejante armonía de gracia y paz, la selección del gozo fluye naturalmente. Y eso explica con certeza por qué Pablo permanecía gozoso. El tenía todas las razones para no estarlo. Pero escogió deliberadamente el gozo. Pablo se hizo a la mar con la mismas cosas que ofreció a sus amigos de Filipos: gracia y paz.

41

GOZOSA ACCION DE GRACIAS

¿Qué fue lo que, de los amigos de Filipos, produjo en Pablo tanto gozo?

En primer lugar, *tenía recuerdos felices de ellos.*

> Doy gracias a mi Dios siempre que me acuerdo de vosotros, siempre en todas mis oraciones rogando con gozo por todos vosotros, por vuestra comunión en el evangelio, desde el primer día hasta ahora.
>
> *Filipenses 1:3-5*

Sus recuerdos de ellos le hacían sonreír. ¿Qué significaba eso? ¿Cuáles eran los felices recuerdos de Pablo? No tenía de qué lamentarse, no guardaba resentimientos, no tenía que luchar contra conflictos pendientes. Cuando volvía atrás la mirada hacia toda una década y pensaba en los filipenses, ¡reía!

Me gustaría saber ¿cuántos pastores pueden decir eso acerca de iglesias en las que han servido? ¿Podrías decir tú lo mismo acerca de antiguos amigos que has tenido? ¿O lugares donde has trabajado? ¿Son felices tus recuerdos? Desafortunadamente, el recuerdo de algunas personas nos hace revolvernos en el asiento. Cuando los traemos a la mente, vienen acompañados de imágenes mentales tristes o decepcionantes. Pablo no experimentaba eso con los recuerdos de sus días en Filipos. Sorprendentemente, no podía recordar a alguien a quien acusar o contra quien sentir resentimiento, incluso aquellos que le arrojaron en prisión o los que en una corte se levantaron para acusarlo. El guardaba sólo buenos recuerdos de Filipos. Las reminiscencias positivas hacen la vida mucho más agradable.

¿Otra razón por la que estaba gozoso? *Tenía una firme confianza en Dios.*

Estando persuadido de esto: que El que comenzó en vosotros la buena obra, la perfeccionará hasta el día de Jesucristo; como me es justo sentir esto de todos vosotros, por cuanto os tengo en el corazón; y en mis prisiones, y en la defensa y confirmación del evangelio, todos vosotros sois participantes conmigo de la gracia.

Filipenses 1:6-7

La confianza de Pablo en Dios era un hecho consumado. El sabía que Dios estaba obrando y lo dominaba todo. Tenía confianza en que Dios estaba conduciendo hacia Su mayor gloria cualquier cosa que sucediera. Cuando sentimos esa clase de confianza, tenemos una sólida plataforma construida dentro de nosotros —una sólida plataforma sobre la cual puede reposar el gozo. Volvamos a las palabras *comenzó* y *perfeccionará*. Representan extremos opuestos, o, en otras palabras, son los *sujetalibros* de la vida. Aquel que *inició* (comenzó) una buena obra en tu vida la *terminará* (perfeccionará).

La obra que en mí has comenzado
Por Tu gracia se completará.[4]

Eso es lo que nos da confianza. Eso es lo que nos ayuda a volver a reír.

Concéntrense en la palabra *perfeccionar*. Dudo que nos hayamos representado su verdadero sentido. Vuelvan atrás la mente hasta la cruz donde Cristo fue crucificado. Miren al Salvador en alto, pagando por los pecados del mundo. Escuchen sus palabras. Hubo siete frases que Cristo pronunció desde la cruz, comúnmente llamadas las últimas siete palabras de Cristo. Una de las que el Señor exclamó fue: *¡Tetelestai!* Traducida, significa: "¡Todo está consumado!" *Telos* es la raíz griega, la misma raíz de la palabra traducida como *perfeccionar.* Pablo decía: "Filipenses, el que comenzó en

43

vosotros la buena obra, cuando se convirtieron hace diez años, la terminará. ¡Será completada! Jesús se encargará de ello. Y eso me produce gozo".

¿Quieres un brote nuevo de estímulo? Quizás téngas un buen amigo que no está caminando tan cerca del Señor como antes lo hacía. Aquí tienes nueva esperanza. Descansa en la confianza de que Dios no ha perdido el interés ni el dominio sobre el asunto. El Señor no se ha cruzado de brazos ni ha mirado hacia otro lado. La persona que te preocupa puede ser tu hijo o tu hija. Encuentra aliento en esta firme confianza: Aquél que comenzó la buena obra en tu hijo o tu hija la llevará a buen término; El finalizará la obra. Repito que esa firme confianza en que Dios completará lo que ha iniciado, te devolverá el gozo.

Muchas veces he mencionado a los saqueadores de la alegría. Quizás éste sea un buen lugar para identificar a tres de los más notables ladrones que hoy en día están en funciones. De paso diré que todos ellos pueden ser combatidos por la firme confianza, la clase de confianza que hemos estado considerando.

El primer salteador del gozo es la *preocupación*. El segundo es la *tensión*. Y el tercero es el *miedo*. Pueden lucir parecidos, pero hay una diferencia perceptible.

La preocupación es una ansiedad excesiva por algo que puede suceder o no. He observado que lo que causa la preocupación por lo general no sucede. Pero la preocupación devora el gozo como un ácido que corroe poco a poco mientras esperamos los resultados. Ampliaré lo que digo acerca de este estafador en el capítulo 12.

La tensión es un poco más aguda que la preocupación. La tensión es una presión agotadora con respecto a algo que no podemos cambiar o controlar; algo fuera de nuestro alcance. (A veces el lugar más seguro para algo es que esté más allá de *nuestro* control.) Y en vez de entregárselo a Dios, lo seguimos rumiando. Es en ese estado de inquietud que se intensifica nuestra tensión. Casi nunca lo que nos atormenta es tan grave como nos lo figuramos.

El miedo, por otra parte, es diferente de la preocupación y la tensión. Es un espantoso desasosiego por la aparición del peligro, la desgracia o el dolor. Como los otros dos, sin embargo, el miedo usualmente hace que las cosas parezcan ser peores de lo que en realidad son. ¿Cómo vivimos con la preocupación, la tensión y el miedo? ¿Cómo nos enfrentamos a estos ladrones del gozo? Volvamos a la palabras de Pablo:

Estando persuadido de esto, que el que comenzó en vosotros la buena obra, la perfeccionará hasta el día de Jesucristo.

Filipenses 1:6

Permíteme ser categóricamente práctico y decirte lo que yo hago. Primero, me recuerdo a primera hora de la mañana y varias veces en el día: "Dios, tú estás obrando y lo dominas todo. Y, Señor Dios, tú sabes que esto está sucediendo. Tú estabas allí cuando empezó, y llevarás todo lo que ocurra a una conclusión que al final dé por resultado una mayor gloria para ti". ¿Y entonces? Entonces (¡y *sólo* entonces!) me tranquilizo. A partir de ese momento, realmente no importa mucho lo que suceda. Está en las manos de Dios.

Me encanta la historia del hombre que había vivido agitado por su trabajo durante quince años. Había levantado un negocio desde la nada hasta un considerable volumen de operación. De hecho, poseía una gran planta que cubría más de una hectárea. Con el crecimiento y el éxito, sin embargo, llegaron las demandas siempre en aumento. Cada nuevo día traía toda una lista de nuevas responsabilidades. Cansado de las preocupaciones, la tensión y el miedo, finalmente decidió entregárselo *todo* a Dios. Con una sonrisa de tranquila satisfacción, oró: "Señor Dios, este negocio es tuyo. Te entrego todas las preocupaciones, las tensiones y los temores a ti y a tu soberana voluntad. A partir de este día, Señor, tú eres el dueño de este negocio". Esa noche se fue a la cama más temprano de lo que lo había hecho desde que inició el negocio. Finalmente... la paz.

En medio de la noche lo despertó el agudo timbre del teléfono. El que llamaba, con voz llena de pánico, gritó:

—¡Fuego! ¡Todo el local se está convirtiendo en humo!

El hombre se vistió con calma, tomó su automóvil y lo condujo hasta la planta. Con las manos en los bolsillos estuvo de pie contemplando todo con una ligera sonrisa. Uno de sus empleados corrió a su lado y le dijo:

—¿De qué se ríe? ¿Cómo puede estar tan tranquilo? ¡Todo está ardiendo!

El hombre contestó:

—Ayer por la tarde le entregué este negocio a Dios. Le dije.que era suyo. Si El quiere quemarlo, eso es asunto suyo".

Algunos que leen esto pensarán: *"¡Eso es una locura!"* No, ese es uno de los mejores exponentes de teología sólida a que pueden aferrarse. Confianza firme en Dios significa que eso está en Sus manos. Aquél que comenzó algo soportará la presión de eso y lo conducirá al resultado que El había planeado para Su mayor gloria. Te preguntarás: "¿Cómo puede darle gloria a Dios un negocio quemado hasta los cimientos?" Bueno, a veces la pérdida de algo muy importante —quizás algo que nos tenía esclavizados— es el único camino que Dios tiene para llamar nuestra atención y volvernos a la cordura. La gente más feliz que conozco es aquella que ha aprendido a no aferrarse a las cosas y le ha entregado a Dios los detalles de su vida preocupantes, llenos de tensión y de temores, para que El se encargue de ellos.

Hemos visto que Pablo permanecía regocijado porque tenía magníficos recuerdos y porque vivía con una firme confianza.

Tercero, *él sentía un cálido afecto hacia sus hermanos en la fe.*

Como me es justo sentir esto de todos vosotros, por cuanto os tengo en el corazón; y en mis prisiones, y en la defensa y confirmación del evangelio, todos vosotros sois participantes conmigo de la gracia. Porque Dios me es testigo de cómo os amo a todos vosotros con el entrañable amor de Jesucristo.

Filipenses 1:7-8

El término que Pablo usa para entrañable amor es, literalmente, la palabra griega para "entrañas". En el siglo primero se creía que los intestinos, el estómago, el hígado, incluso los pulmones, contenían lo más tierno de las emociones humanas. Eso explica por qué este hombre jovial usara "entrañas" al referirse a "amor". El dice, literalmente: "Cuando yo comparto con ustedes mis sentimientos, les abro todo mi ser interior y les digo que el nivel de mi afecto es profundo y tierno". Demasiadas personas viven con la impresión incorrecta de que Pablo era un poco frío y despegado. De acuerdo con esta declaración, ciertamente no era así; de hecho, ¡todo lo contrario! Cuando estaba con aquellos que amaba, Pablo llegaba a las más cálidas profundidades en la conversación y el cariño.

Si todavía no has leído *¿Por qué tengo miedo de decirte quién soy?* de John Powell, te has perdido una gran experiencia. Hay una sección del libro que merece una gran parte de tu tiempo y atención. Es cuando el autor presenta los cinco niveles de comunicación, los cuales, dice, son como círculos concéntricos: desde el menos profundo y más superficial nivel (el círculo externo) al nivel más profundo e íntimo (el más pequeño círculo del centro).

El nivel cinco, el círculo externo de superficialidad, es el nivel que él llama "conversación de cliché".

En este nivel hablamos en clichés, tales como: "¿Cómo está usted?... ¿Cómo está su familia?... ¿Dónde ha estado?... Decimos cosas como: "Me gusta mucho su vestido". "Espero que podamos reunirnos muy pronto." "Es un gran placer verle". [Que en realidad puede significar: "Puede que no nos veamos en un año, y no seré yo quien lo lamente".] Si la otra persona empezara a contestar en detalle nuestra pregunta: "¿Cómo está usted?", nos quedaríamos estupefactos. Por lo regular y afortunadamente, el otro siente la superficialidad y convencionalismo de nuestra pregunta y preocupación, y corresponde con la respuesta establecida: "De lo mejor, gracias".[5]

Esa es la comunicación de cliché. Lamentablemente, esa es la máxima profundidad a la que mucha gente decide llegar.

El nivel cuatro es donde "nos contamos hechos" unos a otros.

Nos contentamos con decirles a otros lo que fulano ha dicho o hecho. No ofrecemos comentarios personales acerca de esos hechos que revelen algo de nosotros, sino que nos limitamos a relatarlos.[6]

Este es el terreno de la murmuración y de los insignificantes cuentecitos triviales acerca de otros.

El nivel tres nos conduce a la esfera de las ideas y los juicios. Rara vez las personas se comunican en este nivel con algo más profundo. Pueden hacerlo, pero no quieren.

Mientras comunico mis ideas y demás, te observaré cuidadosamente. Quiero probar la temperatura del agua antes de zambullirme en ella. Quiero asegurarme de que me aceptas con mis ideas, juicios y decisiones. Si alzas una ceja o entrecierras los ojos, si bostezas o miras al reloj, es probable que me bata en retirada hacia un terreno más seguro. Correré hacia cubierto con el silencio, o cambiaré el tema de la conversación.[7]

Debido a que esto empieza a alcanzar un nivel más hondo que aquel que nos permite maniobrar para esquivar temas espinosos, quienes se aventuran a las profundidades de las ideas y los juicios son muy valientes.

El nivel dos se mueve hacia los "sentimientos".

Si realmente deseo que sepas quién soy, debo hablarte de mis intereses y antagonismos, tanto como de mis juicios. Mis ideas, conceptos y decisiones son bastante convencionales. Si soy republicano o demócrata por convicción, hay muchos como yo. Si estoy a favor o en contra de la exploración espacial, habrá otros que me apoyen en mis razones. Pero los *sentimientos* que yacen bajo mis ideas, juicios y convicciones son únicamente mías...

Son estos sentimientos, en este nivel de comunicación, lo que tengo que contarte si en verdad quiero decirte quién soy en realidad.[8]

Me arriesgaré a hacer un cálculo aproximado de que menos del diez por ciento de nosotros nos comunicamos alguna vez en ese nivel de "sentimientos". He sufrido la decepción de descubrir que esposos y esposas pueden vivir durante años bajo un mismo techo sin alcanzar este nivel.

El nivel uno es el modo más íntimo y personal de comunicarse.

Todas las amistades profundas y auténticas, y especialmente la unión de quienes están casados, deben estar fundamentadas sobre la absoluta sinceridad y franqueza....

Los amigos íntimos o los socios en el matrimonio, de tiempo en tiempo tendrán entre ellos una completa comunión emocional y personal.[9]

Tal profundidad de comunicación, que Pablo parece haber practicado regularmente, trae una satisfacción —y un gozo— que pocas otras cosas sobre la tierra pueden igualar. Y cuando expresamos tan libremente nuestros sentimientos más hondos, no nos resulta difícil elevar oraciones expresivas y específicas. Que es precisamente lo que Pablo menciona a continuación.

ORACION ESPECIFICA

El menciona dos cosas que son de igual importancia: amor abundante y discernimiento agudo. El versículo 9 dice: "Pido en oración que vuestro amor abunde más y más en ciencia y en todo conocimiento". El versículo 10: "Para que aprobéis lo mejor,"

Para empezar, el amor —amor abundante— necesita fluir libremente, parecido a un río. Pero ese río debe mantenerse dentro de su cauce o se desbordará e inundará todo. Y cuando eso sucede, ¡desastre! Si alguna vez has estado en una región que ha sido inundada, ya sabes la calamidad que una inundación puede crear.

Cuando el amor fluye indiscriminadamente, lo amamos todo, incluso las cosas malas. Pablo lo dice bien. Lo que mantiene al amor dentro de su cauce es el conocimiento —el conocimiento *verdadero*— y el discernimiento —el discernimiento *agudo y perspicaz,* que mantiene al amor dentro de su cauce.

El concluye su primer párrafo con un elogio apasionado cuando escribe acerca de...

...[ser]llenos de frutos de justicia que son por medio de Jesucristo, para gloria y alabanza de Dios.

Filipenses 1:11

¡Qué oración! Me doy plena cuenta de cuánto amaba él a aquella gente en Filipos cuando leo palabras como éstas.

¿Cuándo fue la última vez que tú le escribiste a alguien y mencionaste que estabas pidiéndole a Dios por ellos? Tú y yo con frecuencia oramos por individuos, pero rara vez nos sentamos y escribimos una nota: "Querido fulano: Quiero que sepas que estoy orando por estas tres cosas en tu vida: una... dos... tres..." El modelo de Pablo es digno de ser imitado. Uno se mueve rápidamente más allá del nivel cinco cuando empieza a comunicarse así, y te reto a que lo hagas.

APLICACION PRACTICA

Empezamos a reír de nuevo cuando ponemos toda nuestra confianza en Dios. Más específicamente, de acuerdo con lo que acabamos de leer en Filipenses 1:

- La confianza trae gozo cuando fijamos nuestra atención en las cosas por las que debemos dar gracias.

- La confianza trae gozo cuando dejamos que Dios sea Dios.

- La confianza trae gozo cuando mantenemos nuestro amor dentro de límites apropiados.

Aunque todavía estamos empezando, hemos recorrido un territorio muy importante. Mientras pienso en el lado práctico de todo esto, se me ocurre que tenemos derecho a reclamar el gozo, que nos pertenece. En realidad, nadie en la tierra puede invadir y reorientar nuestra vida de gozo a menos que se lo permitamos.

Hudson Taylor lo expresó así:

En realidad no importa cuán grande sea la presión; lo único que importa es *dónde está la presión*. Asegúrate de que nunca esté *entre* tú y el Señor; entonces, mientras mayor sea la presión, más te empujará contra Su pecho.[10]

Puede ser que la presión sobre ti sea fuerte. Es posible que media docena de ladrones de gozo estén esperando a la puerta de tu casa, listos para brincar sobre ti a la primera oportunidad. No obstante, nada puede despojarte —sin tu permiso— de tu asidero a la gracia, de tu demanda de paz, o de tu confianza en Dios. Escoge la alegría. ¡Nunca abras la mano para soltarla!

Yo he vivido casi cincuenta y ocho años en esta vieja tierra, y estoy más convencido que nunca de que la decisión más importante que un seguidor de Cristo puede tomar es su elección de una actitud. Solamente uno puede determinar eso. Escoge con sabiduría... escoge con cuidado... escoge confiadamente.

Antes parafraseé un poema de Ella Wheeler Wilcox. Quiero cerrar este capítulo citándolo tal como ella lo escribió:

Los vientos del destino

Un barco se dirige al este y otro hacia el oeste
Con los vientos idénticos que soplan.
Es la posición de las velas
Y no los vientos
Lo que nos dice hacia dónde vamos.
Como los vientos del mar son los caminos del
destino,
Mientras viajamos a lo largo de la vida:
Es la disposición de un alma
Lo que decide su meta,
Y no la calma o la contienda.[11]

¿Mi consejo? ¡Hazte a la vela hacia el gozo! Nunca lo lamentarás.

3

¡Qué manera de vivir!

CUANDO NIÑO YO PASABA MIS horas
de ocio por la tarde escuchando varios programas de radio.
En aquellos días anteriores a la televisión, los dramas llenos
de acción, los misterios de asesinatos y los programas de
comedia —todos en la radio por la tarde— eran el pase hacia
la aventura y la imaginación.

En los años cuarenta había muchos para escoger: "El
Avispón Verde", "El Capitán Medianoche", "Lum y Abner",
"El Llanero Solitario", "El Enemigo de las Pandillas", "San-
tuario Interior", "Jack Armstrong (el chico típicamente ame-
ricano)", "Fibber McGee y Molly", Edgar Bergen y Charlie
McCarthy", y mi favorito de siempre, "El Señor Fiscal del
Distrito". Escuché ese programa tan a menudo que memoricé
las palabras de introducción del anunciador, que siempre
terminaban con "defensor de nuestro derecho a la vida, a la
libertad y a la búsqueda de la felicidad". Acostumbraba a
pavonearme por toda la casa repitiendo esas líneas.

Yo no lo sabía entonces, pero esa parte del libreto del
anunciador eran tomadas de las palabras inmortales de Thomas Jefferson en la Declaración de Independencia de nuestra
nación:

Tenemos estas VERDADES por evidentes en sí mismas: que todos los HOMBRES son creados iguales, que su Creador los ha dotado con ciertos DERECHOS inalienables; entre éstos están la VIDA, la LIBERTAD y la BUSQUEDA DE LA FELICIDAD.

Esas palabras finales me intrigan todavía. Uno de nuestros derechos inalienables es la búsqueda de la felicidad; buscar una vida de gozo y encontrar una satisfacción pacífica. Para muchos, sin embargo, la felicidad es una búsqueda olvidada. Un sueño que ha muerto. Durante mucho tiempo me pregunté por qué. ¿Por qué una vida gozosa, una actitud de felicidad había eludido a tantos? Durante los últimos años he llegado a darme cuenta del porqué. Se debe a que la mayoría de la gente piensa que la felicidad es algo que les sucede en vez de algo que ellos buscan deliberada y diligentemente. Muy rara vez las circunstancias generan sonrisas y risas. El gozo llega a quienes determinan buscarlo a pesar de las circunstancias en que están.

Un buen recordatorio de esto es el cuento corto de G. W. Target titulado "La ventana", que nos habla de dos hombres, ambos gravemente enfermos, que ocupaban la misma habitación en un hospital. A uno le permitían sentarse en su cama durante una hora cada tarde para ayudarlo a drenar el líquido de sus pulmones. Su cama estaba situada junto a la única ventana de la habitación. El otro hombre tenía que pasarse todo el tiempo boca arriba en su cama.

Los hombres hablaban todo el tiempo. Conversaban de sus esposas y familias, sus hogares, sus empleos, su participación en el servicio militar, dónde habían ido de vacaciones. Y cada tarde, cuando el hombre de la cama junto a la ventana podía sentarse, se pasaba el tiempo describiéndole a su compañero de cuarto todas las cosas que podía ver del otro lado de la ventana. El hombre de la otra cama comenzó a vivir para aquellos períodos de una hora, cuando su mundo se ampliaba y cobraba vida con toda la actividad y el color del mundo exterior.

La ventana daba a un parque con un hermoso lago, decía el hombre. En el agua jugaban patos y cisnes, mientras los niños echaban sus botecitos al agua. Los amantes paseaban tomados del brazo entre las flores de todos los colores del arco iris. Grandes árboles añosos adornaban el paisaje, y una magnífica vista de los contornos de la ciudad se apreciaba en la distancia. Mientras el paciente de junto a la ventana describía todo esto con exquisita minuciosidad, el hombre del otro lado de la habitación cerraba los ojos e imaginaba la pintoresca escena.

Una cálida tarde el hombre de junto a la ventana describió un desfile que pasaba. Aunque el otro hombre no podía oír la banda, podía ver con los ojos de su mente como el caballero de junto a la ventana la describía al detalle. Inesperadamente, un pensamiento extraño entró en su cabeza: *¿Por qué él tiene todo el placer de ver todas las cosas mientras yo nunca llego a ver nada?* No le pareció justo.

Mientras el pensamiento fermentaba, el hombre al principio se sintió avergonzado. Pero según pasaron los días y él echaba de menos ver otras cosas, su envidia iba convirtiéndose en resentimiento, y pronto se tornó amargado. Empezó a cavilar y se dio cuenta de que era incapaz de dormir. *El debía estar junto a esa ventana;* aquel pensamiento ahora controlaba su vida.

Una noche, tarde, mientras yacía mirando al techo, el hombre de junto a la ventana comenzó a toser. Se estaba ahogando con el líquido de sus pulmones. El otro hombre observaba a la escasa luz de la habitación mientras el de junto a la ventana luchaba por alcanzar el botón para llamar en su ayuda. Escuchando desde el otro lado de la habitación, no se movió; jamás oprimió su propio botón que hubiera atraído enseguida a la enfermera. En menos de cinco minutos la tos y el ahogo cesaron, junto con el sonido de la respiración. Todo quedó en silencio... el silencio de la muerte.

A la mañana siguiente la enfermera de día llegó trayendo el agua para sus baños. Cuando encontró el cuerpo sin vida del hombre de junto a la ventana, se entristeció y llamó a los auxiliares del hospital para que se lo llevaran; sin palabras, sin alboroto. Tan pronto como pareció apropiado, el otro hombre pidió que lo trasladaran junto a la ventana. La enfermera accedió de buena gana al cambio, y después de asegurarse de que estaba cómodo, lo dejó solo.

Lenta, dolorosamente, se incorporó apoyándose en un codo para echar su primera mirada. Finalmente, disfrutaría del placer de verlo todo por sí mismo. Se estiró para mirar fuera de la ventana junto a la cama.

Vio una pared sólida.[1]

La búsqueda de la felicidad es una cuestión de selección... Es una actitud positiva que decidimos manifestar. No es un regalo entregado en nuestra puerta cada mañana, ni viene a través de la ventana. Y lo cierto es que nuestras circunstancias no son las que nos hacen gozosos. Si esperamos a que se enderecen, jamás volveremos a reír otra vez.

SE NECESITA: UNA ACTITUD MENTAL POSITIVA

Puesto que la búsqueda de la felicidad es un viaje interior, puede sernos de ayuda ver las dos opciones que están a nuestra disposición. Quizás si las coloco en dos columnas opuestas el contraste dejará una impresión duradera.

Actitud mental negativa	Actitud mental positiva
* La necesidad de ciertas cosas para que haya gozo.	* La necesidad de casi nada tangible para que hay gozo.

* Una gran dependencia de otros que provean gozo.

* La habilidad para crear razones propias de gozo.

* Fijarse en el gozo como estuviera "allá fuera" siempre conviertiéndolo en una búsqueda en el futuro... esperando algo que traiga felicidad.

* Decidirse por el gozo ahora, sin esperar que todo caiga en su lugar o que llegue a mi "turno".

Estas mentes nuestras son como bóvedas de bancos que esperan nuestros depósitos. Si depositamos regularmente pensamientos positivos, alentadores y estimulantes, extraeremos lo mismo. Y el interés será el gozo.

Un día llegó a mis manos un grueso librito que encontré en la mesa de un amigo, y el título atrajo mi atención: *14.000 cosas por las cuales estar feliz*. Cuando eché un vistazo al contenido, me percaté de que cada una de aquellas 14.000 cosas era un pensamiento feliz, y cada uno de ellos podía hacer feliz al lector. Sin embargo, ni una de esas 14.000 cosas nos hará reír otra vez a menos que nos demos permiso para hacerlo. El secreto radica en nuestra actitud mental; en las cosas en que fijamos nuestra atención. Como Pablo escribió a los filipenses:

Por lo demás hermanos, todo lo que es verdadero, todo lo honesto, todo lo justo, todo lo puro, todo lo amable, todo lo que es de buen nombre; si hay virtud alguna, si algo digno de alabanza, en esto pensad.

Filipenses 4:8

PABLO: UN CLASICO EJEMPLO DE COMO VIVIR

Hablando de Pablo, permíteme presentarlo de nuevo. Este es el hombre que quería ir a Roma como predicador, a fin de testificar de su fe ante el emperador Nerón. En lugar de eso, terminó en Roma como prisionero. El era un ciudadano romano con todo derecho de apelar a César y esperar una audiencia ante él. En lugar de eso, fue arrestado ilegalmente en Jerusalén, tergiversado su caso ante la corte, indebidamente identificado como un renegado egipcio, enredado en la madeja de la maquinaria política, y al final se le otorgó un viaje a través del Mediterráneo, sólo para encontrar una tormenta y naufragar. Cuando finalmente llegó a Roma, fue encarcelado y virtualmente olvidado durante dos años. Si buscamos la palabra *víctima* en el diccionario, ¡el retrato de Pablo debería aparecer junto a la palabra!

Y sin embargo, es el hombre que escribió a sus amigos la más gozosa carta que aparece en todo el Nuevo Testamento.

Confiado, aun cuando se es una víctima

Lee sus palabras despacio y ve si hayas aun un indicio de resentimiento o negativismo:

Quiero que sepáis, hermanos, que las cosas que me han sucedido, han redundado más bien para el progreso del evangelio, de tal manera que mis prisiones se han hecho patentes en Cristo en todo el pretorio, y a todos los demás. Y la mayoría de los hermanos, cobrando ánimo en el Señor con mis prisiones, se atreven mucho más a hablar la palabra sin temor.

Filipenses 1:12-14

No me suena como un tipo que se lame las heridas o que asiste a un homenaje que le dan por lástima. Por el contrario, me recuerda al hombre de la ventana en aquella habitación del hospital, mirando a una pared desnuda, pero determinado a ver lo invisible. Sentado allí, con unos grilletes de hierro en un brazo, encadenado a un soldado romano, Pablo escribió que las cosas que le habían sucedido, habían "redundado más bien para el *progreso* del evangelio".

¡Qué magnífica declaración positiva! Después de todo lo que había soportado, consideraba un progreso las cosas que la mayoría de la gente estima contratiempos. El término griego que Pablo usó es pintoresco. En la antigüedad se usaba para describir a un grupo de leñadores pioneros que precedían a un ejército que avanzaba, despejando el camino a través de un espeso bosque que de otra forma sería impenetrable. Pablo consideraba que su situación había abierto el camino "para un mayor progreso del evangelio" de Cristo que debía publicarse.

En lugar de ver al soldado de guardia junto a él como una restricción mortificante para el evangelio, Pablo lo veía como un auditorio cautivo. ¡Qué oportunidad de hablarle de Cristo a un soldado tras otro, quienes, a su vez, llevarían el mensaje a las barracas para que otros en la exclusiva guardia pretoriana pudieran escuchar y creer! En vez de sentirse frustrado y víctima, Pablo se reía por la ventana abierta a una oportunidad única que ofrecía numerosas posibilidades. ¡La alegría de Pablo era desbordante!

¿Cómo puede pensar así una persona? La respuesta no es difícil ni complicada; pero todo depende de la pregunta que nos hagamos. O nos preguntamos en negativo: ¿Por qué tenía que sucederme esto a mí? O escogemos el positivo: ¿Cómo conseguir que esto dé resultados benificiosos para lo que Dios tenía en mente?

Tal como José le dijo muchos años antes a sus hermanos que lo habían despojado: "Vosotros pensasteis mal contra mí, mas Dios lo encaminó a bien" (Génesis 50:20). Con esa misma actitud mental positiva, Pablo decidió contar sus bendiciones más bien que enumerar sus contratiempos. Mirándolo todo desde esa perspectiva, se dio cuenta de que lo que parecía un desperdicio o un desvío era, en realidad, la alquimia de Dios. Lo que parecía un retraso había demostrado ser una oportunidad divinamente señalada para el mensaje de Cristo.

Gozoso a pesar de otros

Algunos, a la verdad, predican a Cristo por envidia y contienda; pero otros de buena voluntad. Los unos anuncian a Cristo por contención, no sinceramente, pensando añadir aflicción a mis prisiones; pero los otros por amor, sabiendo que estoy puesto para la defensa del evangelio. ¿Qué pues? Que no obstante, de todas maneras, o por pretexto o por verdad, Cristo es anunciado; y en esto me gozo, y me gozaré aún.

Filipenses 1:15-18

Incluso allá en el siglo primero, en los primeros dinámicos días de la iglesia, no todo el que hablaba de Dios era un vaso de motivos puros y proclamación honrada. Algunos trataban deliberadamente de hacer sufrir a Pablo. A pesar de ser un dinamo espiritual, Pablo no estaba perpetuamente por encima del dolor o del sufrimiento personal. El hombre debe haber pasado unos cuantos días de perro como el resto de nosotros. De hecho, me gusta la forma en que Stuart Briscoe describe a Pablo:

Cualquiera que sea nuestro concepto de Pablo, no era un santo de alabastro sobre un pedestal. La estatua y el pedestal son productos de nuestra propia falta de realismo. El Pablo de verdad tenía un temperamento que se exaltaba y unos sentimientos que se lastimaban. No era ninguna máquina teológica computarizada que producía escritos inspirados, sino un individuo muy cálidamente humano que necesitaba tanto amor como cualquiera, y un poco más.

No se pueden lastimar los sentimientos de una computadora o entristecerla por un concepto teológico, pero sí se puede destruir a un hombre. Pablo tenía la posibilidad de ser destruido, pero no lo fue. ¡Y no porque faltara quien lo intentara! La perspectiva que él había descubierto le permitió decir que no le importaba en realidad lo que le ocurriera a él mientras no sucediera algo que detuviera la proclamación del evangelio, porque a su entender, el mensaje predicado importaba más que el hombre que lo predicaba.[2]

Una gran parte del aprender cómo reírse otra vez es ser lo suficientemente tolerante como para dejar las cosas como son... para dar lugar a las diferencias... para aplaudir los buenos resultados, incluso cuando la manera en que otros llegan a ellos pueda no ser la que nosotros preferimos. Se necesita mucha gracia para no ser estrecho de miras, pero, ¡oh, qué beneficios se alcanzan!

Veamos si podemos parafrasear lo que el apóstol nos dice aquí:

¿Qué importa si algún predicador tiene motivos equivocados? Más aún, puede que alguno se considere muy importante... y me dirija ataques injustos. ¿Qué me importa? Lo que realmente importa es esto: *Se proclama a Cristo...* ¡y esa sola idea aumenta mi alegría! Todo lo demás se lo dejo a Dios para que El se ocupe de ello.

Hacer otra cosa es confundir nuestras mentes y llenarlas con pensamientos que se aproximan a legalismos sentenciosos, y que se convierten en ladrones del gozo. Nos despojan de una actitud mental positiva. ¿Y qué sucede entonces? Nos volvemos gente mezquina, cascarrabias y sombría, que necesita que todo el mundo esté fundido en nuestro molde antes que podamos relajarnos.

Es importante que comprendamos qué merece nuestra preocupación apasionada y qué no lo amerita. Muchas cosas no merecen tomarse el trabajo. Pero algunas sí. Por ejemplo, cuando Pablo le escribió a los gálatas, se mostró preocupado por lo que estaba sucediendo, al exclamar:

> Mas si aun nosotros, o un ángel del cielo, os anunciare otro evangelio diferente del que os hemos anunciado, *sea anatema*. Como antes hemos dicho, también ahora lo repito: Si alguno os predica diferente evangelio del que habéis recibido, *sea anatema*.
>
> *Gálatas 1:8-9 (cursivas del autor.)*

No pienso que haya ninguna incongruencia... ¡el hombre estaba indignado! Pero aquí en Filipenses Pablo miró lo que estaba pasando a su alrededor y dijo: "¿Y qué?" La diferencia es que en Galacia estaban adulterando el evangelio: algunos estaban predicando un falso mensaje de salvación. Pero en Filipos se estaba proclamando la verdad, aunque estaban atacando a Pablo personalmente. Cuando la gente empieza a confundir el mensaje, es preciso rechazarla, desenmascararla y corregirla. Pero cuando se meten con el mensajero, no hay que hacerles caso. No vale la pena. Ni siquiera Pablo perdía su tiempo o gastaba mucha energía en abrirse camino por entre detalles mezquinos. Estaba simplemente encantado de que se estuviese proclamando el evangelio.

He aprendido con los años, que hay muy pocas cosas que merezcan la pena de irse a la greña por ellas, y esas cosas siempre están centradas en el claro mensaje del evangelio y sus verdades adyacentes. No tienen nada que ver con la defensa de uno mismo o con tratar de enderezar los motivos de otros predicadores o de cambiar su estilo. La gracia dice que los dejemos tal como son. Si Pablo pudo encogerse de hombros y decir: "¿Y qué?", nosotros también podemos. Viviremos mucho más y empezaremos a reír otra vez.

Lleno de esperanza, sin tomar en cuenta la incertidumbre

Porque sé que por vuestra oración y la suministración del Espíritu de Jesucristo, esto resultará en mi liberación, conforme a mi anhelo y esperanza de que en nada seré avergonzado; antes bien con toda confianza, como siempre, ahora también será magnificado Cristo en mi cuerpo, o por vida o por muerte.

Filipenses 1:19-20

Esas son las palabras de un hombre cuyo prestigio público estaba seguro y cuya reputación no necesitaba que la protegieran, estimularan o defendieran. Su mente estaba puesta en lo esencial, tanto era así que nada le producía ansiedad. "O por vida o por muerte", su atención estaba concentrada. Se preocupaba tan sólo por la cosas que importaban. En lo que a él concernía, la muerte podía estar a la vuelta de la esquina.

Esa sola idea nos proporciona un excelente sistema de filtro, permitiéndonos separar lo que es esencial de lo que no lo es. Como dijo una vez el querido Samuel Johnson: "Cuando un hombre sabe que lo van a ahorcar en quince días, su mente se concentra de un modo maravilloso".3

Pablo estaba esperanzado, sin parar mientes en las incertidumbres que enfrentaba. Su tranquila confianza se revela en frases tales como "esto resultará" y "mi anhelo y esperanza". En otras palabras, lo que él estaba experimentando no era el fin: las cosas resultarían exactamente como Dios las había orientado. Eso le trajo una ráfaga de tranquilizante *paz*. Y lo que podía haberle provocado temporalmente dolor e incomodidad, al final daría por resultado que fuera "magnificado Cristo en mi cuerpo". Eso le proporcionó *esperanza*. Intercalada entre estas dos declaraciones estaba su determinación de no sentirse incómodo o avergonzado: "En nada seré avergonzado". Eso le brindó *confianza*.

Negándose a que las palabras de otra gente lo limitaran, rehusando sumergirse en la autocompasión y rechazando toda crítica y ataque personal, Pablo permanecía fuerte, positivo y seguro. ¿Cómo podía ser tan fuerte? No hay dudas acerca de la respuesta. El hombre estaba...

Contento porque Cristo era lo esencial

> Porque para mí el vivir es Cristo, y el morir es ganancia.
>
> *Filipenses 1:21*

Esta es una declaración bien conocida en los círculos cristianos. Por ser tan familiar, quizás si tratamos de expresar con otras palabras ese versículo descubriríamos cómo cualquier otra declaración carece de la significación de las auténticas palabras de Pablo.

- Para mí el vivir es *dinero*... y morir es dejarlo todo atrás.

- Para mí el vivir es *fama*... y morir es ser olvidado rápidamente.

- Para mí el vivir es *poder e influencia*... y morir es perderlos a ambos.

- Para mí vivir es *poseer... y morir es partir con las manos vacías.*

De alguna forma, todas se desinflan, ¿no es así? Cuando nuestro objetivo es el dinero, debemos vivir con el miedo a perderlo, lo cual nos hace paranoicos y suspicaces. Cuando nuestra meta es la fama, nos volvemos competitivos para que nadie nos sobrepase, lo que nos vuelve envidiosos. Cuando nos impulsan el poder y la influencia, nos volvemos egoístas y voluntariosos, lo que nos hace arrogantes. Y cuando las posesiones se convierten en nuestros dioses, nos volvemos materialistas, pensando que nunca tenemos suficiente, lo que nos hace codiciosos. Todas estas ambiciones se esfuman frente a la satisfacción... y el gozo.

Unicamente Cristo puede satisfacer, tanto si tenemos como si no tenemos, lo mismo si somos conocidos que desconocidos, si vivimos como si morimos. Y lo bueno es esto: ¡La muerte no puede hacer más que endulzar el pastel! Eso solo es suficiente para hacernos reír otra vez! La versión de la Biblia The Living Bible declara: "Para mí, el vivir significa oportunidades para Cristo, y el morir... ¡bueno, eso es mejor todavía!" En el Nuevo Testamento en Inglés Moderno, la paráfrasis de J. B. Phillips dice: "Porque el vivir para mí significa simplemente 'Cristo', y si muero, sólo ganaré más de El". La versión Good News: "Porque ¿qué es la vida? Para mí, es Cristo. La muerte, por lo tanto, me traerá más [de El]".

¿Cuál es el resumen y esencia de todo esto? El secreto de vivir es el mismo que el secreto del gozo: ambos giran alrededor de Cristo que está en el centro. En otras palabras, la búsqueda de la felicidad es el cultivo de una vida centrada y controlada por Cristo.

TRES COSAS PARA RECORDAR

Cuando Cristo se vuelve nuestro foco central —nuestra razón de existir— la satisfacción reemplaza nuestra ansiedad así como nuestros temores e inseguridades. Esto no puede menos que hacer impacto en los tres principales ladrones de gozo en nuestra vida:

1. El amplía las dimensiones de nuestras circunstancias. Esto nos brinda nueva confianza. Las cadenas que una vez nos ataron e irritaron ya no parecen hacer el efecto de molestarnos. Nuestras limitaciones se convierten en un reto más bien que una faena molesta.

2. *El nos libera de las preocupaciones por otros.* Eso eleva nuestro nivel de satisfacción. Las opiniones, motivos y

críticas de otra gente ya no parecen importantes. ¡Qué magnífica liberación!

3. *El calma nuestros temores con respecto a nosotros mismos y nuestro futuro.* Esto nos proporciona una ráfaga de esperanza fresca cada día. Una vez que se quita un temor, es notable cuán rápidamente llena la paz ese vacío. Y cuando cazamos esos tres patos en hilera, no tardamos mucho en comenzar a reír otra vez. ¡Qué manera de vivir! Permíteme instarte a no permitir que nada te impida conseguirla. Puesto que tu derecho inalienable es la búsqueda de la felicidad, sugiero *que la emprendas* ahora mismo. Para algunos es como romper el hechizo bajo el cual han vivido la mitad de sus vidas, o quizás más. ¿No requerirá eso un poco más de energía? Probablemente. ¿Estás demasiado cansado para esforzarte... demasiado cansado para seguir buscando *cualquier cosa?* Quizás este escrito anónimo cambie esa manera de pensar:

Estoy cansado

Sí, estoy cansado. Por muchos años le he echado la culpa a la madurez, al bajo nivel de hierro en la sangre, la falta de vitaminas, la contaminación del aire, la sacarina, la obesidad, las dietas, el olor de las axilas, el aumento del colesterol y una docena de otros padecimientos que le hacen a uno preguntarse si la vida realmente merece la pena que se viva.

Pero ahora descubrí que no es nada de eso.
Estoy cansado porque trabajo demasiado.

La población de este país es de 200 millones. Ochenta y cuatro millones son retirados. Eso deja 116 millones para hacer el trabajo. De esos hay 75 millones estudiando, lo cual deja 41 millones para hacer todo el trabajo. De este total, hay 22 millones empleados por el gobierno. Eso deja 19 millones para hacer el trabajo. Cuatro millones están en las fuerzas armadas, lo que deja 15 millones para trabajar. Reste de ese total los 14.8000.000 que trabajan para los gobiernos de ciudades y estados, y eso deja 200,000 para hacer el trabajo. Hay 188.000 en hospitales y eso deja 12.000 para hacer el trabajo. Ahora bien, hay 11.998 en prisiones. Eso deja solamente 2 personas para hacer todo el trabajo. Usted y yo. Y usted está ahí leyendo esto. No en balde estoy cansado.[4] A ti te digo, *deja eso.* Deja el hábito de estar siempre mirando el lado negativo. Abandona esa necesidad de estar arreglando los problemas de otros. Desiste de seguir compitiendo o comparando. Renuncia a tus hijos adultos, especialmente a tus intentos de enderezar sus vidas. (Hace poco leí que los padres nunca son más felices que el menos feliz de sus hijos. ¡Qué ladrón de alegría!) Reniega de todas tus excusas. Y, ¿puedo añadir uno más? Repudia tantas inhibiciones innecesarias que te impiden disfrutar de la vida. Deja de ser tan protector... tan predecible... tan correcto.

Demasiados adultos que conozco son tan serios como un ataque cardíaco. Viven con los puños apretados, y mueren con los ceños fruncidos. No pueden recordar la última vez que se arriesgaron a probar algo nuevo. La última vez que probaron algo realmente loco tenían nueve años. Y yo te pregunto: ¿Dónde está la diversión? Encaremos esto: tú y yo nos estamos poniendo viejos; ¡es más que tiempo de que dejemos de actuar así!

Antes que nos demos cuenta, todos nosotros estaremos mirando por una ventana hacia una pared desnuda.

4

Riendo en medio de los dilemas de la vida

*L*A VIDA SE COMPLICA.
No sé en cuanto a ti, pero yo tengo dilemas todos los días.
Algunos —al menos aparentemente— parecen llevar una
vida en que sólo tienen que lidiar con cosas buenas o malas.
A mí no me sucede así. Por alguna razón parece que siempre
voy a parar al terreno intermedio. Quién sabe si a ti te pasa lo
mismo.

Si es así, tipos como nosotros podemos apreciar las
frustraciones que con frecuencia experimenta Charlie Brown,
como las presenta Charles Schulz en su famosa tira cómica
"Peanuts". Como aquella en que Lucy está filosofando mientras Charlie la escucha. Como de costumbre, Lucy tiene la
palabra, dando una de sus dogmáticas peroratas.

—Charlie Brown —empieza ella—, la vida es muy
parecida a una silla de cubierta [de buque]. Algunos la colocan en posición de ver hacia dónde van. Otros, para ver de
dónde vienen. Y otros más, para ver dónde están en el
momento.

Charlie suspira:

—¡Yo ni siquiera logro desdoblar la mía!

Muchos de nosotros nos identificamos con Charlie. Los dilemas de la vida nos dejan desestabilizados e inseguros. Nos encontramos, como el viejo dicho, entre la espada y la pared.

DILEMAS FAMILIARES

Los dilemas son potencialmente algunos de los más exigentes ladrones de gozo. Estar atascado entre las dos posibilidades en que un problema puede resolverse, orientándose en direcciones opuestas... Ah, ¡eso sí que es duro! Todos hemos pasado por eso. Pienso que los dilemas caen al menos dentro de tres categorías:

Dilemas volitivos

Un dilema volitivo tiene lugar cuando queremos hacer dos cosas distintas al mismo tiempo.

Las parejas jóvenes que han estado casadas por dos o tres años, a veces menos, con frecuencia están tratando de terminar sus estudios, pero al mismo tiempo están ansiosas por fundar una familia. ¿Qué hacer en este caso? Empezar a tener hijos significa una mayor presión financiera e incluso un esfuerzo extraordinario para aprovechar el tiempo y resistir el desgaste de energía. Mas el esperar varios años quiere decir que comenzarían ya en los treinta, y ellos preferirían empezar antes. ¿Por cuál decidirse?

Otro dilema volitivo sucede cuando nos sentimos desdichados en nuestra iglesia. El problema se exacerba con el hecho de que hemos sido miembros de ella por muchos años y tenemos allí nuestros mejores amigos. ¿Nos aguantamos y tratamos de ayudar a cambiar las cosas, lo cual puede no ser muy promisorio y podría crear resentimientos, o declaramos de manera cortés nuestro desacuerdo y nos vamos?

Dilemas emocionales

Los dilemas emocionales son todavía más intensos. Suceden cuando experimentamos sentimientos encontrados hacia un mismo hecho o suceso.

No hace mucho nuestro hijo menor, Chuck, descubrió que su mascota de mucho tiempo tenía una espantosa enfermedad de la piel. Sasha, una preciosa samoyedo blanca, había sido su perra durante muchos años. Decir que eran inseparables es subestimar el vínculo indisoluble que había entre ellos. Sin importar lo que Chuck intentara —créeme que lo intentó todo— nada dio resultado. La perra empeoraba sin remedio. Ya se habrán imaginado el dilema. Para evitarle el sufrimiento a Sasha había que sacrificarla... una opción tan dolorosa para Chuck que no podía ni mencionarla.

Si opinan que ése es difícil, ¿qué les parece lidiar con un hijo o hija rebelde? Se ha ido de la casa pero vive una vida que es al mismo tiempo personalmente destructiva y frustrante para ti. Es obvio que una ayuda financiera pudiera ayudar. De hecho, ya te la ha solicitado. ¿Le ayudas o te niegas? Parece tan objetivo, tan simple en el papel, pero pocos dilemas son más desgarradores.

Dilemas geográficos

Los dilemas geográficos se presentan cuando deseamos estar en dos lugares al mismo tiempo. Nos encanta vivir donde lo hemos hecho durante años, pero el mudarnos puede significar una notable ventaja económica, sin mencionar la oportunidad de hacer nuevas amistades y disfrutar de un cambio que nos hace falta. El irnos, no obstante, pudiera ser difícil debido a la edad de los chicos (dos de ellos son adolescentes mayores) y las relaciones de mucho tiempo que hemos disfrutado en nuestra iglesia, nuestro vecindario y, especialmente, con nuestros amigos. Sopesamos ambas opciones. Ninguna es ideal, no obstante ambas tienen sus ventajas —un clásico dilema geográfico.

Estoy consciente de que hay algunas interrelaciones entre estas tres categorías, pero separándolas seremos capaces de ver que cada una tira de nosotros e introduce numerosos y profundos sentimientos de tensión, que pueden drenar rápidamente nuestras reservas de gozo. También podría agregar que el ser más viejo y más sabio no significa que seamos inmunes al problema. Como lo admite Charlie Brown, incluso los curtidos veteranos de la vida pueden encontrar difícil el desplegar sus sillas de cubierta.

EL DILEMA PERSONAL DE PABLO

Todo esto nos lleva de nuevo al hombre con quien hemos estado familiarizándonos, Pablo, un prisionero de Roma en su propia casa. Le hemos visto reaccionar positivamente a sus lamentables circunstancias, y lo hemos aclamado mientras escribía palabras de aliento para sus amigos en Filipos. Ahora nos encontramos identificándonos con su propio dilema personal, que él admite en las familiares palabras:

> Porque para mí el vivir es Cristo, y el morir es ganancia. Mas si el vivir en la carne resulta para mí en beneficio de la obra, no sé entonces qué escoger. Porque de ambas cosas estoy puesto en estrecho, teniendo deseo de partir y estar con Cristo, lo cual es muchísimo mejor; pero quedar en la carne es más necesario por causa de vosotros.

Filipenses 1:21-24

No caben dudas: el amigo más querido de Pablo, de hecho su más íntimo amigo en la tierra, era Cristo. Nadie significaba más para él; por consiguiente, la idea de estar con El le producía a Pablo gran alegría.

Sus sentimientos podrían ser aquellos tan hermosamente resumidos en un viejo himno:

Jesús es todo para mí,
mi vida, mi gozo, mi todo;
El es mi fortaleza de día en día,
sin El caería...

Jesús es para mí,
no quiero mejor amigo;
confío en El ahora, confiaré cuando
los fugaces días de la vida terminen.

Hermosa vida con tal Amigo;
hermosa vida que no tiene fin;
eterna vida, eterno gozo,
El es mi Amigo.[1]

Cuando alguien que es eterno y vive en el cielo significa tanto para ti, se crea un ineludible dilema: ¡tú quieres estar con El! ¡¡Ahora!! Eso explica por qué Pablo no vaciló en escribir "el morir es *ganancia*". Sin embargo, su obra en la tierra no había terminado. Dios quería hacer más cosas a través de su siervo, quien estaba entonces bajo arresto domiciliario en Roma. Pablo sabía eso, lo cual causaba el dilema. Estaba entre la espada y la pared, o como él lo planteó: "puesto en estrecho". ¿Y cuál era la disyuntiva?

1."Teniendo deseo de partir y estar con Cristo" (lo cual él consideraba "muchísimo mejor"), y

2."Quedar en la carne... por causa de vosotros" (lo cual él admitía era "más necesario").

Permíteme explicártelo todo aun con más detalle. Para eso necesitamos analizar las ventajas y desventajas de ambas posibilidades.

Partir

¿Las ventajas? Estaría con Cristo al instante. Se liberaría de todas las pugnas y limitaciones, las penas y frustraciones de la tierra. Inmediatamente experimentaría la paz y el gozo ininterrumpidos de un placer sin fin en el más perfecto de los lugares. Las desventajas? No estaría junto a quienes lo necesitaban, lo cual afectaría gravemente el crecimiento espiritual de ellos. Ya no sería un testigo para los guardias romanos asignados a vigilarlo o un incentivo para quienes venían a visitarlo. Además de eso, su gran alcance misionero hacia quienes no habían oído hablar de Cristo cesaría al momento. Más aún, todos aquellos de cuya causa él era el paladín, carecerían de una voz de autoridad y confirmación. Con todo el alivio que la muerte pudiera traer, no dejaría de tener sus inconvenientes.

Mi mente retrocedió rápidamente hacia 1865 cuando nuestro país estaba desgarrado por la Guerra Civil. Abraham Lincoln se paró en la brecha como una fuente de fortaleza cuando muchas familias sufrientes dudaban y muchos esclavos indefensos perdían la esperanza. Podemos imaginar la presión de aquella espantosa posición. Las fotos tomadas al hombre antes de la guerra y durante el conflicto nos cuentan la silente historia de un guerrero agotado por la batalla que debía haber anhelado un alivio. De repente un disparo hecho en el Teatro Ford lo cambió todo. Nuestro décimo segundo presidente alcanzó finalmente una paz que jamás había conocido antes. ¿Hubo ventajas? ¡Sí! Para él fueron inmediatas y eternas. Pero las desventajas no pueden ignorarse: se declaró el caos político y la rivalidad entre los que ostentaban autoridad, se agregó una congoja desgarradora a una nación que ya sufría, y fue silenciada para siempre la voz del más elocuente defensor de los afroamericanos.

Quedar

Si el apóstol Pablo permanecía y continuaba su ministerio, los beneficios eran obvios. Tendría influencia en el crecimiento espiritual de muchos, su papel como mentor de los filipenses (y muchos otros) se mantendría, y su visión de llegar hasta un mundo sin Cristo continuaría alimentando el fuego de la evangelización dondequiera que fuera. Y no podemos olvidar su ministerio epistolar. Al quedar, su inspirada pluma seguiría produciendo. ¿Los inconvenientes? Continuaría ausente de su hogar celestial. Las ataduras de su prisión no se romperían, su pena sólo aumentaría, y las amenazas de su futuro se incrementarían. Y después de todo lo que había pasado, ¿quién hubiera querido más? ¡Que venga el alivio!

Tú y yo hubiésemos pensado que el hombre estaba más que maduro para llegar a esta decisión sin muchas vacilaciones. Después de todo, era un fuerte y fiel soldado de la fe cristiana, sabio consejero y un hombre de Dios muy espiritual. Seguramente podía decidir por sí mismo. No obstante, de acuerdo con su propio testimonio, él admitió: "No sé entonces qué escoger" (v. 22). Ambas opciones tienen lógica. Ninguna estaría errada... una disyuntiva insoluble. Sin dudas, debe decidir el Señor.

Horatius Bonar indicó la mejor solución a este dilema cuando escribió:

Tu camino, Oh Señor, no el mío,
por más oscuro que parezca!
condúceme con tu propia mano,
escoge el camino para mí.

Ya sea llano o escarpado,
todavía será el mejor;
tortuoso o derecho, conduce
justamente a tu reposo.

No me atrevo a escoger mi suerte;
no lo haría, aun si pudiera;
escoge tú por mí, Dios mío;
para que yo ande correctamente.

El reino que yo busco
es tuyo; así que tuya sea

la senda que me lleve a él:
si no me extraviaría.

Toma tú mi copa, y
con gozo o tristeza llénala,
lo mejor que a ti te parezca;
escoge tú mi bien y mi mal.

Escoge tú mis amigos,
mi enfermedad o salud;
escoge tú mis quehaceres,
mi pobreza o bienestar.

Que no sea mía la elección,
en cosas grandes o chicas;
sé tú mi guía, fortaleza,
mi sabiduría, y mi todo.[2]

Para mí, este es el momento preciso para regresar al gran tema de este libro: el gozo. Cuando nos enfrentamos a tales dilemas en la vida y no somos capaces de decidir cuál es la dirección correcta en que debemos ir, si esperamos retener nuestro gozo durante el proceso, tenemos (repito, *tenemos*) que permitir que el Señor sea nuestro Guía, nuestra Fortaleza, nuestra Sabiduría... ¡nuestro todo! Es muy fácil leer estas palabras, pero muy difícil llevarlas a cabo en medio del dilema. Cuando lo hacemos, sin embargo, es sorprendente cuán apacibles y felices podemos permanecer. El peso está sobre sus hombros, la responsabilidad es suya, la pelota está en su campo, y un inexplicable gozo nos envuelve. Como lo han visto otros, pudiera considerarse que es un gozo desbordante.

Seguro que tal método insólito de lidiar con los dilemas es inusitado —no hay muchos que estén dispuestos a entregarle las riendas a Dios— y se necesita humildad, otro rasgo raro entre la gente capaz. ¡Pero dará resultado! El Señor es un maestro en hacerse cargo de nuestra confusión y revelarnos la mejor solución posible.

Como Pedro escribió una vez:

Humillaos, pues, bajo la poderosa mano de Dios, para que él os exalte cuando fuere tiempo; echando toda vuestra ansiedad sobre él, porque él tiene cuidado de vosotros.

1 Pedro 5:6-7

Cuando hacemos esto, El nos da su gozo a cambio de nuestra ansiedad. *¡Qué trato!* Entonces, mientras El obra en las cosas y nos aclara qué paso debemos dar de inmediato, podemos relajarnos, descargar la tensión, y reír otra vez.

Esto es extremadamente difícil para las personalidades del tipo A. Si por casualidad uno es más inteligente que la persona común, le es todavía más difícil. Y si uno es de los individuos supercompetentes, de los yo-puedo-arreglármelas, que tienden a ser apasionados e impacientes, el soltar las riendas y permitir que Dios tome el mando será uno de los retos más extraordinarios de su vida. Pero te apremio: ¡hazlo! Oblígate a confiar en Otro que es mucho más capaz e inteligente y responsable de lo que tú (o que mil como tú) pudieras ser jamás. Y mientras tanto, ¡disfruta!

Debido a que yo era mucho más vehemente y exigente (especialmente conmigo mismo), a menudo buscaba lecturas que me ayudaran a calmarme los ánimos. Una de las cosas que han contribuido a relajar mi antes intenso estilo de vida, es un excelente poema escrito por un fraile de un monasterio en Nebraska, quien nunca sospechará cuánto influyó en mí su obra. Espero que a ustedes les proporcione similares beneficios:

Si tuviera que vivir mi vida otra vez, trataría de
   cometer más errores la próxima vez.
Tomaría todo con calma, me
   ejercitaría para ser más
      ágil, sería más tonto de lo que he sido ahora.
Yo sé de muy pocas cosas que tomaría en serio.
Viajaría más. Sería más atolondrado.

Escalaría más montañas, nadaría en más ríos
y contemplaría más puestas de sol.
Daría más caminatas y miraría más.
Comería más helado y menos frijoles.
Tendría más problemas reales y
menos imaginarios.
Ves, yo soy de esa gente que vive la vida
prudente y sensatamente hora tras hora,
día tras día.
Claro que he tenido
mis momentos de irreflexión,
y si tuviera que revivirlo todo,
tendría muchos más.
De hecho, trataría de no tener otra cosa:
únicamente momentos, uno tras otro,
en lugar de vivir tantos años
por adelantado cada día.
He sido de esa gente que nunca
va a ninguna parte sin termómetro,
bolsa de hielo, gargarismos,
capa de agua, aspirinas y paracaídas.
Si tuviera que repetirlo todo,
pasearía, me divertiría,
y viajaría mucho más aligerado
de lo que hasta ahora lo hice.
Si pudiera vivir de nuevo mi vida,
comenzaría la primavera descalzo
y seguiría así hasta entrado el otoño.
Saldría más veces sin permiso.
No sacaría tan buenas notas,
excepto por casualidad.
Montaría más en carrusel.
Recogería más margaritas.[3]

Ya lo sé, ya lo sé. Solamente tolerar la idea de cometer errores, faltar al trabajo o la escuela sin permiso y tomarse el tiempo de recoger margaritas es muy duro para la mayoría de nosotros. Y hay que admitir que algunos se han extralimitado en esa dirección. Una cosa es equivocarse, pero cuando se gasta la goma antes que el lápiz, te estás equivocando demasiado.

Sin embargo, muchos necesitan que les recuerden que la vida es algo más que trabajo duro, decisiones trascendentales y asuntos superapasionantes. Con frecuencia me he sentido confortado con el pensamiento de que: "Por demás es que os levantéis de madrugada, y vayáis tarde a reposar, y que comáis pan de dolores; pues que a su amado dará Dios el sueño (Salmo 127:2). Cuán fácil es olvidar que "Dios es por nosotros" (Romanos 8:31) y "nos da todas las cosas en abundancia para que las disfrutemos" (1 Timoteo 6:17). Algunos de nosotros necesitamos leer esas afirmaciones cada día hasta que comencemos a creerlas.

Ahora bien, ¿experimentó Pablo el liderazgo de Dios? ¿Lo sacaron alguna vez de entre la espada y la pared? ¿Pudo desdoblar su silla de cubierta [de buque]? Puedes estar seguro. Léelo tú mismo:

> Y confiado en esto, sé que quedaré, que aún permaneceré con todos vosotros, para vuestro provecho y gozo de la fe, para que abunde vuestra gloria de mí en Cristo Jesús por mi presencia otra vez entre vosotros.
>
> *Filipenses 1:25-26.*

De alguna forma el Señor le hizo entender a Pablo que Su plan era que él permaneciera y continuara haciendo lo que hacía. Aunque el partir le hubiera traído a él alivio inmediato y la recompensa por una obra bien hecha, él aceptaba la decisión de Dios y seguía luchando abnegadamente.

UN RETO ESPIRITUAL

Las últimas palabras del primer capítulo de la carta de Pablo a sus amigos en Filipos son un reto... para ellos y para nosotros:

Solamente que os comportéis como es digno del evangelio de Cristo, para que o sea que vaya a veros, o que esté ausente, oiga de vosotros que estáis firmes en un mismo espíritu, combatiendo unánimes por la fe del evangelio, y en nada intimidados por los que se oponen, que para ellos ciertamente es indicio de perdición, mas para vosotros de salvación; y esto de Dios. Porque a vosotros os es concedido a causa de Cristo, no sólo que creáis en él, sino también que padezcáis por él, teniendo el mismo conflicto que habéis visto en mí, y ahora oís que hay en mí.

Filipenses 1:27-30.

Lo que a mis ojos se destaca es el recordatorio inicial de Pablo, de que otros no son responsables por nuestra felicidad. Somos nosotros: "sea que vaya a veros, o que esté ausente", espera oír que ellos están unidos. ¡Qué recordatorio más importante!

Son muchísimos los que viven sus vidas dependiendo demasiado de otros. Semejantes plantas parásitas sacan la mayor parte —si no toda— su energía de otro. Esto no sólo no es saludable para la planta parásita, ¡sino que también drena demasiada energía del árbol que la sostiene!

Pablo no admitía nada de eso, y nosotros tampoco deberíamos admitirlo. Maduramos más rápido cuando aprendemos a sostenernos firmes por nuestra cuenta. Puede haber ocasiones en que otros desempeñen papeles auxiliares durante episodios de nuestra vida que lo requieran, pero deben ser la excepción y no la regla. La gente dependiente no vive gozosamente.

¿Descarta esto la necesidad de relaciones estrechas y armoniosas? En absoluto. De hecho, después de alentarlos a una independencia saludable, Pablo le da vuelta a la moneda y sugiere la necesidad de equilibrio: "combatiendo unánimes". ¿Por qué? Porque la vida incluye pruebas, y algunas de esas pruebas implican "oponentes" que no deben alarmarnos.

Al combatir juntos y unánimes nos mantenemos sin ser intimidados ni atemorizados.

Nos reconforta mucho cuando nos percatamos de que nuestra lucha no es una serie de batallas aisladas libradas una por una, sino que estamos combatiendo juntos contra un enemigo común. Hay un sentido de camaradería y de respaldo cuando nos damos cuenta de que estamos en las filas de los fieles, un "poderoso ejército" de aquellos apartados por Cristo, una fuerza que hay que tener en cuenta. Recientemente, después de hablar en una iglesia, noté un interesante anuncio al salir del parqueo. Decía:

USTED ESTA ENTRANDO
EN EL CAMPO MISIONERO

Excelente recordatorio. Y aun más alentador, entramos en él unidos. Así que necesitamos recordar:

1. No estamos solos.

2. Nos han prometido la victoria.

3. Estamos llamados (entre otras cosas) a sufrir.

4. Estamos en buena compañía cuando llegan los conflictos.

Pablo les recuerda a sus amigos en Filipos que sus conflictos son los mismos que él tiene. La palabra griega traducida como *conflictos* aquí es el término del cual se deriva nuestra palabra *angustia*. Juntos nos angustiamos al igual que juntos resistimos firmes, luchamos y nos afanamos por difundir el evangelio. A mí me fortalece la idea de que nuestros sufrimientos y angustias están a la par de los de Pablo. Angustia es angustia, pura y simple. Nos convierte a todos en creyentes maduros. También desarrolla nuestros músculos espirituales y nos proporciona nuevo valor para enfrentar a cualquier enemigo con que podamos toparnos. Y no olvidemos jamás que... ¡al final gana nuestro bando!

Durante los primeros días del cristianismo, un burlador se mofaba preguntando: "¿Qué estás haciendo ahora tu Carpintero?" y el cristiano imperturbable le espetó: "¡Haciendo un ataúd para tu Emperador!"[4]

Jamás olviden que nuestro papel es doble: no sólo es "creer en él" (la parte agradable), sino también "padecer por él" (la parte difícil). Eso plantea otro dilema más, el cual caería quizás en otra categoría: El dilema *práctico*. Nosotros que amamos al Señor y le servimos fielmente, haciendo todo lo que podemos por vivir para su gloria, en ocasiones nos encontramos padeciendo por su causa en vez de ser recompensados por nuestra devoción. El dilema es: ¿Seguimos avanzando o nos volvemos atrás?

En nuestra época una gran mayoría considera que cualquiera que persiga otra cosa que no sea su comodidad y tranquilidad, es un tonto. Pero ¿cuándo votó la mayoría en favor de Cristo? Si esa es tu situación actual, si estás sufriendo y enfrentando dificultades a causa de tu profesión de fe en El, anímate. Estás en buena compañía. Y un día glorioso en un futuro no muy lejano, Dios te recompensará por tu fidelidad. Habrás olvidado el dolor de haber seguido adelante. Y, como nunca antes, volverás a reír.

NUESTRA REACCION PERSONAL

De todas las cosas en que hemos estado reflexionando en este capítulo emergen dos principios concluyentes:

- El tomar decisiones correctas en medio de los dilemas nos obliga a replantear nuestras prioridades.

No hay nada como un dilema para hacernos regresar a los fundamentos de lo que consideramos esencial. Feliz el que haga a un lado la ambición egoísta y la preferencia personal en favor de la voluntad y la dirección de Dios.

- El escoger las prioridades correctas nos fuerza a reconsiderar la importancia de Cristo en nuestras vidas.

Hay muchas voces hoy en día. Algunas gritan, muchas son persuasivas y unas pocas son en extremo convincentes. Puede resultar abrumador. Si escuchas bastante tiempo, puedes sentirte tentado a lanzar tu fe por la ventana, cuidarte sólo de ti mismo, dejar que tus glándulas te guíen y escoger lo mejor para ti. Al principio sin duda sentirás un torrente de placer y satisfacción. Pero al final terminarás decepcionado y desilusionado.

Malcolm Muggeridge murió en el otoño de 1990. Había sido un corresponsal extranjero, editor de periódicos, editor de la revista *Punch* y una muy conocida personalidad de la televisión en Gran Bretaña. Ya adulto, se volvió finalmente a Cristo y escribió acerca de sus propios dilemas como periodista convertido en creyente. Entre sus obras está *Jesús redescubierto, Cristo y los medios masivos de comunicación, Algo hermoso para Dios,* y su autobiografía de varios volúmenes *Crónicas del tiempo perdido.* Con frecuencia habló y escribió de "sentirse como un extraño" en el mundo.

En una entrevista pocos años antes de su muerte, le preguntaron a Muggeridge si estaría dispuesto a explicar esa sensación. Su respuesta merece repetirse.

Estoy encantado de hacerlo, porque a menudo he pensado en eso. Durante la guerra, cuando estaba en Africa del Norte, oí por primera vez a un teniente coronel emplear el término "persona fuera de lugar". Para mí esa fue una frase muy dramática. Pero al mismo tiempo es una muy buena definición de una persona que ha llegado a ver que la vida no estriba en las cosas carnales, o en el éxito, sino en la eternidad más bien que en el tiempo.... Yo no pertenezco en realidad a este mundo, simplemente estoy aquí.[5]

Puesto que estoy comprometido con lo que sea mejor para ti, no pienso sugerirte: "Oh, bueno, haz cualquier cosa". Voy a retarte a mantener una perspectiva eterna, aun cuando estés en minoría, aun cuando estés rodeado por hordas de individuos encauzados hacia el éxito que te apremien para que hagas caso omiso de tu conciencia y eches mano de todo lo que puedas ahora. ¿Quieres gozo? ¿Deseas realmente lo mejor? Considérate simplemente una persona fuera de lugar y marcha en pos de Jesús. La suya es la senda más confiable que se puede seguir cuando la vida se complica. Tendrá sus momentos duros, pero nunca lo lamentarás.

Algún día glorioso, puedes creerme, mirarás hacia atrás al dilema que ahora te tiene tan turbado... y finalmente lograrás desdoblar tu silla de cubierta. Entonces te recostarás en ella y te reirás a carcajadas.

5

El secreto velado de una vida feliz

*H*E ESTADO ESCRIBIENDO muchísimo acerca de escoger el gozo y de cultivar un buen sentido del humor. En numerosas ocasiones he mencionado el valor de la actitud de uno, que es el secreto detrás del aprender cómo reír otra vez. Cultivar la actitud correcta, en mi opinión, es absolutamente crucial. Examinemos, pues, ahora, más detenidamente el tema de nuestra actitud.

El diccionario que tengo sobre mi mesa define la actitud como "una forma de actuar, sentir o pensar que muestra la disposición... opinión y tendencia de uno". Eso significa que la manera en que pensamos determina el modo en que respondemos a otros.. De hecho, he descubierto que mi opinión acerca de otros es un reflejo directo de mi propia "inclinación mental".

Nuestra actitud hacia el mundo que nos rodea depende de lo que somos nosotros mismos. Si somos egoístas, sospecharemos de otros. Si somos de naturaleza generosa, es probable que seamos más confiados. Si somos muy honestos con nosotros mismos, no siempre podremos prever los engaños de otros. Si nos inclinamos a ser justos, no sentiremos que nos están estafando. En cierto sentido, mirar a la gente que nos rodea es como mirarse al espejo. Uno ve el reflejo de sí mismo.[1]

Puesto que soy un ministro del evangelio, gran parte de mi tiempo lo empleo estudiando la Biblia y compartiendo las cosas que he descubierto. Ultimamente mi estudio me ha conducido hacia el Evangelio escrito por un antiguo médico nombrado Lucas. Mientras él iniciaba sus investigaciones acerca del más extraordinario individuo que jamás haya vivido en nuestro planeta, el doctor Lucas se vio guiado a describir a Jesús como un hombre. Este retrato suministra información fascinante para cualquier interesado en las relaciones interpersonales de Jesús.

Mientras observaba detenidamente las descripciones y observaciones de Lucas, buscando las interioridades de la vida del Salvador, me intrigaron Sus respuestas a otros. ¿Cómo es posible que un hombre fuera tan paciente como El se mostró? ¿Cómo pudo mantener su sangre fría bajo ataques constantes? ¿Cómo pudo mostrar tanto perdón, tanta compasión y al mismo tiempo tanta determinación? Y cuando los fariseos lo acosaban y trataban de exasperarlo con sus continuas preguntas, ¿cómo pudo controlarse y no darles un puñetazo? Como hombre, El sentía todas las emociones que experimentamos los seres humanos. ¿Qué fue lo que le dio la ventaja que a menudo nos falta? *Fue su actitud.* Volviendo a las palabras del Diccionario Webster, El actuó y sintió de esa manera debido a su "disposición", su "preparación mental".

Todo esto nos lleva a una pregunta: ¿Cuál es la actitud más cristiana de la tierra? Piénsalo antes de contestar demasiado rápido. Estoy seguro de que muchos responderán: *Amor.* Eso es comprensible, porque en realidad El amó al máximo. Otros contestarán: *Paciencia.* Tampoco es una mala respuesta. No he encontrado evidencia de impaciencia o de irritabilidad ansiosa en mis estudios de su vida. *Gracia* sería también una posibilidad. Jamás un hombre o mujer demostraron y personificaron la gracia que El mostró en el momento en que exhalaba su último aliento.

Sin embargo, siendo tan importantes esos rasgos, no fueron esos los que Jesús mismo mencionó cuando por una sola vez se describió a sí mismo en las Escrituras. Me refiero a esas familiares palabras:

Venid a mí todos los que estáis trabajados y cargados, y yo os haré descansar. Llevad mi yugo sobre vosotros, y aprended de mí, que soy manso y humilde de corazón; y hallaréis descanso para vuestras almas; porque mi yugo es fácil, y ligera mi carga.

Mateo 11:28-30

¿Observaron las palabras clave? "Soy manso y humilde de corazón", lo cual pudiera resumirse mejor en la palabra *abnegado*. De acuerdo con el testimonio de Jesús, esa es la actitud más cristiana que podemos demostrar. Debido a que era tan humilde —tan abnegado—, la última persona en quien pensaba era en sí mismo.

ANALIZANDO LA ABNEGACION

Ser "humilde de corazón" es ser sumiso hasta el fondo del alma. Implica estar más interesado en servir las necesidades de otros que en cubrir las propias.

Alguien que es verdaderamente abnegado es generoso con su tiempo y posesiones, energía y dinero. Esto, al manifestarse, se expresa de varios modos, tales como solicitud y ternura, espíritu modesto y liderazgo servicial.

- Cuando un esposo es abnegado, subordina sus propios deseos y requerimientos a las necesidades de su esposa y su familia.

- Cuando una madre es abnegada, no le molesta dejar de lado sus planes por el bien de sus hijos.

- Cuando un atleta es abnegado, es el equipo lo que interesa, no ganar para sí los más altos honores.

- Cuando un cristiano es abnegado, los demás importan más que él. El orgullo no tiene espacio para operar.

Como Isaac Watts escribió a principios del siglo dieciocho:

Al contemplar la excelsa cruz
do el Rey del cielo sucumbió,
cuantos tesoros ven la luz
con gran desdén desprecio yo.

¡Qué palabras más raras! No porque sean arcaicas, sino porque todo el mundo hoy en día es muy egoísta... y nunca nuestros iguales nos han que seamos diferentes. Nuestra era es la de la autoexaltación, defensa de nuestros derechos, cuidarse primero a uno mismo, ganar intimidando a otros, empujar a todos para alcanzar el primer lugar, y una docena de otros planes de autoservicio. Esa sola actitud hace más por despachurrar nuestro gozo que ninguna otra cosa. Estamos tan ocupados defendiéndonos y protegiéndonos y manipulándolo todo, que nos preparamos para una existencia violenta y sombría... y ese no es un problema moderno.

Grecia decía: "Sé sabio, conócete a ti mismo".

Roma decía: Sé fuerte, disciplínate a ti mismo".

La religión dice: Sé bueno, fórmate a ti mismo".

El epicureísmo dice: "Sé sensual, satisfazte a ti mismo".

La educación dice: "Sé ingenioso, ensánchate a ti mismo".

La psicología dice: "Sé atrevido, imponte a ti mismo".

El materialismo dice: "Sé posesivo, agrádate a ti mismo".

El ascetismo dice: "Sé humilde, reprímete a ti mismo".

El humanismo dice: "Sé capaz, cree en ti mismo".

El orgullo dice: "Sé superior, exáltate a ti mismo".

Cristo dice: "Sé abnegado, humíllate a ti mismo".

Cuando escribo esta última línea, estoy meneando la cabeza y sonriendo. En nuestra sociedad egoísta de agarra-todo-lo-que-puedas, el concepto de cultivar una actitud abnegada, de servir de corazón es casi un chiste para la mayoría. Pero, felizmente, hay unos pocos (confío en que tú seas uno de ellos) que genuinamente desean desarrollar tal actitud. Puedo asegurarte que, si llevas a cabo este deseo, comenzarás a reír otra vez... y me refiero a reír de veras. Ese es el secreto de una vida feliz.

En nuestra iglesia de Fullerton, California, siempre estamos buscando mejores medios de comunicarnos unos con otros. Es fácil que los dirigentes pensemos que todo el mundo en la congregación está enterado de las cosas, cuando en realidad pueden estar a oscuras. Los que estamos al frente y enseñamos y predicamos podemos pensar que todo lo que decimos está claro, cuando puede no estarlo. Un método que ha ayudado a que la congregación responda, ha sido el uso de secciones en nuestros boletines dominicales que se pueden desprender. Con frecuencia la gente hace preguntas en esas porciones de papel, o hacen declaraciones que les ayudan a tener una visión más completa o cercana a la verdad de algo que he dicho desde el púlpito.

Hace unos domingos alguien escribió: "Chuck, entiendo lo que dijiste hoy. Agradezco tu dedicación y creo hasta la última palabra. ¡Mi problema es saber cómo hacerlo!" Esto es lo que yo llamo una respuesta extremadamente sincera y humilde.

Puede que sientas lo mismo acerca de las cosas que he estado manifestando con respecto al valor de mantener una actitud abnegada. Quizás incluso estés de acuerdo en que la semejanza a Cristo está constituida por la abnegación... pero ¿cómo la hacemos manifestarse? ¿Necesitas que te lo expliquen todo más clara y prácticamente? Es muy justo.

ANALIZANDO LA SEMEJANZA A CRISTO

Volvamos a la cartita que Pablo escribió a sus amigos en Filipos. Pienso que lo que él dice con respecto a la actitud de abnegación nos ayudará a levantar la niebla de indefinición y nos capacitará para concentrarnos en el meollo de cómo hacer para que se dé. El comienza esta sección con un ruego:

> Por tanto, si hay alguna consolación en Cristo, si algún consuelo de amor, si alguna comunión del Espíritu, si algún afecto entrañable, si alguna misericordia, completad mi gozo, sintiendo lo mismo, teniendo el mismo amor, unánimes, sintiendo una misma cosa. Nada hagáis por contienda o por vanagloria; antes bien con humildad, estimando cada uno a los demás como superiores a él mismo; no mirando cada uno por lo suyo propio, sino cada cual también por lo de los otros.

> *Filipenses 2:1-4*

Estas primeras líneas concluyen con el tema de lo que está en su mente: "otros". Mientras leemos la petición inicial de Pablo, es obvio que su mayor preocupación es que no haya desunión o conflicto entre sus amigos. Es como si estuviera rogando: Cualquier cosa que suceda, amigos míos, no permitan que una actitud egoísta se cuele como un ladrón y les robe el gozo o interrumpa su unión.

¿Qué se necesita?

Más que todo, se necesita armonía... un espíritu de disposición unánime unos con otros. Me gusta la forma en que la Biblia al Día expresa las primeras líneas de este párrafo:

> ¿Pueden los cristianos consolarse unos a otros? ¿Me aman ustedes lo suficiente como para desear consolarme?

¿Tiene algún significado para ustedes el que seamos hermanos en el Señor y participemos del mismo Espíritu? Si alguna vez han sabido lo que es el cariño y la compasión, colmen mi alegría amándose unos a los otros, viviendo en armonía y luchando unidos por un mismo ideal y un mismo propósito.

Filipenses 2:1-2, B.D.

¡Qué maravillosa manera de vivir la vida de uno! Ese "un mismo corazón, una misma manera de pensar y un mismo propósito" sugiere unidad, una genuina abnegación llena del Espíritu que engendra fuerza y disemina regocijo.

¿Sugiere esto la uniformidad? ¿Quiere esto decir que tenemos que estar siempre de acuerdo en todo? ¿Se trata de esto la armonía? No. Hay diferencia entre unidad y uniformidad. La uniformidad se obtiene con la presión desde el exterior. La palabra *uniformidad* encierra la palabra *uniforme*. Nos vestimos igual, lucimos igual, sonamos igual, pensamos igual, actuamos igual. Pero eso no es ni saludable ni bíblico. La unidad viene desde lo más profundo. Es el deseo interno de conducirse de un modo cooperativo... para estar en el mismo equipo, para buscar los mismos objetivos, para el beneficio mutuo.

Como dijo Harry A. Ironside:

Es muy evidente que los cristianos jamás estarán completamente de acuerdo en todos los puntos. Estamos tan sumamente influidos por los hábitos, por el ambiente, por la educación, por la medida de aprensión intelectual y espiritual que hemos alcanzado, que es imposible encontrar un número de personas que miren todas las cosas desde un mismo punto de vista. ¿Cómo es posible entonces tener una misma manera de pensar? El mismo apóstol lo explica en otra parte cuando dice: "Creo también que yo tengo la mente de Cristo". La "mente de Cristo" es la mente humilde. Y, si todos somos de *esta* mente, andaremos juntos en amor, considerándonos unos a otros, y buscando más bien ayudar unos a la fe de otros, antes que cuestionando las convicciones unos de otros.[3]

Es interesante que Pablo admita que el mantener ellos tal espíritu de armonía "completaría mi gozo". La armonía promueve la felicidad. Si dudas eso, no has trabajado en un lugar donde reina el desacuerdo, ni vivido en un hogar roto por la desunión. El gozo no puede sobrevivir en esos lugares. Si queremos reír de nuevo, es necesario restaurar la armonía.

¿Cómo se logra?

Repito, la cuestión es ¿cómo? ¿Cómo es posible manifestar semejante actitud abnegada cuando estamos rodeados de exactamente lo opuesto? Miremos más de cerca lo que Pablo escribió:

> Nada hagáis por contienda o por vanagloria; antes bien con humildad, estimando cada uno a los demás como superiores a él mismo; no mirando cada uno por lo suyo propio, sino cada cual también por lo de los otros.

Filipenses 2:3-4

Mientras sopeso su consejo, surgen tres ideas prácticas que pueden ayudarnos a cultivar una actitud abnegada.

Primero, jamás permitir que nuestro motivo sea el egoísmo o la vanidad. Eso mismo: *jamás*. Ese es el consejo de Pablo, ¿verdad? *"Nada* hagáis por contienda o por vanagloria" (énfasis mío).

Segundo, siempre considerar que los demás son más importantes que uno. Aunque ése no sea un rasgo natural, puede convertirse en un hábito... ¡y qué importante!

Tercero, no limitar nuestra atención a nuestros propios intereses personales... incluir a otros. Creo que fue Andrew Murray quien dijo: "La persona humilde no es la que piensa primero en sí misma; es la que sencillamente no piensa en sí misma en absoluto".

Puede que alguno trate de disuadirte de lo que pudiera parecer una posición desequilibrada y extremista. Puede que te digan que cualquiera que adopte esta clase de actitud está cayendo peligrosamente cerca de la autoflagelación y la pérdida de una saludable autoestima. ¡Tonterías! La meta es que nos interesemos tanto en otros, y en ayudarlos a que alcancen el mayor bien, que nos olvidamos de nosotros mismos en el proceso.

Volvamos momentáneamente a la selección de palabras que hace Pablo: "con humildad". Mientras nos mantenemos en esta actitud (exaltando a Cristo) y nos dedicamos al mismo objetivo (ayudando y alentando a otros), hacemos a un lado nuestras diferencias (armonía) y perdemos el interés en complacernos (abnegación). Quizás cuando más nos acercamos a eso es cuando nos vemos forzados a soportar duros trances juntos.

Martyn Lloyd-Jones, escribiendo en Inglaterra poco después de la Segunda Guerra Mundial, recordaba el terror de los bombardeos fulminantes de la aviación nazi:

Cuán frecuentemente durante esa última guerra nos contaron de las escenas extraordinarias en los refugios antiaéreos; cómo allí, personas diferentes de distintas clases, en medio de la necesidad común de protegerse de las bombas y la muerte, olvidaban todas las diferencias que los separaban y se convertían en una sola familia. Esto sucedía porque en el interés común olvidaban las divisiones y distinciones. Por eso es por lo que siempre se tiende a formar un gobierno de coalición durante una guerra; en períodos de crisis y de necesidad común, se olvidan las distinciones y nos unimos rápidamente.[4]

Yo he visto escenas similares aquí en California, en medio de un espantoso fuego que barre a través de miles de acres, hasta que finalmente esos dedos flamígeros alcanzan un reparto residencial. ¿Qué sucede? Inmediatamente la gente se une. No prestan atención a quién gana cuánto, qué clase de auto conduce una persona o cuánto pudieran recibir de su vecino si lo ayudan. Desentendiéndose por completo de cualquier beneficio que pudieran derivar personalmente de sus actos heroicos (usualmente nada) y sin parar mientes en el peligro personal, "se consideran unos a otros más importantes" que sus propias posesiones o seguridad. Cuando nos vemos forzados a concentrarnos solamente en la ayuda que podemos darle a otros en un momento de crisis, empezamos a mostrar esta actitud como la de Cristo.

Para ser sincero, no siempre se requiere una crisis. He descubierto que basta con tener una familia numerosa —digamos cuatro o cinco hijos— para que aprendamos cómo el egoísmo echa a perder los esfuerzos. Recuerdo que cuando Cynthia y yo comenzamos a tener hijos, pensé que dos sería una familia perfecta. "Alfa y Omega"... *¡ideal!* Entonces vino nuestro tercero... y no muchos años después, un cuarto.

Ahora bien, tú debes comprender la clase de tipo que soy yo. Me gusta que mis zapatos brillen como espejo y no que estén pisoteados y estropeados. Y me gusta mi ropa colgada en el armario, ordenada y bien arreglada en vez de amontonada y arrugada. Y realmente me gusta mi leche en un vaso y en la mesa, no en el piso. Especialmente me gusta un automóvil limpio, sin huellas de dedos en las ventanillas y sin restos de tareas escolares regados por el piso.

Por eso, ¿qué hace el Señor para ampliar mis horizontes y ayudarme a ver cuán egoísta soy? Muy simple: me da cuatro activos chiquillos que me pisan los zapatos, me arrugan la ropa, me derraman la leche, lamen las ventanillas del auto y dejan caer caramelos pegajosos sobre la alfombra. Uno no ha vivido hasta que haya caminado descalzo por el piso a medianoche y haya pisado con toda su fuerza un *yaqui*... o un par de esas pequeñas minas terrestres fabricadas por Lego. Seguro que aprende rapidísimo cuál es su propio nivel de egoísmo.

Como ves, no estamos hablando de un tema profundo, etéreo o teológico. Tener una actitud abnegada toca a lo más profundo de nuestro ser. Significa que estamos dispuestos a renunciar a nuestra propia comodidad, nuestras propias preferencias, nuestros propios planes, nuestros propios deseos en beneficio de otro. Y eso nos trae de nuevo a Cristo. Quizás nunca te hayas percatado de que fue su actitud de abnegación la que lo lanzó desde el esplendor del cielo a un humilde pesebre en Belén... y más tarde a la cruz del Calvario. ¿Cómo aceptó eso? Voluntariamente.

LA VIDA DE CRISTO...
ANTES Y DESPUES

En este punto aparece una afirmación de transición muy significativa en las palabras de Pablo a los Filipenses.

Haya, pues, en vosotros este sentir que hubo también en Cristo Jesús.

Filipenses 2:5

Cristo Jesús, ¡qué ejemplo perfecto de una actitud abnegada! Lo que Pablo ha estado pidiendo a sus amigos en Filipos, lo ilustra en la persona de Jesucristo. En realidad, está diciendo: "¿Quieren saber lo que quiero decir? Querrían tener un 'por ejemplo' para ayudarlos a comprender mejor lo que quiero decir con 'buscando... el interés de los demás'? Les pongo delante el ejemplo perfecto: Cristo Jesús".

Observen cómo El sirvió de modelo de esta actitud:

Haya, pues, en vosotros este sentir que hubo también en Cristo Jesús, el cual, siendo en forma de Dios, no estimó el ser igual a Dios como cosa a que aferrarse, sino que se despojó a sí mismo, tomando forma de siervo, hecho semejante a los hombres; y estando en la condición de hombre, se humilló a sí mismo, haciéndose obediente hasta la muerte, y muerte de cruz.

Filipenses 2:5-8

Todo lo que estaba implicado en que Jesús se volviera humano comenzó con su actitud de sumisión... una disposición de cooperar con el plan de Dios para la salvación. En vez de tratar de influir haciendo valer su derecho a permanecer en el cielo y continuar disfrutando todos los beneficios de esa posición privilegiada como segundo miembro de la Divinidad y Señor del mundo creado, El estuvo dispuesto a decir sí. Estuvo de acuerdo en cooperar con un plan que requeriría su renuncia al éxtasis y aceptar el sufrimiento atroz de su agonía. De un estado de perfección absoluta y deidad constante, El vino a la tierra voluntariamente. Dejando atrás las huestes angélicas que inundaban su presencia con alabanza adoradora, abnegadamente aceptó un papel que requeriría el que El fuera malinterpretado, torturado, maldecido y crucificado. Sin vacilar renunció a la compañía y protección de la gloria del Padre por el solitario sendero de obediencia y muerte en tortura.

No se pierdan los pasos destendentes:
1. Se vació de sí mismo.
2. Tomó la forma de un siervo.
3. Fue hecho en la semejanza de la humanidad.
4. Se humilló por hacerse obediente hasta la muerte.
5. Aceptó la más dolorosa y humillante forma de morir: la crucifixión.

¿Se percató de todo esto por anticipado? Por supuesto que sí. ¿Estaba enterado de que eso requeriría tal enorme sacrificio? Sin duda alguna. ¿Lo llevó a cabo con rostro adusto y labios apretados? En ninguna manera. ¿Cómo lo sabemos? Encontrarás la respuesta a eso en Hebreos 12:2:

> Puestos los ojos en Jesús, el autor y consumador de la fe, el cual por el gozo puesto delante de él sufrió la cruz, menospreciando el oprobio, y se sentó a la diestra del trono de Dios.
>
> *Hebreos 12:2*

¡Miren eso! El vio a aquellos de nosotros que nos beneficiaríamos con su sacrificio como "el gozo puesto delante de él". Hemos vuelto a nuestro tema: ¡el gozo! No vino a nosotros de mala gana ni alimentando amargura alguna. Vino libre de todo eso. Aunque no era ciertamente una experiencia placentera, aceptó su venida entre nosotros y su muerte por nosotros voluntaria y abnegadamente. ¿Y qué sucedió al final? ¡Lean y regocíjense!

Por lo cual Dios también le exaltó hasta lo sumo, y le dio un nombre que es sobre todo nombre, para que en el nombre de Jesús se doble toda rodilla de los que están en los cielos, y en la tierra, y debajo de la tierra; y toda lengua confiese que Jesucristo es el Señor, para gloria de Dios Padre.

Filipenses 2:9-11

Pablo parece especialmente aficionado a los superlativos compuestos: "¡Dios le exaltó hasta lo sumo!" Fue recibido con los brazos abiertos. El aplauso de los cielos fue la recompensa suprema por su sacrificio en la tierra. Una vez más la sumisión pagó ricos dividendos. Se nos dice que sucedieron dos cosas después que se pagó el precio por el pecado:

1. Dios exaltó a Jesucristo hasta el pináculo de la autoridad.
2. Dios le concedió un nombre con la más alta significación: *Kurios Iesou Cristos...* "Jesucristo... ¡Señor!"

Nadie más merece ese título. Uno solo es SEÑOR. Toda rodilla se doble ante El en última instancia. ¿Por encima de la tierra? Todos los ángeles se inclinarán... y todos los que nos han precedido. ¿Sobre la tierra? Todos y cada uno de los seres vivientes... Aquellos que le aman y adoran, y... sí, incluso aquellos que le niegan y desprecian. Un día en el futuro, todo en la tierra se inclinará. ¿Debajo de la tierra? El diablo y sus fuerzas demoníacas, junto con aquellos que han muerto sin fe, incrédulos y perdidos.

Lo perdido nunca será reconciliado. El cielo y la tierra finalmente serán llenos de seres felices que han sido redimidos para Dios por la sangre preciosa de Cristo....

Pero "bajo la tierra" estarán aquéllos que "tienen su parte" en las tinieblas de afuera, el lago de fuego. Ellos se burlaron de la autoridad de Cristo en la tierra. ¡Tendrán que reconocerla en el infierno! Rehusaron atender a la llamada de la gracia y ser reconciliados con Dios en el día en que podían haberse salvado.[5]

UN ESTIMULO Y EJEMPLO FINALES

Mi énfasis en este capítulo ha estado en la actitud que libera el gozo y lo proyecta desde nuestros labios, el secreto velado de una vida feliz en la tierra: una actitud de abnegación. Mi estímulo para ti es que no lo aplaces hasta que sea un poco más conveniente. Muchos te dirán que te van a tomar ventaja si empiezas a vivir para otros o si no defiendes tus derechos y "te desquitas". Te ofrezco el consejo opuesto: Dios premiará tu decisión de mostrar una actitud de humildad. Descubrirás que los sentimientos de odio serán reemplazados por una aliviadora inundación de paz y felicidad. Como escribió Salomón: "Cuando los caminos del hombre son agradables a Jehová, aun a sus enemigos hace estar en paz con él" (Proverbios 16:7).

En realidad, todo comienza cuando tú establezcas una relación personal con Jesucristo... y le permitas que reciba los golpes de la vida en tu lugar. Si tú haces su voluntad obedientemente, descubrirás que El te da un gozo que ni siquiera los ángeles del cielo pueden experimentar. ¡Algún día nuestras voces se unirán a las de las huestes celestiales y juntos entonaremos una música espléndida! Pero nuestro gozo será mayor que el de ellos.

Hay una vieja canción cristiana que ya casi nunca escucho. Su coro declara lo que estoy tratando de comunicarles:

Santo, santo se canta
más allá,
ese himno que los ángeles por
siempre cantarán;
mas cuando entone yo de Cristo
y la redención,
los ángeles se callarán: no saben tal canción.[6]

Cuando reconocemos que Jesucristo es Señor y empezamos a entregarle nuestras preocupaciones, nuestros desengaños y nuestros sufrimientos, no solamente mantenemos el equilibrio, sino también mantenemos nuestros sentido del humor. Las alegrías se multiplican cuando tenemos a Alguien que lleva nuestras cargas.

Mencioné antes que pertenezco a la junta directiva de mi alma mater. Esa designación trae consigo muchas responsabilidades graves pero también muchos regocijantes beneficios. Uno de ellos es el privilegio de conocer mejor a un excelente grupo de caballeros cristianos que trabajan como colegas en el mismo equipo de dirección. Uno de ellos es un hombre a quien he admirado desde lejos durante muchos años: Tom Landry. Como entrenador principal de los Vaqueros de Dallas [un equipo de fútbol] durante veintinueve años y miembro del Salón de la Fama de la Liga de Fútbol, su historial habla por sí mismo. Pero lo que yo considero más admirable es su carácter, su integridad y su humildad. Ahora que he llegado a conocerlo "personal y estrechamente" mi estimación por él no ha hecho más que aumentar.

Muchos de nosotros nos sorprendimos y desilusionamos por la forma en que un nuevo dueño de los Vaqueros dejó fuera de su cargo al entrenador Landry. Tuve el privilegio de observarlo y escucharlo en aquellos momentos... incluso de tener unas pocas conversaciones personales con él, sin micrófonos ni cámaras de televisión ni periodistas cerca. Tuvo muchas oportunidades de atacar a la nueva administración criticando sus métodos y defendiéndose. Ni una vez —ni una sola vez— después de su renuncia obligada escuché de los labios de Tom Landry un comentario desagradable o condenatorio. Su única respuesta fue algo como: "Sabes, Chuck, un tipo en mi posición tiene que darse cuenta de que va a quedarse fuera en algún momento, esté o no preparado para que eso suceda. Se trata de estar dispuesto a aceptarlo". Estas son las palabras abnegadas de un hombre a quien se le dijo que recogiera rápidamente sus pertenencias de su mesa de trabajo y se fuera... después de haber dedicado casi tres décadas de su vida a algo que amaba. La mayoría en su lugar hubiera citado una conferencia de prensa y habría atacado sin misericordia a la nueva administración.

He estado con el entrenador Landry en muchas ocasiones desde entonces. Lo hemos llevado a nuestra iglesia para que hable en un gimnasio lleno de hombres con sus hijos y amigos. Ha sido agradable observar su total ausencia de amargura y, al mismo tiempo, la continua presencia del sentido del humor y del gozo de Cristo. Personalmente estoy convencido de que su actitud actual es un mensaje mucho mayor para aquellos a quienes les habla, que todos esos años de éxitos y temporadas de campeonatos. Es reafirmante saber que el gozo puede soportar los malos tiempos mientras la actitud abnegada de Cristo esté en su lugar.

6

Mientras te ríes, ¡mantén tu equilibrio!

MURIO A LOS TREINTA AÑOS, lo enterraron a los sesenta.

Ese es un epitafio apropiado para demasiados americanos. Una horda de hombres y mujeres se quedan momificados a una edad en la cual deberían estar corriendo en la pista. Todos nosotros tenemos mucho más que dar durante mucho más tiempo de lo que pensamos; nos sobresaltaríamos si pudiéramos imaginarnos la totalidad de nuestras posibilidades.

En 1967 cayó en mis manos un artículo al cual me refiero ocasionalmente. Se titulaba "Consejos a un joven (aburrido)" y trataba de cuánto puede contribuir una persona, si quisiera:

Muchos que leen esta página lo hacen con la ayuda de bifocales. ¿Su inventor? *B. Franklin.* ¿Edad? Setenta años.

Las prensas que imprimieron esta página se movían con electricidad. ¿Uno de los primeros en dominarla? *B. Franklin.* ¿Edad? Cuarenta años.

Algunos están leyendo esto en los terrenos de una de las universidades de la Liga Ivy. ¿Fundador? *B. Franklin.* ¿Edad? cuarenta y cinco años.

Algunos obtuvieron su copia a través del correo estadounidense. ¿Su precursor? *B. Franklin.* ¿Edad? Treinta y un años.

Ahora, piensa en incendios. ¿Quién inició el primer departamento de bomberos, inventó el pararrayos, y diseñó un calentador que todavía se usa? *B. Franklin.* ¿Edades? Treinta y un, cuarenta y tres, treinta y seis años. Ocurrente. Conversador. Economista. Filósofo. Diplomático. Impresor. Publicista. Lingüista (hablaba y escribía cinco idiomas). Partidario de los paracaidistas (desde globos) cien años antes que se inventara el avión. Todo esto hasta la edad de ochenta y cuatro años. Y tenía exactamente dos años de educación formal. Apuesto a que tú tienes más instrucción de la que tenía Franklin cuando era de tu edad.

Quizás pienses que no tiene objeto tratar de pensar en algo nuevo, que todo está hecho. Error. La Norteamérica simple y agrícola de los tiempos de Franklin ni soñaba con necesitar las respuestas que nosotros necesitamos hoy.

Haz algo al respecto.[1]

Después de digerir una lista como esa, mi respuesta inmediata es *¡Caramba!* ¿Quién no se impresionaría? Ejemplos como Benjamín Franklin no son otra cosa que fantásticos. Pero también pueden ser frustrantes.

Estoy tratando de ponerme en el lugar de una madre de cuatro o cinco chiquillos que bastante hace cuando logra estar vestida a las once de la mañana... o del recién cesanteado esposo y padre de cuarenta y cinco años que está dedicando el día a buscar trabajo, apresado entre la presión y el pánico. Más aún, muchos de nosotros hacemos bastante con sólo encontrar tiempo para leer acerca de todos esos inventos, sin mencionar el emplear el tiempo en inventarlos.

Para mantener las cosas en equilibrio, ayuda mucho recordar las palabras del humorista Mark Twain: "Pocas cosas son más duras de soportar que la irritación que produce un buen ejemplo".[2] La admiración por una gran persona puede inspirarnos, pero no puede capacitarnos. A pesar del gran potencial, es fácil sentirse abrumado.

REACCIONES ERRONEAS
A BUENOS EJEMPLOS

Así que, ¿cuáles son las opciones que la gente frustrada selecciona cuando les presentan grandes ejemplos? Por cierto, algunos *lo parodian.* Se limitan a pulir la imagen y darle buena apariencia. Muchos se convierten en profesionales haciendo eso y nunca son descubiertos. Otros tratan una vez y les sale el tiro por la culata. En 1990 estalló un escándalo en la industria de la música: Milli Vanilli, quien había ganado un Premio Grammy por el álbum "Niña, tú sabes que es verdad", finalmente tuvo que confesar que no lo era. Habían doblado toda la grabación, por lo que pasó por la vergüenza de tener que devolver el Grammy.

A todo eso, Jimmy Bowen, presidente de los Discos Capital, contestó:

Hay que recordar que la música es el espejo de los tiempos. Y cuando el espejo está cerca de lo que está sucediendo, eso es lo que proyecta. Los tiempos que vivimos son muy plásticos. Están sucediendo muchas cosas falsas en la vida diaria de la gente. Así que Milli Vanilli sólo jugó al juego de moda.[3]

Otro vocero añadió en el mismo artículo del periódico:

Como la tecnología permite que los productores musicales usen trucos electrónicos cada vez más complicados para hacer los álbumen y videos, el escándalo de Milli Vanilli volverá a repetirse... a menos que el público deje de valorar la popularidad más que el contenido.[4]

Otra técnica común cuando se enfrenta un gran ejemplo, es *apresurar los procesos*. He encontrado que nuestra generación, más que ninguna otra en el pasado, quiere más, *más rápido*. "No me demores haciéndome pagar un precio o atravesar algún proceso lento y doloroso. No quiero esperar hasta tener cincuenta, sesenta o setenta. Lo quiero ahora".

Sin tener en cuenta tu opinión acerca de él, tienes que estar de acuerdo en que Liberace fue uno de los más populares animadores de la segunda mitad del siglo veinte. Recientemente despertó mi interés descubrir estos comentarios suyos acerca de su estilo:

Mi truco reside", dice,"en mantener la tonada bien expuesta. Si toco a Tschaikovsky, toco sus melodías y salto sus luchas espirituales. Naturalmente, lo condenso. Tengo que saber cuántas notas soporta mi auditorio. Si aún queda tiempo, lo relleno con muchos arpegios de un lado al otro del teclado". [5]

Hay otra opción, muy común en los círculos cristianos. Enfrentados con un ejemplo a cuya altura pensamos que no se puede llegar, *nos esforzamos más*. La vieja canción familiar establece esa filosofía: "Esforzándome por complacerlo a El en todo lo que hago".

Yo les pregunto: ¿Es esa la vida cristiana? Si la respuesta no es parodeando ni apresurando, ¿será esforzándonos? ¿Quieres pasarte el resto de tu vida esforzándote para complacerlo a El en todo lo que haces? Algunos que sean dolorosamente sinceros admitirán: "Hago lo más que puedo. Estoy tratando. Pero me siento agotado". Seguro que ése no es el plan de Dios.

CRISTO, NUESTRO EJEMPLO

Lo que puede ser cierto de otros ejemplos, no lo es con Jesús. Tanto si se trata de un presidente u hombre de estado, inventor o novelista, atleta o artista, todos los otros grandes ejemplos pueden inspirar, pero no pueden capacitar. Pueden motivarnos, pero no tienen poder para cambiarnos. Nada queda de Benjamín Franklin que pueda convertirnos en el inventor que él fue. Pero cuando se trata de Cristo, las cosas son diferentes. El dice, en efecto: "¿Quieren vivir mi vida? Aquí está mi poder". He aquí que El nos fortalece en nuestro interior. "¿Quieren complacer a mi Padre celestial? Aquí está mi capacitación". Y El nos habilita por su Espíritu. Habiendo fallado mucho más de lo que he tenido éxito en muchos de mis sueños, eso me parece muy estimulante. Y quizás tú tendrías que decir lo mismo. Habiendo estado sumergidos en pecado toda nuestra vida, luchando por sacar la cabeza del agua para respirar, podemos encontrar gran esperanza en la capacidad que El nos da no sólo de respirar, sino de nadar libremente. Ves, Cristo no solamente vivió una vida ejemplar, sino también hace posible que nosotros hagamos lo mismo. Nos da su patrón para que lo sigamos *por fuera,* al mismo tiempo que nos proporciona *por dentro* el poder necesario para lograrlo. Y ¿saben para qué nos capacita eso? ¡Para reír de nuevo!

Hablo en sentido literal cuando digo que durante años Jesús me ha hecho reír. Debido a que tenemos su ejemplo para seguirlo y su poder para lograrlo, tú y yo no necesitamos fingir los resultados, ni apresurar las cosas ni esforzarnos por conseguirlas. Una vez que El domina nuestras mentes, las actitudes correctas producen los actos correctos.

LA VIDA, NUESTRO RETO

Habiendo establecido el papel preeminente que Cristo desempeña en nuestras mentes, necesitamos ver cómo todo eso funciona en nuestras vidas. Lo que nos trae de regreso a la cartita que Pablo escribió a sus amigos de Filipos. En esta exquisita misiva en que promete gozo desbordante, él detalla la importancia de mantenernos equilibrados mientras enfrentamos los retos de la vida. Al hacer esto, especifica tres de las áreas más significativas con que debemos lidiar:Equilibrando el propósito y el poder (2:12-13)

- Equilibrando la actitud y los actos (2:14-16)

- Equilibrando la seriedad y el gozo (2:17-18)

Expliquémoslos en ese orden.

Equilibrando el propósito y el poder

> Por tanto, amados míos, como siempre habéis obedecido, no como en mi presencia solamente, sino mucho más ahora en mi ausencia, ocupaos en vuestra salvación con temor y temblor, porque Dios es el que en vosotros produce así el querer como el hacer, por su buena voluntad.
>
> *Filipenses 2:12-13*

Es preciso tener en mente que Pablo está escribiendo a cristianos ("amados míos"), así que es obvio que estas palabras nada tienen que ver con que sus lectores se conviertan en cristianos: ya lo son. Por consiguiente, la idea de ocuparse en la salvación tiene que referirse a vivir por la fe: llevándolo todo a cabo correctamente. En otras palabras, a nosotros, como pueblo de Dios, nos exhorta a la obediencia. Tal como Cristo, nuestro ejemplo, fue "obediente hasta la muerte" (2:8), así mismo tenemos que llevar a cabo nuestro propósito con igual diligencia.

Es interesante que la palabra traducida "ocuparse en" fue el mismo término griego utilizado para "trabajar en una mina" o "laborar en el campo". En cada caso hay beneficios que se derivan de tal diligencia. La mina producirá elementos valiosos o metales... el campo producirá cosechas. La significación de Pablo es clara: ocupándonos en nuestra salvación, llevamos todo el propósito a su fin... llevamos a cabo nuestra razón de existir. ¡Así que no podemos quedarnos cortos!

Cuando una concertista tiene una magnífica composición delante de sí, esa música no es la obra maestra de la concertista, es el regalo del compositor a ella. Pero entonces la tarea de la concertista es ocuparse en la obra, para darle sonido, expresión y belleza mientras aplica sus habilidades a la composición. Cuando lo hace, ésta alcanza su propósito total y emociona los corazones de sus oyentes.

Cuando nos enfermamos, vamos al médico. El nos diagnostica nuestra enfermedad y prescribe el tratamiento apropiado. Nos tiende una hojita de papel en la cual ha escrito la receta correcta, que nosotros llevamos al farmacéutico, quien nos sirve la receta y nos da la medicina. Hasta ahí nos lo han hecho todo: diagnóstico, receta, medicina. De ahí en adelante es responsabilidad nuestra seguir las órdenes del doctor exactamente como él ha indicado. Al ocuparnos en el proceso disfrutamos de los beneficios de las contribuciones del médico y el farmacéutico a nuestra salud. Nos recuperamos.

Hablando en sentido espiritual, el objetivo final o propósito de nuestras vidas es "Su buena voluntad". Nuestras vidas tienen que ser vividas para la mayor gloria de Dios, no para nuestros propios deseos egoístas.

¿Nos han dejado para que lo hagamos todo solos? ¿Es tarea nuestra hacer de tripas corazón, apretar los dientes y hacer Su voluntad? En absoluto. Aquí está el equilibro: *¡Dios está obrando en nosotros!* El es quien nos da fuerza y fortalece nuestra diligencia. Mientras El derrama su poder en nosotros, hacemos las cosas que le producen placer. Toma nota en especial de que su placer (no el nuestro), su voluntad (no la nuestra), su gloria (no la nuestra) son las cosas que dan sentido a la vida. Y ahí reside el conflicto potencial, puesto que la mayoría de nosotros prefiere que las cosas sean a su manera. Todo eso nos trae de nuevo a esa famosa palabra: actitud.

Equilibrando la actitud y los actos

> Haced todo sin murmuraciones ni contiendas, para que
> seáis irreprensibles y sencillos, hijos de Dios sin mancha
> en medio de una generación maligna y perversa, en
> medio de la cual resplandecéis como luminares en el
> mundo; asidos de la palabra de vida, para que en el día de
> Cristo yo pueda gloriarme de que no he corrido en vano,
> ni en vano he trabajado.

Filipenses 2:14-16

La primera parte del consejo de Pablo aquí, representa el lado negativo y la última parte, el positivo. Los dos proporcionan otro equilibrio necesario.

Negativamente: ¡vigila tu actitud! Una mala actitud se revela de dos formas: algo que hacemos a solas —"murmuraciones"— y algo que hacemos cuando estamos con otros —"contiendas"—. Es necesario denunciar a ambos ladrones de gozo.

¿Qué es exactamente murmurar? No es quejarse y protestar alto, sino más bien una expresión de descontento entre dientes, murmurando. Son sordos comentarios negativos, quejarse y lamentarse. La contienda, sin embargo, es una altercado verbal, de mala manera... expresiones verbales de desacuerdo que despiertan sospechas y desconfianza, dudas y otros sentimientos conturbadores en los demás.

Algunos, como el novelista británico J. B. Priestly (según ha admitido él mismo), diseminan gérmenes negativos por sus malas actitudes y comentarios agrios. Una vez declaró:

> He sido siempre un refunfuñón. Estoy hecho para ese papel: rostro hundido, labio inferior grueso, voz retumbante. Ningún dinero podía haber comprado un mejor disfraz de refunfuñón.[6]

¿Se han topado alguna vez con un cara amargada como éste? Todos nos los hemos encontrado. Y aun cuando tratamos de resistir la influencia de semejante negativismo, hallamos que algo se nos pega. ¡Qué injusto es andar transmitiendo el veneno del pesimismo! Pero sucede todos los días, y nos roba el gozo. Crea una atmósfera de negativismo al por mayor, en la cual se enfatiza sólo el lado malo de todo. ¡Es como para gritar!

No pude menos que sonreír cuando leí el artículo satírico de Barry Siegel "El mundo puede acabarse con un chapoteo" en el *Los Angeles Times*. De un modo festivo nos demuestra cuán ridículo es permitir que domine el negativismo:

Los alarmistas, preocupándose por asuntos como el holocausto nuclear y el envenenamiento por pesticidas, pueden estar pasando por alto unas catástrofes mucho más espantosas. Consideren lo que algunos científicos predicen: Si todo el mundo sigue almacenando ediciones del *National Geographics* en garages y áticos en lugar de desecharlos, el peso de las revistas hundirá el continente cien pies en muy poco tiempo y los océanos nos inundarán.

Si el número de placas portadoras de especímenes sometidas a uno de los laboratorios del Hospital St. Louis sigue aumentando al ritmo actual, esa ciudad se verá sepultada bajo un metro de cristal para el año 2024. Si los bañistas siguen regresando a casa con tanta arena adherida a ellos como hasta ahora, 80% de las costas del país desaparecerán en diez años...

[También se ha reportado] que los encurtidos producen cáncer, comunismo, tragedias aéreas, accidentes automovilísticos y olas de crímenes. Alrededor de 99.9% de las víctimas de cáncer han comido encurtidos alguna vez en su vida... También lo han hecho 100% de los soldados, 96.8% de los simpatizantes comunistas y 99.7% de los que han sufrido accidentes automovilísticos y aéreos. Más aún, aquellos nacidos en 1839 que comieron encurtidos

han sufrido una mortalidad de 100% y las ratas alimenta-
das a la fuerza con 20 libras de encurtidos al día durante
un mes han sufrido de distensión abdominal y pérdida del
apetito.[7]

Todo es una locura, pero ¿no es ése el resultado cuando
permitimos que se desaten la murmuración y la queja? Aquellos que tienen esperanzas de reír otra vez —los que genuinamente desean ir más allá de la mentalidad de cataclismo
que prevalece actualmente en todas las transmisiones de
noticias, conversaciones casuales y pláticas en círculos cristianos y no cristianos por igual— deben aprender a "hacer
todo sin murmuraciones ni contiendas". La contaminación
verbal cobra un gran tributo de todo el mundo. Más aún,
¿quién le dio a nadie el derecho de contaminar el aire con
semejante pesimismo? Estoy de acuerdo con quien dijo:

No tenemos más derecho a imponer nuestros
discordantes estados mentales en las vidas de aquellos que
nos rodean, y robarles su sol y su luminosidad, del que
tendríamos de entrar en sus casas y robarles sus cubiertos
de plata.[8]

Me encantaría acabar rápido con este tema, pero no sería
justo de mi parte dejar la impresión de que este asunto no me
molesta a mí. Debo confesar que yo, también, ocasionalmente lucho contra el negativismo. Cuando me sucede, es por lo
regular mi esposa Cynthia la que sufre las consecuencias. Ha
sido sumamente paciente para soportarlo por más de treinta
y siete años. No soy tan malo ahora como antes, pero de vez
en cuando tengo recaídas.

Algunos de mis lectores saben del debate permanente
entre Cynthia y yo acerca de la buganvilla. Hace años ella
deseaba vivamente que plantáramos muchos tiestos con buganvilla rojo brillante. Es una planta maravillosa si se miran
solamente las flores. Pero escondidas dentro de la planta hay
espinas... quiero decir que esos matojos ¡son malvados!
Cuando Cynthia mira la buganvilla ve solamente flores.

Cuando yo la miro, veo nada más que espinas. Desafortunadamente, hay una casa no lejos de la nuestra con una espectacular buganvilla en flor que sube y asoma por el frente del tejado. Cuantas veces pasamos por allí, a Cynthia le gusta ir despacio para disfrutar contemplando las flores. En ciertas épocas del año ella apunta:

—Mira qué hermosa esa buganvilla florecida.

Yo acostumbro a contestarle:

—¿Has visto el tamaño de sus espinas? Quiero decir, sí que son grandes... y están por toda la planta. Puede que no las veas, pero si te acercas lo suficiente, es posible que nunca puedas liberarte. Pueden atraparte y no dejarte ir en media mañana.

Cynthia no está convencida. Incluso llegó a decirme en una ocasión: —¿Te has dado cuenta, querido, que cada vez —y digo, *cada vez*— que yo menciono la buganvilla tú te quejas de las espinas?

(Puedo añadir que esa conversación condujo a una discusión entre nosotros.)

En un momento de buen humor hace muchos años, revelé nuestro desacuerdo perenne desde el púlpito de nuestra iglesia, y para mi disgusto, algún alma anónima nos mandó diez recipientes de cinco galones con buganvillas. Nunca se lo conté a mi esposa, sin embargo, y todavía no hemos sembrado buganvillas. Demasiadas espinas. Cynthia dice que ella confía en que el cielo esté lleno de buganvillas. Como el cielo es un lugar perfecto, yo mantengo que tendrán que ser de una especie sin espinas.

Categóricamente, *¡prueba que eres diferente!*

Para que seáis irreprensibles y sencillos, hijos de Dios sin mancha en medio de una generación maligna y perversa, en medio de la cual resplandecéis como luminares en el mundo; asidos de la palabra de vida, para que en el día de Cristo yo pueda gloriarme de que no he corrido en vano, ni en vano he trabajado.

Filipenses 2:15-16

El nuestro es un mundo de truhanes y pervertidos, dice mi amigo Ray Stedman, cuando llega a este pasaje de la Escritura. Tiene razón. Y puesto que eso es verdad, necesitamos mostrar una vida que no sea como la mayoría. Una actitud positiva hace una declaración positiva en nuestra "generación de truhanes y pervertidos". No necesitamos irlo gritando ni hacer apariciones superpiadosas; simplemente dejar de murmurar y contender.

Pablo va incluso más lejos cuando identifica cuatro diferencias sorprendentes entre quienes conocen a Cristo y quienes no. Estos cuatro calificativos tan descriptivos establecen una gran diferencia. Al contrario de nuestros amigos incrédulos, nosotros tenemos que ser:

1. *Irreprensibles.* Esto sugiere una pureza de vida que es tan innegable como sincera y transparente.

2. *Sencillos.* Esto significa sin mezcla ni adulteración... sin experiencia de maldad... de motivos inmaculados... lleno de integridad.

3. *Sin mancha.* Esta descripción se usaba en los corderos del sacrificio ofrecidos en los altares y significaba sin tacha.

4. *Luminares.* El término usado aquí significa que tenemos que brillar como estrellas en medio de las tinieblas.

De hecho, Pablo sigue diciendo que mientras brillamos como estrellas, estamos "asidos de la palabra de vida".

¿De dónde sacamos la idea errónea de "Esta lucecita mía, voy a dejarla brillar"? Nunca se nos llama "lucecitas" en la Biblia... somos *estrellas.* Llamativas y resplandecientes ¡estrellas luminosas! Este mundo sufriente, dolorido, confuso de humanidad perdida existe en habitaciones oscuras desprovistas de luz. ¡Deja brillar tu luz, amiga estrella! ¿Por qué? Jesús contesta esa pregunta en el Sermón del Monte:

> Así alumbre vuestra luz delante de los hombres, para que vean vuestras buenas obras, y glorifiquen a vuestro Padre que está en los cielos.

Mateo 5:16

No hay necesidad de alzar la voz, gritar ni hacer una escena. Nada más que brillar. Sencillamente vivir una vida sin murmurar ni contender. La diferencia los despertará de una sacudida. Más aún, no viviremos nuestra vida "en vano". Y hablando de eso, Pablo declara que él "no ha corrido en vano ni en vano ha trabajado". Qué afirmación para hacerla cuando uno empieza a avanzar en años: ¡Sin desperdiciar esfuerzos!

Mi amigo David Roper, un pastor en Boise, Idaho, era, por muchos años, copastor junto con Ray Stedman en la Iglesia Bíblica de la Península. Puede que ustedes conozcan y aprecien el ministerio y los escritos de Dave como yo. Hace muchos años, mientras Dave estaba ministrando en Palo Alto en el recinto de la Universidad de Stanford, llegó temprano una mañana antes que el grupo de estudio bíblico se hubiera reunido. Se quedó de pie junto a un patio y notó una parte cubierta de vegetación donde parecía que una obra en piedra estaba escondida. La curiosidad de Dave lo condujo allí donde tiró de los bejucos y arrancó algunas malezas. Cuando lo hizo, descubrió una primorosa pila para pajaritos, tallada a mano en la piedra. Aunque era hermosa y singular, ya no se usaba. Todo el trabajo que el escultor había dedicado a aquella fuente estaba desperdiciado. Cuando vio aquello, Dave dice que se conmovió para orar: "Señor, no permitas que desperdicie un esfuerzo. No me dejes construir pilas para pajaritos en mi vida".

Tú y yo podemos "correr en vano y trabajar en vano" con la misma facilidad. Y después, mirando hacia atrás en esa vida, tendremos que vivir con esos claros recuerdos y sentimientos: "En vano... todo ese esfuerzo perdido". Puede que no estemos en la categoría de Benjamín Franklin, pero tenemos el poder de Jesucristo que obra dentro de nosotros a fin de darnos todo lo que se necesita para hacer cualquier impacto que El quiera que hagamos.

Equilibrando la seriedad y el gozo

No permitir que nuestra vida se vuelva una fuente para pajaritos inútil... esa es una idea sumamente seria. Pero Pablo llega a un punto aun más serio:

> Y aunque sea derramado en libación sobre el sacrificio y servicio de vuestra fe, me gozo y regocijo con todos vosotros. Y asimismo gozaos y regocijaos también vosotros conmigo.
>
> *Filipenses 2:17-18*

Encuentro otra imagen verbal digna de ser analizada aquí. Pablo habla de la posibilidad de "ser derramado en libación". Esta imagen es traída de una costumbre pagana de derramar un cáliz de vino antes o después de sus comidas en honor de los dioses que adoraban. Se llamaba una libación y se derramaba tanto para ganar el favor como para calmar la ira de sus dioses.

La idea de Pablo establece una seria analogía: Puede que yo nunca salga vivo de esta situación. La voluntad de Dios puede ser que mi vida sea derramada como una libación. Incluso si fuera así, aun cuando significara el fin de mi vida, este derramamiento de mi vida en beneficio de ustedes merece la pena. Inclusive si esta prisión mía es la última, ¡yo me gozo!

Quiero subrayar ahora algo sobre Pablo: *He aquí un hombre equilibrado.* Mientras imagina que puede estar viviendo sus últimos días, el pensamiento más solemne que una persona puede tener, todavía es capaz de regocijarse. Se niega a enfocar su atención únicamente en el lado oscuro. Se niega a permitir siquiera la posibilidad de que la muerte inmediata y segura le robe su gozo. De hecho, apremia a sus amigos a que se "gocen y regocijen ellos igualmente".

¡Sorprendente! No podemos pasar por ninguna parte importante de esta carta sin volver a los temas de Pablo del gozo, el regocijo y la risa. ¡Qué hombre tan equilibrado! Un misionero veterano curtido, que no obstante conserva un agudo sentido del humor. He conocido pocos hombres y mujeres como ése en mi vida, y nunca dejan de traerme frescura y nueva esperanza. El permanecer superserios todo el tiempo y llenarnos la mente únicamente con las duras y dolorosas realidades de la vida, mantiene el radio de nuestra perspectiva demasiado estrecho y el túnel de nuestra esperanza demasiado largo. Pablo se negaba a hacer eso, y quería asegurarse de que sus amigos filipenses seguían su ejemplo.

De hecho cada día puedo encontrar algo de qué reírme. Puede que haya excepciones, pero esos días son en realidad muy raros. Aunque el dolor o las circunstancias difíciles (Pablo tenía ambas desventajas a diario) scan nuestros compañeros inseparables, podemos encontrar algo cada día que puede motivarnos a reír entre dientes, o incluso, a lanzar una gran carcajada. Y además, ¡es saludable!

Los expertos nos dicen que la risa no sólo hace más liviana nuestra vida seria, sino que ayuda a controlar el dolor por lo menos de cuatro formas: (1) distrayendo nuestra atención; (2) reduciendo la tensión; (3) cambiando nuestras esperanzas; y (4) aumentando la producción de endorfina, el analgésico natural del cuerpo. La risa, por extraño que parezca, cambia la tendencia de nuestra mente, alejándola de nuestra pena y seriedad, y en verdad crea un grado de anestesia. Al distraer la atención de nuestra situación, la risa nos permite darnos un paseíto lejos del dolor.

A veces no es dolor literal, sino un estado mental de demasiada seriedad. Cuando nuestro mundo empieza a volverse demasiado serio, necesitamos interrupciones momentáneas de simple diversión. Un inesperado día libre, una larga caminata por el bosque, una película, una velada agradable con un amigo, disfrutando de un cuenco de rositas de maíz, un juego de tenis o de golf —esas distracciones pueden significar una gran diferencia en nuestra habilidad para enfrentar las exigencias agobiantes de la vida—. Necesitamos darnos permiso para disfrutar algunos momentos en la vida, aunque toda ella no esté en perfecto orden. Esto requiere práctica, pero vale la pena el esfuerzo. Ayuda a romper el dominio absoluto que el complejo de culpa tiene sobre nosotros.

Algunos santos no pueden disfrutar una comida porque el mundo se muere de hambre. No pueden agradecer alegremente a Dios su ropa y abrigo porque el mundo está desnudo y sin casa. Tienen miedo de sonreír a causa de la tristeza del mundo. Temen disfrutar de su salvación por causa de los perdidos del mundo. Son incapaces de disfrutar una velada en su hogar con sus familias porque sienten que deben estar afuera "salvando almas". No pueden pasar una hora con un inconverso sin sentirse culpables si no le han predicado un sermón o manifestado un "sobrio espíritu cristiano". No conocen nada de equilibrio. Y se sienten miserables a causa de ello. No tienen incentivo interno para convencer a la gente de que inicien una relación personal con Cristo que los haría sentirse tan miserables como ellos se sienten. Piensan que el Evangelio es "buenas nuevas" hasta que uno lo obedece y entonces se convierte en un interminable viaje en el tren de la culpabilidad.

Hay centros de descanso, centros de deportes, centros de costura, centros de dieta, centros de entretenimiento y centros de culpabilidad. Este último grupo por lo regular es conocido como "iglesias". El tocar incesantemente la cuerda de la culpabilidad es parte de la razón para toda esta incertidumbre y lobreguez.[10]

EL "YO", NUESTRA BATALLA

Quiero terminar este capítulo acerca del equilibrio con una advertencia. Los viejos hábitos son terriblemente duros de romper. Muy adentro de ti, hay una voz que sigue fastidiándote mientras lees estas páginas. Está diciendo: "No, no, no, No, ¡NO!" Tan pronto tú intentas llegar a algún necesario equilibrio en tu vida, tendrás una batalla. Después de todo, el yo se ha estado saliendo con la suya por muchos años. Y en su agenda no ha tenido el darte libertad para reír otra vez y traer a tu vida alguna alegría tan necesaria. No importa. Hay que someter otra vez a este amo invisible a la autoridad de Cristo si quieres volver a reír. Una vida vivida bajo el dominio del yo es no sólo insatisfactoria sino improductiva.

Aquí tienes un par de sugerencias para empezar:

1. Dominar los impulsos del yo para acreditarse el mérito. Cuando el yo es el único que domina, vive para los momentos de gratificación personal. Apártalo con firmeza. Una vez que uno sea capaz de ver cuán desequilibrado está, tendrá nuevas fuerzas para controlar las demandas de éste. Hace falta derrocar al yo.

John Wooden, antiguo entrenador del equipo de baloncesto los Osos de UCLA durante tantísimas temporadas de campeonatos, ofrece este útil consejo:

El talento lo da Dios, sé humilde;
La fama la da el hombre, sé agradecido;
La presunción la da el yo, ten cuidado.[11]

2. Vencer la tendencia del yo a tomar el mando. Mientras más uno vive más se percata del valor de tener a Cristo como el que da las órdenes en su vida. No el yo, sino Cristo. Pero esa batalla tradicional continuará. El yo quiere tomar el mando y convencernos de que es una fuente de energía utilizable. No lo es. No se puede confiar en el yo. Cualquier día que uno se olvide de eso y le entregue los controles al yo, será otro día en que estará operando estrictamente con energía humana, y carecerá del poder del Espíritu.

Allá en el otoño de 1990, tuve una oportunidad de ministrar a los hombres y mujeres del las fuerzas armadas en Mannheim, Alemania, junto con dos colegas, Paul Sailhamer y Howie Stevenson. Puesto que esa parte de Europa es la patria de Martín Lutero, durante nuestras horas libres visitamos los lugares que el reformador solía frecuentar, donde él vivió, escribió y sirvió a su Señor. Hay algo profundamente vigorizante en mirar a una pared histórica, oscurecida por el tiempo, o en caminar a través de un patio de piedras o en pararse en una antigua catedral donde un gran hombre o mujer una vez hizo historia. Es como si esa voz todavía nos hablara desde el maderaje o como si esa sombra inimitable todavía oscureciera la pared.

Nos paramos donde Lutero se paró en Worms cuando se defendió ante la Iglesia Romana, un momento que hizo historia conocido en la actualidad como la Dieta de Worms.[*] Allí los más importantes funcionarios de la iglesia se habían reunido para escuchar las declaraciones del monje alemán acerca de la doctrina de la salvación por la gracia sola: —*Sola Fide*—. En ese momento cargado de emoción él se irguió solo, sin dejarse intimidar, y resuelto.

Justo antes de la audiencia de Lutero con el papa, los prelados, el cardenal y el emperador, un amigo se le acercó y le preguntó: —Hermano Martín, ¿tienes miedo?

Lutero contestó con una respuesta maravillosa:

---

[*] Nota de la traductora: La Dieta de Worms es el parlamento de esa ciudad donde tuvo lugar el debate. Lo que hizo historia el 25 de mayo de 1521 fue el Edicto de Worms: la disposición promulgada por esa Dieta, que ordenó el exilio de Lutero y sus seguidores de todo el territorio imperial, así como la quema de sus escritos.

—Mayor que el papa y todos sus cardenales, de quien más temo es de ese gran papa, el yo.[12]

Y así deberíamos hacer nosotros. Pero si tenemos esperanzas de que las cosas regresen a un equilibrio —si esperamos cambiar nuestros hábitos de pensamiento negativo, el cual conduce a refunfuñar y a una mentalidad demasiado solemne— tendremos que destronar a este amo y darle al legítimo Amo el lugar a que tiene derecho en nuestras vidas. Mientras no lo hagamos, te recuerdo, no podremos comenzar a reír de nuevo.

7

Los amigos hacen la vida más divertida

SI HE APRENDIDO ALGO durante mi viaje sobre el planeta Tierra, es que las personas se necesitan unas a otras. La presencia de otras personas es esencial —gente que se ocupe, gente servicial, gente interesada, gente amigable, gente solícita—. Esta gente hace más ligera la pesada faena de la vida. Por el tiempo en que nos sentimos tentados a pensar que podemos arreglárnoslas solos... ¡boom! Tropezamos con un obstáculo y necesitamos ayuda. Descubrimos de nuevo que no somos ni remotamente todo lo autosuficientes que creíamos ser.

A pesar de nuestro sumamente tecnificado mundo y eficientes procedimientos, la gente sigue siendo el ingrediente esencial de la vida. Cuando nos olvidamos de eso, comienza a suceder algo extraño: empezamos a tratar a la gente como a inconveniencias en vez de como a logros y bienes.

Esto es precisamente lo que el humorista Robert Henry, un orador profesional, encontró una tarde cuando fue a una gran tienda por departamentos en busca de un par de binoculares.

Mientras se dirigía hacia el mostrador correspondiente, notó que era el único cliente en la tienda. Detrás del mostrador habían dos vendedoras. Una estaba tan preocupada hablando con "mamá" por teléfono que no se dio por enterada de que Robert estaba allí. Al otro extremo del mostrador, una segunda vendedora estaba sacando mercancía de una caja y colocándola en los estantes. Impaciente, Robert se encaminó hacia ella y se detuvo esperando. Finalmente, ella levantó la vista y le preguntó:

—¿Tiene un número?

—¿Que si tengo un qué? —inquirió Robert tratando de dominar su estupefacción ante tal absurdo.

—¿Tiene un número? Tiene que tener su turno.

Robert replicó:

—Señora, ¡soy el único cliente en la tienda! No necesito un número. ¿No puede ver cuán ridículo es esto?

Pero ella no admitió lo absurdo de la situción e insistió en que Robert tomara un número antes de acceder a atenderlo. Para entonces era obvio para Robert que estaba más interesada en seguir los procedimientos que en ayudar al cliente. Así que se dirigió a la maquinita dispensadora de números, arrancó el número 37 y regresó a la vendedora. Con eso, ella rápidamente fue hacia su aparato contador, el cual revelaba que el último cliente atendido había tenido el número 34. Así que gritó:

— ¡35!... ¡35!... ¡36!... ¡36!... ¡37!"

—Soy el número 37 —dijo Robert.

—¿Puedo ayudarlo en algo? —preguntó ella sin sonreír.

—No —replicó Robert y, dándole la espalda, salió.[1]

Ahora bien, aquí hay una señora que ha perdido de vista el objetivo. Yo pudiera cuestionar que algo semejante haya realmente sucedido si yo mismo no hubiese experimentado incidentes como ese en mi propia vida. Cuán fácilmente algunos quedan atrapados en los procedimientos y pierden de vista la razón primordial para la cual esos procedimientos fueron establecidos. Sin la gente no habría necesidad de que existiese una tienda. Sin la gente, ¿a quién le importaría cuán eficiente pudiera ser una línea aérea? Sin la gente, una escuela no tiene razón de existir, una hilera de casas deja de representar a un vecindario, un estádium es una fría estructura de concreto, e incluso una iglesia es una concha vacía. Lo repito: Nos necesitamos unos a otros.

Tiempo atrás me encontré el siguiente poema que trata este tema con notable conocimiento:

¿Cuán importante eres?

Más de lo que tú piensas.
Un gallo menos una gallina
es igual a cero pollitos.
Kellogg menos un granjero
es igual a cero hojuelas de maíz.
Si cierra la fábrica de clavos
¿para qué sirve la de martillos?
El genio de Paderewski
de nada hubiese servido
si no hubiera sido
por el afinador de pianos.
Un fabricante de galletas
hará fortuna si hay
un fabricante de quesos.
El más hábil cirujano
precisa al conductor de ambulancias
para que traiga al paciente.
Tal como Rodgers
necesitó a Hammerstein
tú necesitas de alguien
y alguien necesita de ti.[2]

Ya que ninguno de nosotros es un personaje completo, independiente, autosuficiente, supercapaz y todopoderoso, dejemos de actuar como si lo fuéramos. La vida es lo suficientemente solitaria sin que nos pongamos a representar ese tonto papel.

Se acabó el juego. Acoplémonos.

La gente es importante una para otra. Por encima de todo, la gente es importante para Dios. Lo cual no disminuye en absoluto Su autoridad y Su autosuficiencia. La creación de la humanidad en el sexto día fue el logro que coronó la obra de la creación del Señor. Más aún, El puso en el hombre Su misma imagen, lo cual no hizo con las plantas o los animales, pájaros, o peces. Fue por la salvación de la humanidad, no de las bestias, que Cristo vino a morir, y será por nosotros que El regrese algún día. La razón principal por la que yo estoy desempeñando un ministerio de escribir, y uno de transmitir, y uno de pastorear una iglesia, es porque la gente necesita que se llegue a ella y se le alimente en la fe. Esto puede decirse de cualquiera que esté sirviendo al Señor Jesucristo.

¿No podría Dios hacerlo todo? Por supuesto, El es Dios: todo poderoso, omnisapiente y autosuficiente. Lo que hace esto más significativo es que El prefiera utilizarnos a nosotros en su obra. Aun cuando El podría operar completamente solo en esta tierra, rara vez lo hace. Casi sin excepción, El usa personas en el proceso. Su plan favorito es un esfuerzo combinado: Dios más personas igual a logro.

Con frecuencia recuerdo la historia de un predicador que ahorró suficiente dinero para comprar unas pocas hectáreas de tierra de escaso valor. Una desvencijada casita se asentaba en el terreno, triste estampa de años de abandono. Tampoco la tierra había sido atendida, así que había viejos tocones, oxidadas piezas de maquinaria y toda clase de escombros desperdigados por aquí y por allá, sin mencionar una cerca que necesitaba urgente reparación. Todo el espectáculo era un desastre.

Durante su tiempo libre y sus vacaciones, el predicador se arremangaba la camisa y se ponía a trabajar. Recogió y sacó la basura, reparó la cerca, sacó los tocones, y replantó nuevos árboles. Entonces remodeló la vieja casa como un pintoresco chalet, con techo nuevo, ventanas nuevas, flamante caminito de piedras, pintura nueva, y por último, unos canteros de flores. Tomó varios años lograr todo esto, pero finalmente cuando el último trabajo estuvo terminado y él se estaba lavando después de aplicar la última capa de pintura fresca al buzón, su vecino (que había observado todo esto desde lejos) se acercó caminando y dijo: —Bueno, predicador, parece que usted y el Señor han hecho un magnífico trabajo en su propiedad.

Secándose el sudor de la cara, el ministro respondió:

—Sí, supongo que es así... pero debería usted haberla visto cuando el Señor la tenía toda para Él.

Dios no solamente nos ha creado a cada uno como un individuo distinto, Él también nos utiliza en maneras interesantes. Deténgase a pensar: Cabe la posibilidad de que usted esté hoy donde está por las palabras o los escritos o la influencia personal de ciertas personas. Me encanta preguntarles a las personas cómo se convirtieron en lo que son. Cuando lo hago, invariablemente me hablan de la influencia o el ánimo que cierta gente clave tuvo en su pasado.

Yo sería el primero en afirmarlo. Cuando miro hacia atrás al panorama de mi vida, soy capaz de vincular a individuos específicos con cada encrucijada y cada momento crucial. Algunos de ellos son individuos que el mundo jamás conocerá, porque son relativamente desconocidos para el público en general. Pero ¿para mí? Absolutamente vitales. Y algunos de ellos han seguido siendo mis amigos hasta el día de hoy. Cada uno me ha ayudado a vencer un obstáculo, ganar una batalla, alcanzar un objetivo o soportar una prueba... y al final reír otra vez. No puedo siquiera imaginar dónde estaría yo ahora si no hubiera sido por ese puñado de amigos que me dieron un corazón lleno de alegría. Vamos a admitirlo: los amigos hacen la vida mucho más divertida.

AMIGOS ESPECIALES EN LA VIDA DE PABLO

Es fácil olvidar que el gran apóstol necesitaba amigos también. Estando enfermo en ocasiones, necesitaba al doctor Lucas. Por tener muy limitadas fuerzas y ser incapaz de soportar los rigores de viajar solo extensamente, necesitaba de Bernabé o Silas. Teniendo muy restringida su libertad, necesitaba otras manos para que llevaran sus cartas a sus destinatarios. Y en numerosas ocasiones necesitó de alguien que materialmente le escribiera sus cartas. Pero ¿no es interesante que aunque sabemos bastante acerca de Pablo, conocemos muy poco acerca de su círculo de amigos? Sin embargo, en realidad fueron ellos en parte la razón de que él fuese capaz de desenvolverse en la vida tan bien como lo hizo.

Volviendo a la carta que escribió a los filipenses, nos encontramos que menciona dos nombres: un hombre a quien Pablo llama "mi hijo" en otro de sus escritos y un hombre a quien él llama aquí "mi hermano". Puesto que estos dos hombres desempeñaron un papel tan significativo en la vida de Pablo para que merecieran esa honorable mención, dediquemos el resto de este capítulo a conocerlos un poco mejor. Ellos fueron los amigos que hicieron la vida de Pablo más rica y digna de ser vivida.

Un "hijo" llamado Timoteo

Puesto que Pablo estaba retenido bajo arresto domiciliario en Roma, no podía viajar de nuevo a Filipos, así que decidió enviar a su joven amigo Timoteo. El es a quien Pablo más menciona en sus escritos. Ya vimos su nombre antes, de hecho, en las primeras líneas de esta misma carta: "Pablo y Timoteo, siervos de Jesucristo".

¿Quién era Timoteo?

- Había nacido en Listra o Derbe, ciudades del sur de Asia Menor... hoy llamada Turquía.

- Era hijo de un matrimonio mixto: madre judía (Eunice) y padre griego (jamás nombrado).

- Puesto que permanecía incircunciso hasta que llegó a joven adulto, es obvio que la niñez de Timoteo estuvo mucho más influida por el lado griego de la familia que por el judío.

* Sin embargo, su interés espiritual provino del lado materno de su familia. Tanto Eunice como su madre Loida lo educaron para que tuviera afición a las cosas del Señor. Esto lo sabemos por dos comentarios que Pablo hace años más tarde en su segunda carta a su joven amigo.

Trayendo a la memoria la fe no fingida que hay en ti, la cual habitó primero en tu abuela Loida, y en tu madre Eunice, y estoy seguro que en ti también.

2 Timoteo 1:5

Pero persiste tú en lo que has aprendido y te persuadiste, sabiendo de quién has aprendido; y que desde la niñez has sabido las Sagradas Escrituras, las cuales te pueden hacer sabio para la salvación por la fe que es en Cristo Jesús.

2 Timoteo 3:14-15

* Pablo, sin duda, condujo a Timoteo a una relación personal con el Señor Jesucristo. Esto explica por qué el mayor se refiere al menor como a "mi hijo amado y fiel en el Señor" (1 Corintios 4:17)

* Una vez que Timoteo se unió a Pablo (y Lucas) como compañero de viaje, los dos permanecieron junto a Pablo por el resto de su vida. Leímos acerca del comienzo de su amistad en la primera parte de Hechos 16.

Después llegó a Derbe y a Listra; y he aquí, había allí cierto discípulo llamado Timoteo, hijo de una mujer judía creyente, pero de padre griego; y daban buen testimonio de él los hermanos que estaban en Listra y en Iconio.

Quiso Pablo que éste fuese con él; y tomándole, le circuncidó por causa de los judíos que había en aquellos lugares; porque todos sabían que su padre era griego.

Hechos 16:1-3

Bástenos esto para un rápido repaso de los antecedentes de Timoteo. Lo que nos interesa es lo que Pablo escribió acerca de él a la gente de Filipos.

Espero en el Señor Jesús enviaros pronto a Timoteo, para que yo también esté de buen ánimo al saber de vuestro estado; pues a ninguno tengo del mismo ánimo, y que tan sinceramente se interese por vosotros. Porque todos buscan lo suyo propio, no lo que es de Cristo Jesús. Pero ya conocéis los méritos de él, que como hijo a padre ha servido conmigo en el evangelio. Así que a éste espero enviaros, luego que yo vea cómo van mis asuntos; y confío en el Señor que yo también iré pronto a vosotros.

Filipenses 2:19-24

Mientras yo medito esas palabras, tres cosas me resaltan. Todas tienen que ver con la forma en que Pablo ve a su amigo.

Primero, *Timoteo tenía, como ningún otro, un "mismo ánimo" con Pablo.* El término griego usado por Pablo traducido como "mismo ánimo" es en realidad una palabra compuesta de "misma" y "alma". Esta es la única vez en todo el Nuevo Testamento en que se usa ese término: Podemos decir que Pablo y Timoteo poseían "almas gemelas" o que tenían una "misma forma de ser". Hablando matemáticamente, sus triángulos eran congruentes. Piensen en las implicaciones del comentario que hace Pablo: "A ninguno tengo del mismo ánimo".

Ambos pensaban igual. Sus perspectivas estaban alineadas. Timoteo interpretaría las situaciones de forma muy parecida a como lo haría Pablo, si éste último estuviera presente. En argot moderno, se llevaban bien, congeniaban. Cuando el mayor envió al más joven en una misión para averiguar hechos, él podía confiar en que el informe sería similar al que él mismo hubiera traído de vuelta. El que fueran del mismo ánimo en modo alguno sugería que tuvieran el mismo temperamento ni tampoco que estaban siempre de acuerdo. Lo que sí significaba, sin embargo, era que estando uno junto al otro, ninguno tenía que esforzarse por mantener la relación; las cosas fluían libremente entre ellos. Puedo imaginar que la suya no era muy distinta de la intimidad que David disfrutaba con Jonatán, acerca de la cual leemos "el alma de Jonatán quedó ligada con la de David, y lo amó Jonatán como a sí mismo". Y un poco más adelante: "Pues le amaba como a sí mismo" (1 Samuel 18:1; 20:17).

Encontrarse una persona con un alma gemela es un raro hallazgo. Podemos tener numerosos conocidos casuales y muchos buenos amigos en la vida, pero encontrar a alguien que sea nuestro álter ego es un descubrimiento insólito (y deleitoso). Y cuando sucede, ambas personas lo perciben. Ninguno tiene que convencer al otro de que hay una unidad de espíritu. Es como estar con alguien que vive dentro de la propia cabeza —y viceversa—, alguien que nos puede leer el pensamiento y comprende nuestras necesidades sin que ninguno tenga que mencionarlo. No hacen falta explicaciones, excusas o defensas. Pablo disfrutaba de ese placer en sus relaciones con Timoteo, unido también a una dimensión espiritual.

Segundo, *Timoteo sentía una genuina preocupación por los demás.* Esa afirmación abre una ventana para nosotros en la estructura del joven. Cuando Timoteo estaba con otros, su corazón se conmovía por sus necesidades. Es difícil encontrar individuos compasivos en estos tiempos, pero también eran difíciles de encontrar en aquellos días. ¿Recuerdan lo que escribió Pablo?

> Porque todos buscan lo suyo propio, no lo que es de Cristo Jesús.
>
> *Filipenses 2:21*

No era así con Timoteo. El era el modelo de lo que Pablo escribió antes con respecto a una actitud abnegada.

Nada hagáis por contienda o vanagloria; antes bien con humildad, estimando cada uno a los demás como superiores a él mismo; no mirando cada uno por lo suyo propio, sino cada cual también por lo de los otros.

Filipenses 2:3-4

Así era Timoteo. No en balde Pablo se sentía tan identificado con él. Amigos como ese nos recuerdan la importancia de ayudar a los demás sin decir una palabra. Un hombre escribe comprensivamente:

Años atrás yo estaba de pie junto a las orillas de un río en América del Sur y observaba a un joven que vestía ropas occidentales salir de una primitiva canoa. El veterano misionero con quien yo viajaba inclinó la cabeza hacia el joven y me susurró: "La primera vez que lo vi era un desnudo chiquillo indio de pie en esta misma orilla, y tiró de mi canoa para ayudarme. Dios me dio una verdadera preocupación por él, y finalmente vino a Cristo, se entregó a la obra del Señor y ahora regresa a casa después de graduarse en un seminario en Costa Rica". Pude comprender por qué resplandecía el rostro del misionero, e imaginé a Pablo radiante cuando hablaba de sus hombres. Y él tenía buenos motivos para estremecerse de alegría con ellos.[3]

Tercero, *Timoteo tenía un corazón servicial.* Pablo también mencionó el "probado valor" de Timoteo, refiriéndose al "calibre"; él era de ese calibre de hombre. ¿Y cuál era ese? Que servía como un niño que sirve a su padre.

Pregunta: ¿Cómo puede un hombre adulto servir a otro hombre adulto "como un niño que sirve a su padre"?

Respuesta: Disposición de servir.

En el mundo del liderazgo, nos invade gente de carácter duro que ama el poder y equiparan la posición con el poder. Pero la gente puede ejercer el poder desde cualquier posición, mientras puedan mantener control sobre algo que los demás desean.

Lo que me recuerda un cuentecito doméstico que ilustra el poder de la posición. El dueño de una nueva fábrica fue a un restaurante cercano para comer un almuerzo rápido. El menú describía un plato combinado especial y aclaraba que no se admitían sustituciones o adiciones. La comida era buena, pero el hombre necesitaba más mantequilla. Cuando pidió una segunda ración de mantequilla, la camarera se la negó. Se irritó tanto que llamó al administrador... quien también se la negó y volviéndole la espalda, se fue (para delicia de la camarera).

—¿Ustedes saben quien soy yo? —preguntó indignado—. ¡Soy el dueño de esa fábrica de enfrente!

La camarera sonrió y dijo con sorna:

—¿Sabes quien soy yo, queridito? Yo soy quien decide si tú recibes una segunda ración de mantequilla.

No todas las manipulaciones de poder son tan descaradas. Algunos líderes mantienen colgando de un hilo [como marionetas] a los que están bajo su autoridad. Leí un ejemplo clásico de esto en el excelente libro de Leighton Ford *Liderazgo transformador*.

Eli Black, un emprendedor hombre de negocios, fue bien conocido por dos cosas: la cúspide de su carrera fue cuando planificó cómo apoderarse de la United Fruit Company. El fin llegó cuando saltó desde el piso cuarenta y dos del edificio Pan American en Nueva York.

Uno de sus ejecutivos, Thomas McCann, escribió acerca de Black en su libro *Una Compañía Norteamericana*. Allí describe un almuerzo de negocios con Black y otros dos administradores.

Mientras se sentaban, Black sonrió y preguntó si tenían hambre. McCann replicó que estaba famélico. Momentos después un camarero vino con un plato de queso y galletas. Black alargó el brazo y lo tomó, pero en vez de pasarlo a los demás, lo colocó ante sí y entrelazó sus manos por delante.

—Ahora —dijo—, ¿qué tenemos en la agenda?

Por varios minutos hablaron de un edificio que iban a construir en Costa Rica. McCann, que no había desayunado, mantuvo sus ojos en el queso y las galletas. La única forma de poder llegar a ellas era pasar por encima del brazo de su jefe, y la posición del cuerpo de Black dejaba entender muy claramente que eso sería una violación de su territorio.

Durante una breve pausa en la conversación, McCann dijo:

—¿Qué tal si comemos algún queso y galletas? —Black ni siquiera lo miró, así que él cambió la frase—: No estarás planeando comerte tú solo esas galletas y el queso, ¿verdad Eli? Otra vez la callada por respuesta. La conversación continuó, y McCann se recostó en su asiento, abandonando la esperanza de comer un bocado.

Poco después Black dejó en claro que no tenía ningún problema en los oídos. Siguió haciendo preguntas y comentarios.

Entonces —dice McCann—:

Soltó las manos y tomó el cuchillo... yo vigilaba el cuchillo que se hundía en el cuenco de queso; la otra mano tomó una galletita de soda del plato y Black colocó en posición la galletita en las puntas de sus dedos mientras lenta y torturantemente le untaba un montón de queso por encima.

La galleta permaneció en equilibrio en las puntas de los dedos de la mano izquierda de Black durante por lo menos cinco minutos. Preguntó acerca de la altura del edificio desde la calle y su altura sobre el nivel del mar... el color y los materiales... las dimensiones del vestíbulo... Mis ojos no podían desprenderse de la galleta.

Me recosté de nuevo, esta vez reconociendo mi derrota.

Fue entonces cuando Black alargó el brazo y puso la galleta sobre mi platito de mantequilla. Dejó el cuchillo abajo donde lo había tomado, y de nuevo entrelazó las manos ante él, manteniendo la comida dentro de su alcance, para ser el único que pudiera concederlo o retenerlo.

Black no dijo palabra, pero su expresión dejó muy claro que él sentía que había puesto los puntos sobre las íes. Elı Black simbolizaba perfectamente un uso del poder. Después de la verdad, la cuestión del poder es el asunto más importante para un líder. Y es precisamente en relación con el poder que el liderazgo de Jesús se mantiene en mayor contraste con el concepto popular de liderazgo.[4]

A diferencia de ese empresario, Timoteo se conformaba al modelo de Jesús. El no hacía semejante cosa. Como Pablo, él servía. Al mandar a Timoteo a la gente de Filipos, Pablo sentía que estaba yendo *él mismo*. No había temor de ofensa. Sin ansiedad acerca de cómo el joven podría manejar algún problema espinoso que pudiera encontrar. Ni siquiera una idea pasajera de que pudiera abusar de su situación, diciendo: "Como mano derecha de Pablo..." El anciano apóstol podía descansar tranquilo. Timoteo era el hombre indicado para el encargo. Pablo debe haber sonreído cuando finalmente le dijo adiós. Amigos como Timoteo le quitan de encima a uno el peso de la vida y nos permiten sonreír.

Un "hermano" llamado Epafrodito

Debido a que ambos eran más allegados, Pablo escribió de quién era Timoteo. Pero cuando menciona este segundo caballero, Epafrodito, señala lo que hizo. Otro contraste: Timoteo iría a Filipos en el futuro, pero Epafrodito sería enviado de inmediato, probablemente llevando esta carta que Pablo estaba escribiendo.

Epafrodito había sido enviado a Roma para ministrarle a Pablo, pero poco después de su llegada había enfermado gravemente. Al fin se había recuperado, pero no antes de una larga lucha en la cual estuvo al borde de la muerte. Las noticias de su enfermedad podían haber llegado hasta Filipos, y le afligía pensar que sus amigos allá pudieran estar preocupados por él. Más todavía, cuando regresara antes de lo esperado, alguno pudiera pensar que había regresado por desertor, así que Pablo tuvo cuidado de escribir vigorosamente en su defensa.

Mas tuve por necesario enviaros a Epafrodito, mi hermano y colaborador y compañero de milicia, vuestro mensajero, y ministrador de mis necesidades; porque él tenía gran deseo de veros a todos vosotros, y gravemente se angustió porque habíais oído que había enfermado. Pues en verdad estuvo enfermo, a punto de morir; pero Dios tuvo misericordia de él, y no solamente de él, sino también de mí, para que yo no tuviese tristeza sobre tristeza. Así que le envío con mayor solicitud, para que al verle de nuevo, os gocéis, y yo esté con menos tristeza. Recibidle, pues, en el Señor, con todo gozo, y tened en estima a los que son como él; porque por la obra de Cristo estuvo próximo a la muerte, exponiendo su vida para suplir lo que faltaba en vuestro servicio por mí.

Filipenses 2:25-30

Y hacia el final de esa misma carta...

Pero todo lo he recibido, y tengo abundancia; estoy lleno, habiendo recibido de Epafrodito lo que enviasteis; olor fragante, sacrificio acepto, agradable a Dios.

Filipenses 4:18

Cuando llegó Epafrodito, trajo un regalo de dinero de los Filipenses. Eso nos indica que la gente en Filipos confiaba totalmente en él. Cuando le dio el regalo a Pablo, trajo gran aliento al apóstol... pero poco después, Epafrodito cayó enfermo. Así que el apóstol escribe con profundo afecto, refiriéndose a él como "hermano... colaborador... compañero de milicia... mensajero... ministrador de mis necesidades". Creo que son excelentes cualidades en un amigo. El obispo Lightfoot dice que Epafrodito era un "compenetrado colaborador que compartía el peligro, el bregar y el sufrimiento"[5] con el gran apóstol. Cuando uno tiene cerca de sí a alguien con tales credenciales, la vida no parece tan pesada.

* ¿Por qué Pablo envió de vuelta a Epafodito? Para aliviar de su tensión a la gente y que se regocijaran (ahí va de nuevo la palabra) al saber de Pablo por carta.

* ¿Cuál sería la reacción de los de Filipos? Dar una alegre bienvenida a Epafrodito y tenerlo en gran estima.

* ¿Por qué merecía él ese respeto de su gente? porque había arriesgado su vida al venir a ministrarle a Pablo... se había puesto en peligro. Podríamos decir que había coqueteado con la muerte a fin de estar cerca de su amigo.

En aquella época, cuando la gente visitaba a prisioneros que estaban cautivos bajo la autoridad de Roma, a menudo eran prejuzgados como criminales también. Por consiguiente, un visitante se exponía a un peligro tan sólo por acercarse a aquellos considerados peligrosos. El término griego que Pablo utiliza aquí por "arriesgando" —*paraboleuomai*— es uno que significa "arriesgar uno la vida... jugársela". Eso hizo Epafrodito.

En la iglesia primitiva había sociedades de hombres y mujeres que se llamaban a sí mismos *los parabolani,* o sea, *los arriesgados o jugadores.* Ellos les ministraban a los enfermos y prisioneros, y se preocupaban, si era posible, de que los mártires y a veces incluso los enemigos, tuvieran un entierro honorable. Así, en la ciudad de Cartago durante la gran pestilencia del año 252, Cipriano, el obispo, mostró un notable valor. Sacrificándose por fidelidad a su rebaño y amor aun por sus enemigos, se echó encima el cuidado de los enfermos y ofreció a su congregación cuidarlos y enterrar a los muertos. ¡Qué contraste con la costumbre de los paganos que estaban arrojando los cadáveres fuera de la ciudad víctima de la plaga y huyendo aterrorizados de allí![6]

Un gozo especial vincula a dos amigos que no vacilan en arriesgarse a un peligro en favor uno del otro. Si un amigo verdadero sabe que estás necesitado de ayuda, encontrará la forma de auxiliarte. Tampoco un amigo preguntará: "¿Cuán grande es el riesgo?" La pregunta siempre es: "¿Cuándo me necesitas?" Ni siquiera la amenaza de la muerte detiene a un amigo.

Esto me recuerda a la niña de seis años que enfermó de muerte con una enfermedad espantosa. Para sobrevivir, necesitaba una transfusión de sangre de alguien que ya se hubiera curado de esa enfermedad. La situación se complicaba por su poco común grupo de sangre. Su hermanito de nueve años reunía los requisitos, pero todo el mundo vacilaba en pedírselo puesto que era sólo un niño. Finalmente se pusieron de acuerdo para que el médico hiciera la pregunta.

El médico que la atendía le preguntó con tacto si él estaba dispuesto a ser valiente y donar sangre para su hermanita. Aunque no entendía mucho de esas cosas, el niño consintió sin vacilar: —Seguro, yo le daré sangre a mi hermanita.

Se acostó junto a su hermana y le sonrió mientras le pinchaban el brazo con la aguja. Entonces cerró los ojos y se quedó acostado en la cama mientras le sacaban una pinta de sangre.

Poco después el médico vino a darle las gracias al niñito. El pequeño, con labios temblorosos y lágrimas que corrían por sus mejillas, preguntó:

—Doctor, ¿cuándo voy a morir?

En ese momento el doctor se dio cuenta de que el inocente niño pensaba que al dar su sangre, estaba dando su vida. Rápidamente le aseguró que no iba a morir, pero asombrado por su valor, le preguntó:

—¿Por qué quisiste arriesgar tu vida por ella?

—Porque es mi hermana... y la amo —fue la sencilla pero significativa respuesta.

Y así era entre Epafrodito y su hermano en Roma... y así es hasta hoy. El peligro y el riesgo no amenazan la verdadera amistad; se fortalece con ellos. Tales amigos son miembros modernos de *los parabolani,* esa banda de temerarios amigos —arriesgados y jugadores, todos— que amaban a sus hermanos y hermanas al máximo. Cada uno merece nuestro respeto. Cuando los necesitamos, ahí están. Tengo unos cuantos en esa categoría. Espero que tú también.

TRES PERSONAS QUE MERECEN UNA RESPUESTA

Mientras pienso cómo todo esto se vincula con nuestras vidas actualmente, recuerdo tres categorías de gente especial y cómo vamos a corresponderles.

Primero: Todavía hay algunos Timoteos en la tierra, gracias a Dios. *Cuando Dios manda un Timoteo a nuestras vidas, espera que nos relacionemos con él.* A menudo es el principio de una amistad íntima, rara vez experimentada en estos tiempos de compañía superficial. Con un Timoteo no tendrás que forzar una amistad: ésta fluirá. Ni te sorprenderás temiendo esa amistad: será gratificadora. Cuando un Timoteo llegue a tu vida... no vaciles... *relaciónate.*

Segundo: Puede que haya un moderno Epafrodito que venga en tu ayuda o tu rescate. *Cuando Dios manda un Epafrodito a ministrarnos, espera que lo respetemos.* Este es el tipo de persona que alarga la mano cuando no tiene nada que ganar y quizás mucho que perder... que se la juega en tu favor nada más que por amor. Su acción es un acto de gracia. No lo cuestiones o trates de devolverle algo ni hagas intentos de comerciar con ello. Acéptalo. La gracia ofrecida con amor debe ser aceptada con gratitud. ¿La mejor repuesta a un Epafrodito? *Respeto*

Hay una tercera persona de quien no he hablado mucho en sentido personal. Pero puesto que estamos aproximadamente a la mitad de la carta de Pablo, así como de este libro, es hora de que yo les presente a este tercer amigo. Su nombre es Jesucristo. *Desde que Dios envió a Cristo para quitar de nosotros nuestros pecados y conducirnos al cielo, El espera que nosotros lo recibamos.* Si tú crees que un Timoteo puede significar mucho para ti o un Epafrodito pudiera resultar inestimable, déjame asegurarte que ninguno puede compararse como sustituto de Jesús. Esas manos horadadas por los clavos se extienden hacia ti y El espera que tú también hagas lo mismo por la fe. Te digo sin un momento de vacilación, no existe nadie que tú puedas alguna vez conocer, ningún amigo con quien te llegues a relacionar, que pueda hacer por ti lo mismo que Jesús. Nadie más tiene poder para cambiar tus más profundos sentimientos. Ningún otro es capaz de dar vuelta por completo a tu vida. Nadie más puede librarte no sólo de tus pecados sino de la culpabilidad y la vergüenza que son parte de todo ese desagradable conjunto. Y ahora que te he relacionado con El, no hay más que una respuesta apropiada. Una sola: *recibirlo.*

Inicié este capítulo afirmando que las personas necesitan a otras personas. Tú me necesitas. Yo te necesito. Ambos necesitamos algunos espíritus afines, gente que nos comprenda y nos aliente. Ambos necesitamos amigos que estén dispuestos a arriesgarse para ayudarnos y... sí, a veces a rescatarnos. Amigos como esos hacen la vida más divertida. Pero todos nosotros —tú, yo, gente como Timoteo, como Epafrodito, *todos nosotros*— necesitamos un Salvador. El espera tu respuesta. El perenne alivio que El nos trae es suficiente para hacernos reír no sólo de nuevo, sino para siempre.

8

Esperanzas de dicha para los grandes realizadores

*A*NOCHE CONOCI A UN HOMBRE que me dijo que necesitaba trabajar más duro en ser feliz. Me contó que había crecido en un hogar superserio. —No hablábamos de nuestros sentimientos... *trabajábamos*. Mi padre, mi madre y la mayoría de mis hermanos y hermanas llevaban esa forma de vida —suspiró—. De alguna manera todos teníamos la idea de que uno puede conseguir cualquier cosa que desee en la vida si trabaja lo suficientemente duro y durante bastante tiempo —y entonces llegó al punto culminante de su preocupación—: Es curioso... en mis sesenta y pico años de vida he conseguido casi todo lo que soñé lograr y he obtenido la recompensa de ello. Mi problema es que no sé cómo divertirme y disfrutar todas esas cosas que conseguí con el trabajo duro. No puedo recordar la última vez que me reí... quiero decir, reír *de veras*.

Mientras él se volvía para irse, pensé que aquella frase dejada caer al descuido era lo más revelador que había dicho: "Supongo que ahora necesito trabajar más duro para lograr ser feliz".

Extendí la mano, lo tomé por el brazo, y lo acerqué a mí lo suficiente para rodearlo con mis brazos con un sólido y varonil abrazo:

151

—Ya usted ha trabajado duro por todo lo demás en su vida —le dije bajito—. ¿Por qué no trata de conseguir el gozo de otra forma? Créame en esto: el trabajo duro durante largas horas no consigue un corazón alegre. Si fuera así, la gente más feliz del mundo serían los "adictos" al trabajo... y jamás he conocido un adicto al trabajo cuyo sentido del humor equilibre su vehemencia.

Hablamos unos pocos minutos más, pero no me parece que haya hecho mella en sus concepciones. Lo más probable es que en este mismo momento ese gran realizador de hazañas esté empeñado en eso (es lunes por la mañana) persiguiendo planificadamente la consecución de la felicidad. *Y no lo va lograr.*

El problema es que los logros humanos dan por resultado recompensas terrenales, lo que alimenta el fuego por más logros que conduzcan a mayores recompensas. "¡Problema!... ¿qué problema?" pudieran preguntar tú y el hombre que conocí anoche. Este: Nada de eso produce una profunda, honda satisfacción, una paz interior, el contentamiento del alma, o el gozo perdurable. En el proceso de lograr más y ganar más, muy pocos, si llega a haber alguno, aprende a reír más. Esto es especialmente cierto si pertenece al clásico Tipo A. Escúchame hasta el final.

Algo dentro de todos nosotros siente la tibieza de las palmaditas humanas. Nos sentimos motivados a hacer más cuando se aprecian y recompensan nuestros esfuerzos. Por eso se fabrican cosas como los trofeos impresionantes y los platos de plata y las placas de bronce y las medallas de oro. A la mayoría les gusta exhibirlos. Sea una distinción de un club atlético o el suéter de una escuela superior o una placa del Vendedor del Mes en la pared, nos gusta el reconocimiento. ¿Qué se obtiene con ello? Nos impulsa a hacer más, a fin de conseguir un mayor reconocimiento, para lograr más valiosas recompensas, mejor paga o ascensos mayores.

Casi cada campo importante del esfuerzo tiene su premio particular para los logros prominentes. Las universidades recompensan con becas; las compañías conceden pagos adicionales; la industria cinematográfica ofrece el Oscar; la industria televisiva, el Emmy; la industria musical, el Grammy; y la industria literaria el Premio Pulitzer. El mundo deportivo tiene un enorme espectro de honores. Tanto si se trata de premios individuales por logros excepcionales o de trofeos de equipo por juegos de campeonatos, los jugadores que ganan son aplaudidos y los entrenadores que establecen récords son confirmados (y envidiados). Más todavía, la mayoría se quedan lelos por estar meramente junto a celebridades. Recientemente leí un gracioso relato que ilustra este hecho a la perfección:

Una turista hacía cola para comprar un cono de helado en un establecimiento en Beverly Hills. Para su asombro y conmoción violenta, ¡quién vino por la acera y se detuvo exactamente detrás de ella sino el mismísimo Paul Newman! Bien, la dama, aunque estaba descontrolada, determinó mantener su compostura. Compró su cono de helado, se volvió serena y salió de la tienda.

Sin embargo, notó con horror ¡que había abandonado el mostrador sin su cono de helado! Esperó unos minutos hasta tranquilizarse, y volvió a entrar al establecimiento a reclamar su cono. Cuando se acercó al mostrador, se percató de que el cono no estaba en el platito, y por un momento se detuvo allí perpleja ante lo que podía haberle sucedido a su helado. Sintió entonces un toquecito cortés en el hombro, y cuando se volvió se vio frente a —lo adivinaste— Paul Newman. El famoso actor le dijo entonces a la dama que si lo que ella estaba buscando era su cono de helado, ¡lo había puesto dentro de su bolso![1]

Mientras estaba sentado en el gran estadio la otra noche observando a Los Angeles Lakers, miré hacia el techo y vi todos esos estandartes de los campeones de la Asociación Nacional de Baloncesto colgados bien arriba. Miré hacia una pared iluminada por reflectores y leí, en camisetas, los nombres de todos aquellos jugadores que ya se habían retirado:

Baylor, Chamberlain, West, Abdul-Jabbar, y más reciente-mente, Johnson. ¡Qué privilegio tan grande ver el nombre de uno colocado en un lugar de honor público para que todo el mundo lo vea! Es la forma en que la sociedad dice: "¡Eres grande!"

No hay nada malo en ello mientras recordemos que se trata de un sistema terrenal que exalta gente terrenal a quienes se recompensa por logros terrenales. Pero qué fácil es olvidar que ninguno de esos logros le proporciona a nadie lo que puede faltarle muy adentro y muy hondo... que por eso no pueden brindar satisfacción duradera. Y mucho más importante: ninguno de ellos proporciona el favor de Dios.

LA GRAN TENTACION DE QUIENES ALCANZAN GRANDES LOGROS

Todo esto me conduce a un tema terriblemente importante que he estado deseando exponer. Después de haber soste-nido aquella conversación con el señor Gran Realizador anoche, no puedo contenerme por más tiempo... y tengo en mente en especial a aquellos que no pueden soportar quedar en segundo lugar porque enfrentan una gran tentación.

¿Cuál es ésta? Es la tentación de creer que los honores terrenales automáticamente proporcionarán recompensas ce-lestiales. Esta concepción es la raíz de una filosofía humanís-ta de la vida que dice: "Trabajando duro y consiguiendo más que los demás, ganaré el favor de Dios y recibiré su señal de aprobación". No conozco de una filosofía más insidiosa y sacrílega que esa, y, sin embargo, es aceptada universalmente como cierta. Y así, la tragedia es que lo bastante nunca es suficiente. La vida se reduce a trabajos, tareas, esfuerzos, y una lista interminable de "debes" y "tienes que"... sin la necesaria diversión y risa que mantiene todas las cosas en perspectiva.

¿Por qué sucede esto? ¿Qué es lo que nos mueve hacia adelante con tanta vehemencia? ¿Estás listo? Respira profundo y asimila con tolerancia la respuesta de una sola palabra: ORGULLO. Trabajamos, nos abrimos paso y nos esforzamos para poder probar que valemos... que somos los mejores... que merecemos los mayores honores. Y el mensaje oculto: Puedo ganar justicia por mí mismo, por mi propio esfuerzo, ingenio y energía. Y puesto que puedo, ¡tengo que hacerlo! ¿Y por qué es esto una herejía? Porque en última instancia esa filosofía significa: (1) En realidad no necesitaré la justicia divina (después de todo, Dios ayuda a los que se ayudan, ¿no?), y (2) encontraré gozo perdurable en mis propios logros. Esto me tracrá la mayor satisfacción. Ambos son callejones sin salida, que se encuentran en la Isla de la Fantasía.

Un amigo mío de muchos años confiesa abiertamente:

En nuestra familia sicmpre se respetó mucho el trabajo, y el trabajo duro se consideraba como la primera herramienta del éxito. Yo pensaba que si era bueno trabajar diez horas, sería mucho mejor trabajar catorce.

En la universidad parecía que tenía la energía para soportar la presión. Recuerdo las veces en Stanford cuando ni siquiera me iba a dormir a casa. En vez de eso, empujaba una mesa hacia la puerta de la cafetería a las tres de la mañana y dormía en ella, usando mis libros como almohada. Y entonces al ser de día, al tiempo en que yo tenía que comenzar trabajar, la primera persona que abría la puerta me tumbaba de la mesa, y al despertar, comenzaba mi día de trabajo. Me convencí a mí mismo de que dormía "más rápido" que cualquier otro....

Durante los años en que fui entrenador y director del área para Vida Joven, trabajaba doce, catorce, y hasta quince horas al día, seis o siete días a la semana. Y cuando llegaba a casa sentía que no había trabajado suficiente. Así que trataba de meter más cosas todavía en mi programa. Gastaba más tiempo en hacer propaganda a la vida que viviendo.... Mi vida no era abundante; era una carrera desesperada de una hora a la siguiente.

Puedo recordar las veces en que la fatiga me dejába una sensación de soledad y alienación: sentimientos que antes habían sido extraños para mí. Sin preparación para semejantes parásitos de mi energía, me sentí frustrado, y la risa, que siempre había sido mi más preciada compañera, se escabulló silenciosamente....

Estaba dominado por los "debes" y los "tienes que". Despertaba cansado por la mañana, con un tipo agotador de resentimiento, y me apresuraba durante todo el día, tratando de descubrir y remediar las necesidades de otros. Los días no los vivía, sino los soportaba. Estaba exhausto tratando de ser una esperanza siempre reavivada para otros, tratando de vivir a la altura del concepto que tenían ellos de mí. Había trabajado duro para hacerme una reputación de alguien que se preocupaba, disponible y comprometido; ahora estaba tiranizado por ella. A menudo estaba más en paz ante los ojos de otros que ante los míos.

La mente y la cultura occidental dejan poco tiempo al descanso, la oración, el juego y la contemplación. La prisa necesita respuestas; las respuestas necesitan categorías; las categorías necesitan etiquetas y disección. El paso que yo estaba tratando de mantener no dejaba tiempo para el ritmo y la reverencia, para el misterio y la maravilla. Escasamente tenía tiempo pare ocuparme adecuadamente de los amigos o de mí. A fin de mantener mi actividad incesante, reduje a Dios para que encajara en mi programa. Yo sufría, porque El no se amoldaba.[2]

El orgullo no solamente se expresa en trabajo duro con grandes logros, sino también nos impide pedir ayuda. Nos encanta dar la impresión de que no importa lo que suceda, podemos arreglárnosla; ¡no queremos ayuda!

Recuerdo cuando mi familia y yo vivimos en Nueva Inglaterra. No estábamos acostumbrados a la nieve en el invierno. Nos lanzó una curva realmente maligna. Nos sentimos confundidos de verdad cuando nos enfrentamos a nuestro primer ataque glacial. Por ejemplo, yo no podía imaginar por qué la gente no estacionaba su automóvil en la calle. Pensaba: "Ese es el mejor lugar del mundo... y nadie estaciona ahí. Incluso no hay letreros de 'No estacionar aquí' por ningún lado'." Así que estacioné mi automóvil en la calle. Recuerdo haberme sentido muy orgulloso de mi idea original cuando cerré el auto por la noche. Esa fue la hora en que la nieve comenzó a caer. De hecho, nevó toda la noche. Jamás me pasó por la mente que las barredoras de nieve trabajaban por las calles toda la noche, eliminando la nieve caída.

A la mañana siguiente, cuando salí a gatas de mi tibia cama, descubrí por qué nadie estacionaba su coche en la calle. Miré hacia afuera y ¡pensé que alguien me había robado el auto! Asombrado de encontrar enormes montones de nieve y hielo apilado a ambos lados de la calle, tomé mi pico y mi pala y comencé la arqueológica tarea con la esperanza de encontrar un sedán azul de cuatro puertas. Después de cavar como un loco durante al menos veinte minutos, finalmente encontré algo duro. Cuando vi el color azul pensé: "Ese es mi color... debe de ser mi auto". En eso pasó un amigo en su auto. Se detuvo, sonrió, bajó el cristal de la ventanilla y preguntó :

—Eh, Chuck, ¿puedo ayudarte?"

Inmediatamente respondí:

—No, gracias; me las arreglo muy bien.

Se encogió de hombros y siguió adelante. Hora y media después me preguntaba por qué no había contestado "Sí". La respuesta era simple: Mi orgullo. Podía excavar para sacar mi auto yo solo, gracias. ¡Orgullo estúpido!

¿Saben qué más hice? Cuando al fin llegué a mi auto cubierto de escarcha y vi el hielo en las ventanillas, mi primer pensamiento fue: "Es una tontería seguir aquí arrancando todo ese hielo". Así que entré y busqué una cazuela de agua hirviendo y se la eché sobre el parabrisas. Créanme, no solamente salió el hielo, sino también mi parabrisas. Me quedé estupefacto cuando estalló con estruendo y cayó en pedazos sobre el asiento delantero. Pensé: "Así que es por eso que todo el mundo arranca el hielo de los parabrisas". Déjenme decirles que cuando conduje el auto a la cristalería, ¡veía de lo más claro! Había diez grados Fahrenheit [varios grados centígrados bajo cero] en el auto, pero tenía una visibilidad magnífica.

¿Saben qué fue lo primero que hice cuando rompí mi parabrisas? Miré a mi alrededor para ver si alguien estaba observando. ¿Por qué? Orgullo, simple y sencillo. No quería que nadie supiera qué tontería había hecho. El orgullo nos impulsa a esconder nuestra estupidez antes que admitirla. Y recuerdo que durante todo el episodio no me divertí nada. No me acuerdo de haberme reído ni de mí mismo ni de mi situación.

Siempre está presente ese signo delator cuando el orgullo toma el control: la diversión se desvanece. Un agitado perseguidor de grandes logros puede sonreír en alguna ocasión, pero es una mueca superficial, no una sensación profunda de tranquila satisfacción. Muy hondo dentro de sí, está pensando realmente: "La vida es demasiado activa, demasiado seria para perder el tiempo en cosas tontas como relajarse y reír". El permanecer en tensión hasta ese punto, como la cuerda de un reloj, puede provocar que la mente se dispare. G. K. Chesterton tenía toda la razón cuando escribió: "Los locos son siempre serios; se vuelven locos porque les falta el humor".[3]

EL TESTIMONIO SINCERO DE UN FARISEO DE MUCHO EXITO

Todo esto nos trae de vuelta a una cartita escrita a un grupito de creyentes que vivían en la antigua Filipos. Como el autor, Pablo, se sentía tan unido a ellos, no temía ser sincero y permitirles ver el lado oscuro de su pasado.

Pero antes de hacerlo, subraya el tema subyacente de su carta, recordándoles que busquen el gozo de vivir.Por lo demás, hermanos, gozaos en el Señor. A mí no me es molesto el escribiros las mismas cosas, y para vosotros es seguro.

Filipenses 3:1

La Biblia al Día dice:

Pase lo que pase, amados hermanos, regocíjense en el Señor. Nunca me canso de repetirles esto y es bueno que se lo siga repitiendo.

Pablo está a punto de sumergirse en su pasado; aquellos años vehementes de su propia existencia cuando él trabajaba tan duro para impresionar a Dios. Pero antes de hacer eso, quiere asegurarse de que ellos escuchen otra vez más acerca de la importancia de ser el pueblo del gozo rebosante. El lo califica de "seguro". Cuán verdadero. No solamente las presiones de la vida eran suficientes para robarles su gozo, también andaban por allí a sus anchas los siempre presentes legalistas —los antiguos asesinos de la gracia—. Y nadie puede robarle a uno su gozo más rápidamente que unos pocos legalistas de mente estrecha. La mayor preocupación de Pablo era que sus amigos filipenses siguieran disfrutando de su libertad en Cristo y que no permitieran que *nada* ni *nadie* les impusiera otra cosa. Nunca se cansaba de repetirles eso.

No es idea mía que los legalistas andaban a sus anchas. Ni tampoco me he excedido en mis comentarios. Pablo mismo los llama "perros... malos obreros". Velo por ti mismo:

Guardaos de los perros, guardaos de los malos obreros, guardaos de los mutiladores del cuerpo.

Filipenses 3:2

¡Duras palabras! Cuando se refiere a ellos como perros, Pablo no tiene en mente a los falderillos que disfrutamos como mascotas o esas criaturas obedientes y leales que cuidamos y alimentamos. No, los perros de aquellos tiempos eran sucios merodeadores portadores de enfermedades, que recorrían en manadas las calles y callejones de una ciudad. Imposibles de controlar y potencialmente peligrosos, eran una amenaza para cualquiera que se atravesara en su camino. Con esa descripción en mente, Pablo advierte: "Estén alerta... ¡cuidado! Esta gente los asaltará y ustedes perderán su gozo".

Y prosigue: "Guardaos de los malos obreros". Estos legalistas enseñaban que la gente se salvaba por las obras; por guardar la Ley (una imposibilidad). Tales tipos viven hasta estos días, divulgando su herejía. Su mensaje está lleno de exhortaciones para hacer más, trabajar más duro, testificar más tiempo, orar con mayor intensidad, porque lo suficiente nunca es bastante. Esos tipos son "los malos obreros" que se llevarán ese poquito de gozo que uno es capaz de reunir. También añadiría que cuando no se sabe cuánto se necesita para satisfacer a Dios, uno queda en un perpetuo estado de vergüenza y obligación. La mente no puede descansar. El mensaje de los legalistas siempre descubre una falta. Nunca trae alivio. Tenemos que guardarnos de semejantes mensajeros. Son, según las Escrituras, malos obreros.

Al llamarlos "mutiladores del cuerpo", Pablo quiere decir que ellos creían en la mutilación, no meramente en la circuncisión, para conseguir la salvación. Ellos enseñaban que si la circuncisión era buena, ¡la castración era aun mejor! Uno *debe* (ahí está de nuevo esa palabra) que trabajar excepcionalmente duro para ser aceptable a Dios —renunciar, tomar, apartar, añadir, intentarlo más duro, contribuir más— antes que pudiera haber seguridad de la aceptación divina. ¿El resultado de todo eso? ¡Confianza en la carne! Uno trabajó duro... se sacrificó... trabajó intensamente... y lo recibió. Y en el proceso uno tuvo toda la razón de sentirse orgulloso de ello. Repito... ¡herejía!

Con seguridad tranquila y firme, Pablo le comunica la verdad simple a sus amigos:

Porque nosotros somos la circuncisión, los que en espíritu servimos a Dios y nos gloriamos en Cristo Jesús, no teniendo confianza en la carne.

Filipenses 3:3

Esas últimas seis palabras —"no teniendo confianza en la carne"— ¡qué alivio más útil! La gracia de Dios ha venido otra vez en nuestra ayuda. Y en el proceso El recibe la gloria. Todo el crédito es para El, como debe ser. En lo referente a nuestra eterna relación vertical con Dios, a diferancia del mensaje humanista, no depositamos confianza en la carne. ¿La salvación a través de las obras humanas? ¡De ninguna manera! ¿Orgullo humano? No hay razón para él. El don que nos devuelve la risa —el don de la vida eterna con Dios que El nos concede— se basa en lo que El ha hecho por nosotros y no en lo que nosotros hemos hecho por El. Quizás sea necesario releer esta frase. En ella se explica por qué no depositamos confianza en la carne. Los que lo hacen han pasado por alto el aspecto crucial de la gracia.

Una revelación de los orgullosos antecedentes de él

Estas palabras acerca de la "confianza en la carne" desataban un torrente de emociones en Pablo. Mientras les escribía debe de haber pasado por su mente con rapidez el recuerdo de cómo había sido él durante tantos años; de hecho, toda su vida de adulto. Antes de su conversión, había sido la personificación del fariseo orgulloso. Nadie tenía más trofeos que él. Si se hubiera concedido un premio por grandes logros en el campo de la religión, Pablo hubiese ganado los más altos honores en su patria año tras año. Podía haber tenido toda una pared cubierta de placas, diplomas, cartas de gente importante enmarcadas y numerosos artefactos, todos muy impresionantes.

Aunque yo tengo también de qué confiar en la carne. Si alguno piensa que tiene de qué confiar en la carne, yo más:

Filipenses 3:4

Cuando escribe esas palabras, Pablo no está tratando de engrosar su expediente o de parecer importante. Como vamos a leer a continuación, él se había ganado el respeto de cada judaísta guardador de la Ley en todo el mundo conocido. Cuando dice: "yo más", tiene el historial para probarlo. Por ejemplo:

Circuncidado al octavo día, del linaje de Israel, de la tribu de Benjamín, hebreo de hebreos; en cuanto a la ley, fariseo; en cuanto a celo, perseguidor de la iglesia; en cuanto a la justicia que es en la ley, irreprensible.

Filipenses 3:5-6

Ese pedigrí y una breve lista de sus logros pueden no parecer impresionantes hoy en día, especialmente si no se es judío, pero no menosprecie su significado. Pablo era el sumo cosechador de éxitos y logros de su tiempo. Como lo explica un estudioso del Nuevo Testamento:

Si hubo alguna vez un judío versado en el judaísmo, ese judío fue Pablo. Permítasenos ... revisar la alegación que hace de ser el judío por excelencia.... Fue circuncidado al octavo día, esto es, llevaba en su cuerpo la señal y la marca de que era uno de los escogidos, marcado por Dios como de los suyos. Era de la raza de Israel; o sea, miembro de la nación que mantuvo con Dios una relación de pacto, una relación que ningún otro pueblo mantenía. Era de la tribu de Benjamín. Esta es una reclamación que Pablo reitera en *Romanos* 11:1. ¿Qué significado tiene esta atribución? La tribu de Benjamín tuvo un lugar único en la historia de Israel. De ella provino el primer rey de Israel, porque Saúl fue benjamita.... Benjamín fue el único de los patriarcas que realmente nació en la tierra prometida. Cuando Israel salía a combatir, era la tribu de Benjamín la que gozaba del lugar de honor. El grito de guerra de Israel era: "Tras ti, oh Benjamín"....

Por su linaje Pablo era no solamente un israelita; pertenecía a la aristocracia de Israel. Era hebreo de hebreos; eso significaba que no era uno de aquellos judíos de la diáspora, quienes, en tierra extraña, habían olvidado su propia lengua; era un judío que todavía recordaba y conocía la lengua de sus padres.

Era un fariseo; es decir, no sólo era un judío devoto; era más: era uno de "los apartados" que habían renunciado por juramento a todas las actividades normales a fin de dedicar su vida a guardar la ley, y que la había guardado con tal celo, que en ese sentido su conducta era irreprochable....

Pablo conocía el judaísmo en su mejor y más elevado aspecto; lo conocía desde adentro; había pasado por todas la experiencias, tanto de altura como de profundidad, que éste podía brindarle a cualquier hombre.[4]

¿Has observado cómo Pablo calificaba sus logros? Brevemente:

- "En cuanto la ley"
- "En cuanto a celo"
- "En cuanto a la justicia"

Es esto último lo prominente: ¡el máximo! "Cuando sumé todas esas cosas en mi mente, había llegado. Al compararme con todos los demás, yo era *justo*". Pablo sobrepasaba a todos sus contemporáneos, eclipsaba todas sus luces. Como A. T. Robertson resumió tan elocuentemente, Pablo tenía...

Un expediente maravilloso con notas de cien en judaísmo....

Era la estrella de la esperanza para Gamaliel y el Sanedrín.[5]

En términos de hoy en día, aquel orgulloso fariseo conocido como Saulo de Tarso ganó todas las canicas: el Pulitzer, la Medalla de Honor, el Jugador más Valioso, el Heisman, la Medalla de Oro... el Nobel del Antigüedad Judía. Si hubiesen tenido periódicos o revistas entonces, su retrato hubiera aparecido en la primera plana, con titulares proclamándolo EL ZELOTE DE LA DECADA. El suyo era el nombre mencionado por todo aquél que era alguien.

Cualquier búsqueda de un modelo que seguir hubiera terminado en el sabio de Tarso. Pero hubiera habido que andar rápido, porque él no estaba más que empezando con su plan de exterminar a los cristianos. La última línea de su agenda decía: "Próxima parada: Damasco". En aquel viaje decisivo, todo cambió.

Un Cambio total en su vida

Mientras cabalgaba en la cresta de aquella ola de fama internacional, Saulo de Tarso encontró la horma de sus zapatos en la persona de Jesucristo. Cuando todavía estaba en las afueras de la ciudad de Damasco, de pronto bajó del cielo una luz deslumbrante que lo cegó, mientras una voz que debe haber retumbado como el rugido de una docena de cataratas le reprochaba: "Saulo, Saulo, ¿por qué me persigues?" Aunque cegado por la luz, en ese momento el fariseo tuvo su primer vislumbre de la perfecta justicia. Y por primera vez en su vida fue humillado. Sus vestiduras de justicia propia no eran más que trapos de inmundicia. Todos sus trofeos y placas y sus impresionantes honores eran tan despreciables como madera, heno y hojarasca. Un vistazo a la verdadera justicia enviada del cielo fue suficiente para convencerlo para siempre de que había malgastado su vida en el camino equivocado, viajando a velocidad vertiginosa hacia el destino erróneo por todas la razones censurables.

Ahora podemos apreciar la importancia de esa palabrita "pero" en el medio de la relación que hace Pablo de todos sus logros:

Pero cuantas cosas eran para mí ganancia, las he estimado como pérdida por amor de Cristo. Y ciertamente, aun estimo todas las cosas como pérdida por la excelencia del conocimiento de Cristo Jesús, mi Señor, por amor del cual lo he perdido todo, y lo tengo por basura, para ganar a Cristo, y por ser hallado en El, no teniendo mi propia justicia, que es por la ley, sino la que es por la fe de Cristo, la justicia que es de Dios por la fe;

Filipenses 3:7-9

¡Pero! Dios ordenó un alto abrupto y total a la carrera enloquecida de Saulo. Todo su marco de referencia se alteró. Toda su perspectiva cambió. Su forma de pensar y, por supuesto, su forma de vivir quedaron transformadas radicalmente a partir de ese día. El vio, por primera vez, cuán total y completamente extraviado había estado. A esta recién encontrada perspectiva divina remplazar al viejo apetito por el aplauso terrenal y la antigua obsesión por la justicia humana, se sintió arruinado, reducido a cero. ¿Y todos aquellos honores por los que había trabajado y que había saboreado durante tanto tiempo? Los contaba como "pérdida" y los tenía por "basura". Habiéndose ataviado con el orgullo de los logros propios, ahora estaba completamente desnudo y espiritualmente en bancarrota. Quien una vez estableció marcas cuando otros hombres y mujeres lo evaluaron, ahora se percataba de su completo fracaso cuando lo evaluaba su Dueño y Señor. Y en aquel momento que hizo época se le acreditó la justicia divina en su cuenta vacía, y se vio vestido de nuevo con la justicia atribuida de Cristo. Aquello lo cambió todo dentro y alrededor de él.

Una afirmación de la pasión que lo consumía

¿Se acabó allí la vida? ¿Fue eso todo? Difícilmente. Fue entonces cuando Pablo comenzó a vivir en realidad. Fue en ese punto que el hombre ¡empezó a reír otra vez! Con un corazón transformado testificaba de que su deseo respecto a Cristo era poder...

> conocerle, y el poder de su resurrección, y la participación de sus padecimientos, llegando a ser semejante a él en su muerte, si en alguna manera llegase a la resurrección de entre los muertos.
>
> *Filipenses 3:10-11*

Es difícil de creer que un hombre con un empuje y una determinación como la de Saulo de Tarso pudiera escribir tan tiernas palabras. Mírenlas de nuevo. Pudiéramos llamarlas el credo de Pablo. En vez de ser arrastrado por la confianza en la carne, la pasión que lo consumía era dedicar los años que le quedaban en la tierra a conocer más íntimamente a Cristo, sacar de Su resurrección cada vez mayor poder, participar de Sus sufrimientos más personalmente, y ser conformado a Su imagen más completamente. Sus sueños de lograrlo todo por sí mismo se estrellaron para siempre contra la roca de Jesucristo.

LA CLARA VERDAD PARA CUANTOS ESTEN INTERESADOS EN ELLA

Si te encuentras entre los grandes realizadores a quienes he estado escribiendo en este capítulo, te felicito por haber llegado a leer hasta aquí. Estas no son las cosas acerca de las cuales sueles pensar, lo comprendo. Tu mundo no provee mucho espacio para las debilidades personales, ¿verdad? No dependes de la ayuda de nada (ni de nadie) sino de tu propia reserva de recursos, ¿no es así? Toda tu vida has sido enérgico, luchando y abriéndote paso con la mira en los más altos honores y esperando salirte con la tuya, ¿no es verdad? Las cosas que más te enorgullecen son tus logros, naturalmente, porque eso es todo lo que tienes para mostrar por todo tu duro trabajo. En muchas formas, "has llegado", al menos, según la opinión de otros. La tuya es una lista impresionante de logros. Déjame mencionar algunos:

- Tu respetada posición con un título que suena muy bien

- Tu salario con algunos beneficios envidiables

- Tu popularidad creciente entre tus iguales

- Esos premios que has colgado en tus paredes

- Ese magnífico auto estacionado en tu aparcamiento (¡y qué aparcamiento!)

- Un guardarropa lleno de ropa elegante y de moda

- Un magnífico lugar donde residir... quizás más de una casa de veraneo... una casa de invierno

- La probabilidad de conseguir y ganar más

- Una sensación de poder por saber que puedes comprar lo que quieras cuando lo quieras

- La sensación de realización propia —¡lo has logrado!

Indudablemente, la mayoría de los tipos que conoces dedican todas sus vidas a tratar de conseguir esas cosas. Y ahora tú te encuentras entre los miembros de ese escogido club: Grandes Realizadores Anónimos (excepto que para entonces la mayoría de ellos no son usualmente anónimos). Quizás pudiera decir que son miembros del Club LQLAT: *Los Que Llegaron Al Tope.*

Pero miremos más hondo. Miremos a otra lista:

- ¿Cómo está tu vida personal? Me refiero a tu yo real que está ahí cuando nadie está mirando... como cuando estás solo en tu auto, yate o avión. ¿Estás contento y en paz personalmente?

- ¿Y qué me dices de tu matrimonio? ¿Y de tu relación con tus hijos? ¿Está todo bien?

- Mientras me estás permitiendo que me acerque de esta forma, ¿podemos echar un vistazo a tu ser interior? ¿Te sientes seguro, o más bien temeroso? ¿Hay algún hábito descontrolado? ¿Alguna adicción que pareces no poder dominar?

- Permíteme preguntarte algunos "¿y si?": ¿Y si te enfermas? ¿Y si pierdes tu capacidad de ganar dinero? ¿Y si pierdes tu título? ¿Y si en tu próximo examen médico te descubren una bolita... y esa bolita resulta ser maligna? ¿Y si te da una embolia? ¿Y si llegas a morir realmente?

- ¿Hay algún secreto que te persigue? ¿Hay alguna preocupación aterradora que no se deja espantar... que el dinero no puede borrar?

- Finalmente, ¿se ha vuelto la vida más divertida? ¿Te ríes —quiero decir, de veras— ahora que has "llegado"? ¿O todavía estás demasiado tenso como para relajarte?

Si has contestado a estas preguntas con franqueza —o a lo menos te has tomado el tiempo de leerlas— ya estás listo para oír el resto.

Primero, pasarte la vida confiando en tus propios logros te trae gloria ahora, pero te deja en bancarrota espiritual para siempre. Lee eso otra vez, por favor. Y mientras lo haces, piensa en ese hombre del siglo primero de quien hemos estado tratando, Saulo de Tarso. Piensa en lo que habría sido su vida si él no hubiese respondido afirmativamente al llamado de Cristo.

Segundo, detenerte hoy y confiar en los logros de Cristo en la cruz, le dará a El la gloria ahora, y a ti te proporcionará la justicia perfecta para siempre.

Eres inteligente, así que permíteme preguntarte: ¿*Qué opción tiene más sentido?* Y en caso de que creas que los grandes realizadores no pueden cambiar, recuerda a aquel hombre de Tarso. El no solamente cambió una religión por otra... no permutó un sistema de ritos y ceremonias por otro sistema de reglas y regulaciones. La opinión popular hoy en día es que la gente tiene que cambiar su religión o empezar a ir a una iglesia diferente. Eso es una tontería. Saulo no se buscó una nueva religión o se limitó a cambiar de iglesia después de su experiencia en el camino de Damasco. El se convirtió completa y radicalmente, como el hombre que escribió estas palabras:

> Yo había transitado el camino de la vida
> con un paso fácil, había seguido el sendero
> de la comodidad y el placer; y entonces,
> por casualidad, en un lugar tranquilo...
> encontré a mi Señor cara a cara.

> Con la posición, y el rango y la riqueza
> por meta, pensando mucho en el cuerpo
> pero nada en el alma, me había lanzado
> a ganar la carrera loca de esta vida...
> cuando encontré a mi Señor cara a cara.

> Yo había fabricado mis castillos, erigiéndolos
> muy altos, hasta que sus torres perforaron
> el azul del cielo; había jurado gobernar
> con una maza de hierro...
> cuando encontré a mi Señor cara a cara.

> Lo encontré y lo conocí, y me sonrojé al ver,
> que sus ojos llenos de pena estaban fijos en mí;
> y tropecé y caí a sus pies aquel día mientras
> mis castillos se deshacían y desaparecían.

Deshechos y desaparecidos; y en su lugar
no vi nada más que el rostro de mi Señor;
y le pedí gritando: "Oh, hazme digno
de seguir las huellas que dejaron tus pies".

Ahora pienso en las almas de los hombres;
he perdido mi vida para hallarla de nuevo
desde el día en que a solas en el lugar santo
mi Señor y yo nos miramos cara a cara.[6]

9

Perseverando juntos con ahínco... y disfrutándolo

*E*N TODOS LOS ESTADOS UNIDOS, un día cada año los niñitos sueñan grandes sueños. Puede que no lo digan, pero en su mente se ven a sí mismos contemplados por millones de personas alrededor del mundo. En su imaginación, un día usarán el uniforme y formarán parte de algún equipo campeón que juega el último partido de la temporada por el gran premio: un brillante trofeo plateado con forma de pelota de rugby. Ese día de los sueños se llama el "Domingo del Superjuego". Asombrosamente, unos pocos de esos mocosos que sueñan grandes sueños terminan convirtiéndolos en realidad, jugando por el gran premio.

Hace más de veinticinco años, cuando el primer Super Juego se celebró, un niño de diez años lo vio junto a su padre en las gradas del Coliseo de Los Angeles. Mientras miraba a jugadores como Bart Starr, Paul Hornung, Boyd Dowler, Fuzzy Thurston, Carrol Dale, y otros destacados atletas del gran equipo de Vince Lombardi, los Green Bay Packers, dominar a sus oponentes, él soñaba con estar un día allá abajo en el campo. Y eso fue exactamente lo que sucedió cuando James Lofton, un jugador de los Buffalo Bills (y el más viejo del equipo), finalmente llegó a la cima y convirtió su sueño en realidad. A través de temporadas flojas y fuertes, cambios de equipo y muchas heridas como jugador profesional de

173

rugby, Lofton perseveró... y su determinación se vio recompensada. Los Bills no han ganado un Superjuego, pero James Lofton jugó en dos de ellos.[1]

Yo no puedo decirles en qué se diferencian los fanáticos del rugby [fútbol americano] de otra gente, pero sí puedo decirles por qué yo sigo los juegos con tanto interés. Mucho más allá de los choques y porrazos, los dolores y magulladuras del juego, yo veo una analogía entre el rugby y la vida. Aquellos que perseveran con ahínco, negándose a darse por vencidos sin importar cuán difíciles o exigentes o desilusionantes puedan ser los retos, son los que tienen la mejor oportunidad de ganar. También son los que encuentran la mayor satisfacción y deleite en sus años en la tierra. Henry David Thoreau lo expresó mejor:

Si uno avanza confiadamente en dirección a sus sueños, y se esfuerza por vivir la vida que ha imaginado, termina por alcanzar un éxito inesperado en una hora común.[2]

Puede que esto suene como el final de un cuento de hadas, casi como si alguno de los personajes de Disney nos estuviera diciendo que formuláramos un deseo ante una estrella mientras estábamos cerca del castillo en Fantasyland, pero no se trata de eso en absoluto. Yo veo en la declaración de Thoreau una incansable determinación de largo alcance, de seguir en la misma dirección. No es un plan para hacerse rico en un dos por tres ni un plan que alcanza el éxito de la noche a la mañana, sino un avance confiado en la dirección correcta a largo plazo. Los sueños son importantes, sin dudas; mas deben estar entremezclados con la paciente disciplina de perseverar en las tareas pesadas, a pesar de todo.

UN BREVE VISTAZO A LAS LIBRERIAS DE HOY

Este no es el mensaje popular que oímos hoy en día. Quedé atónito al darme cuenta de esto recientemente al hojear los libros de una librería nueva no lejos de mi casa. Mientras me paseaba por la sección de administración y motivación, los títulos declararon abiertamente lo que la sociedad siente con respecto a la paciencia y la diligencia a largo plazo:

- *Pasaporte a la prosperidad*

- *Movimientos triunfadores*

- *Codicia auténtica*

- *Secretos de liderazgo de Atila el huno*

- *Ganar mediante la intimidación*

- *Logrando el sueño norteamericano (Cómo retirarse a los 35)*

- *El arte del egoísmo*

- *Técnicas que te llevan a la cima*

- *Cómo conseguir lo que realmente deseas*

- *Los secretos para el éxito rápido*

¿Quién engaña a quién? A pesar de todos esos títulos astutamente elaborados que llaman la atención, el supuesto secreto de conseguir rápido *algún* beneficio está a años luz de la verdad. En el análisis final, la carrera se gana persiguiendo sin descanso los objetivos correctos. Tanto si se trata de un atleta que logra participar en el Superjuego, padres que echan para delante un hogar lleno de niños, una joven que se gana su doctorado, o un músico dotado que perfecciona su arte en un instrumento, el perseverar con ahínco, a la larga, todavía es la inversión a largo plazo que paga los mayores dividendos. Y, pudiera agregar, proporciona el mayor de los gozos.

REFLEXIONANDO EN LA
RECOMENDACION DE PABLO

En el capítulo anterior considerábamos la antigua vida del apóstol Pablo. Como joven estudioso, él había ganado el derecho a alardear ante todos sus iguales. Su herencia, su educación, sus logros, su celo, su posición, su vehemencia eran todos parte de su preparación para ocupar un asiento en la corte suprema de los judíos: el Sanedrín. Aquel todopoderoso reconocimiento de su nombre le daba la ventaja... hasta que fue interceptado por el Cristo resucitado y soberano... atontado y aplastado por la revelación del Hijo de Dios.

John Pollock, en una obra titulada *El hombre que conmovió al mundo,* lo describe bien:

Pablo no podía creer lo que oía y veía. Todas sus convicciones, intelecto y entrenamiento, su reputación, su autoestima, demandaban que Jesús no estuviese vivo otra vez. Trató de ganar tiempo y respondió: "¿Quién eres tú, Señor?" Aquí usó una forma de dirigirse a alguien que pudiera significar nada más que "Su Señoría".

"Yo soy Jesús, a quien tú persigues; dura cosa te es dar coces contra el aguijón".

Entonces él lo supo. En un segundo que pareció una eternidad, Pablo vio las heridas en las manos y pies de Jesús, vio el rostro y supo que había visto al Señor, que estaba vivo, como Esteban y los otros habían dicho, y que El amaba no solamente a aquellos a quienes Pablo perseguía, sino a Pablo también: "Dura cosa te es dar coces contra el aguijón". Ni una palabra de reproche.

Pablo nunca había admitido para sí que hubiese sentido los puyazos de un aguijón mientras arremetía contra Esteban y sus discípulos. Pero ahora, en aquel instante, llegaba a su conciencia, de forma demoledora, la certeza de que había estado luchando contra Jesús. Y luchando contra sí mismo, su conciencia, su debilidad, la oscuridad y el caos dentro de su alma. Dios estaba sobre este caos y lo trajo al momento de una nueva creación. Sólo necesitaba su "Sí". Pablo se quebrantó. Temblaba y no estaba en condiciones de pesar los pros y los contras de cambiar de bando. Sólo sabía que había oído una voz y había visto al Señor, y que nada importaba sino encontrar y obedecer Su voluntad. "Señor, ¿qué quieres que yo haga?"[3]

En 1959, yo estaba sentado en la capilla del Seminario Teológico de Dallas, escuchando al doctor Allan Redpath, entonces pastor de la famosa iglesia Moody Memorial. Estaba tomando notas, como acostumbro a hacer mientras escucho a los oradores de la capilla, y de repente dejé de escribir. El doctor Redpath había hecho una afirmación que entró quemando muy hondo hasta las circunvalaciones de mi cerebro: "Cuando Dios quiere llevar a cabo una labor imposible, toma a un hombre imposible y lo aplasta". En los años que han transcurrido desde entonces he aprendido cuán acertado estaba el doctor Redpath. Ese es a menudo el plan que Dios usa cuando trata con gente voluntariosa y testaruda.

Pablo era ambas cosas, así que no deberíamos sorprendernos de que fuera quebrantado. Pollock dice "aplastado". Por eso el versículo 7 de Filipenses 3 comienza con un "pero". En efecto, Pablo admite: "Yo había conseguido todos esos honores, había ganado todos aquellos premios, había recibido el aplauso de todos, había impresionado a todos mis contemporáneos... *pero* Dios los tiró a todos de la pared. Puso todo en su perspectiva correcta mientras aplastaba mi orgullo, ganaba mi corazón y venía a vivir dentro de mí".

> Pero cuantas cosas eran para mí ganancia, las he estimado como pérdida por amor de Cristo. Y ciertamente, aun estimo todas las cosas como pérdida por la excelencia del conocimiento de Cristo Jesús, mi Señor, por amor del cual lo he perdido todo, y lo tengo por basura, para ganar a Cristo, y ser hallado en él, no

teniendo mi propia justicia, que es por la ley, sino la que es por la fe de Cristo, la justicia que es de Dios por la fe.

Filipenses 3:7-9

¡He sido justificado! ¡El amor de Dios me ha invadido! ¡Cristo ha venido a residir en mí! ¡El me ha cambiado! La carga del pecado ha sido levantada... la fuente de la justicia, cambiada. Mi relación con Dios ahora descansa en la fe, no en las obras. ¡Qué alivio!

Pablo era claramente un hombre cambiado. Para su propio asombro comenzó a reír otra vez.

¿Pero ahora qué? ¿Había llegado? ¿No había nada que hacer, salvo sentarse por ahí a soñar, soñar, soñar? No. El mismo nos dice: "Prosigo a la meta... prosigo a la meta".

No que lo haya alcanzado ya, ni que ya sea perfecto; sino que prosigo, por ver si logro asir aquello para lo cual fui también asido por Cristo Jesús. Hermanos, yo mismo no pretendo haberlo ya alcanzado; pero una cosa hago: olvidando ciertamente lo que queda atrás, y extendiéndome a lo que está delante, prosigo a la meta, al premio del supremo llamamiento de Dios en Cristo Jesús. Así que, todos los que somos perfectos, esto mismo sintamos; y si otra cosa sentís, esto también os lo revelará Dios. Pero en aquello a que hemos llegado, sigamos una misma regla, sintamos una misma cosa.

Filipenses 3:12-16

Encuentro sus primeras líneas no poco reveladoras. Con un historial como el suyo sería fácil pensar que tenía todo seguro. He conocido unos pocos hombres y mujeres super-santos que tenían una opinión de sí mismos más bien inflada, casi al punto de que uno se preguntaba si habían comenzado a creerse sus propios comunicados de prensa. (Confieso que cuando me cruzo con gente así, me veo tentado a ir a ver a sus parejas y preguntarles qué tal les va viviendo con alguien que ha "llegado". Las parejas son muy buenas en eso de poner los puntos sobre las íes.)

Mientras releo los comentarios de Pablo, que se puede decir que sumarizan su filosofía de la vida, cinco ideas se destacan.

1. El plan es progreso, no perfección. Por dos veces, espeta la declaración de que él está lejos de ser perfecto: "No que lo haya alcanzado ya... ni que ya sea perfecto... no pretendo haberlo alcanzado ya".

¿Qué es lo que no ha alcanzado? La semejanza de Cristo. La verdadera y completa calidad divina en su forma final, sin espacio para mejoramiento. Nadie en la tierra tiene esas cualidades.

Parte de la razón por la cual perseverar con ahínco es la imperfección que continúa marcando nuestras vidas. Frecuentes recordatorios de nuestra humanidad todavía asoman sus feas cabezas. Esa es una verdad en nosotros mismos, y es verdad en otros. Nosotros somos imperfectos, vivimos en un mundo imperfecto, rodeados de gente imperfecta, quienes siguen a diario un modelo de imperfecciones. Feliz el que mantenga eso en mente. Encontrará que la vida no es tan irritante si uno recuerda que la meta es proseguir adelante a pesar de la falta de perfección.

Los perfeccionistas tienen una tremenda batalla con eso. Quieren que todo el mundo viva una vida sin faltas. Por eso he dicho durante años que los perfeccionistas son personas que pasan mucho trabajo... y se lo hacen pasar a otros.

Si un hombre tan capacitado como Pablo admite abiertamente que él no ha llegado, nosotros no tendríamos que tener problemas para decir lo mismo. Sin embargo, el progreso es el principal programa de la vida. Si puedes ver cambios en tu propia vida al compararla, digamos, con un año atrás, ¡anímate! Estás en el buen camino.

2. El pasado pasó ... ¡olvídalo! La palabra original que Pablo usó cuando escribió: "Olvidando ciertamente lo que queda atrás", fue un término griego que significa olvidar totalmente, olvidar *por completo*. En realidad era un antiguo término atlético usado para calificar a un corredor que pasaba a otro en una misma carrera: una vez que hubiese alcanzado la delantera, nunca debía volverse a mirar atrás; debía olvidar al otro corredor. El que tiene la delantera se concentra en la cinta que tiene delante y no en los otros que corren tras él.

Algunas de las personas más infelices que yo he conocido están viviendo sus vidas mirando por encima del hombro. ¡Qué pérdida de tiempo! Nada de lo que queda atrás puede cambiarse.

¿Qué hay en el pasado? Solamente dos cosas: grandes logros y realizaciones que pueden ponernos orgullosos por revivirlos o indiferentes por descansar en ellos... o fracasos y derrotas que no pueden menos que despertar sentimientos de culpa y vergüenza. ¿Por qué razón alguien puede querer volver a ese cenegal? Nunca he podido imaginármelo. El recordar esos inútiles e ignominiosos sucesos de ayer, mina la energía que necesitamos para enfrentarnos a las exigencias de hoy. El revivir esos errores, ahora olvidados por la gracia, nos desvía y desmoraliza. Hay pocos ladrones de gozo más insidiosos que los recuerdos del pasado que nos obsesionan. ¡Pablo nos dice que olvidemos el pasado! Buen consejo para todo aquel que tiene su esperanza en perseverar con ahínco.

3. *El futuro encierra esperanza... ¡alcánzala!* No soy el primero en señalar que Pablo puede haber tenido en mente las carreras de carros tan populares en los juegos olímpicos cuando escribió de "extendiéndome a lo que está delante". El puede haber estado pensando en el conductor de carros, de pie en aquella pequeña carreta de dos ruedas, con largas riendas de cuero en sus manos, inclinándose hacia adelante para mantener el equilibrio. ¿Se lo imaginan?

La analogía está clara. En esta carrera que llamamos vida, tenemos que mirar hacia adelante, previendo lo que está más adelante, siempre estirándonos y alargándonos, haciendo de la vida una apasionada búsqueda aventurera. La vida nunca fue planeada para ser una coexistencia pacífica con fuerzas enemigas mientras aguardamos nuestra morada celestial. Pero es fácil hacer eso, especialmente cuando llegamos a cierta edad (a partir de los cincuenta y pico), para hacer algo como cambiar la velocidad a neutral y tomar cualquier cosa que nos salga al encuentro.

Déjame detenerme aquí en medio de la corriente y hacerte tres preguntas directas:

• ¿Has abandonado el pasado —me refiero a dejarlo completamente detrás?

• ¿Estás avanzando; haciendo alguna clase de progreso deliberado en tu vida?

• ¿Persigues apasionadamente algún sueño; alguna meta específica?

De pronto me vino a la mente Robert Ballard. ¿Le dice algo ese nombre? Robert Ballard era un hombre con una búsqueda. El quería encontrar el *Titanic*. Y el primero de septiembre de 1985, descubrió un buque hundido en el Atlántico Norte, a más de 560 kilómetros de la costa de Terranova. Siento escalofríos cuando leo su descripción de la primera vez que lanzó hacia abajo la brillante luz escrutadora y vislumbró aquella imagen a más de tres kilómetros por debajo de la superficie de aquellas frías aguas:

Mi primera vista directa del *Titanic* duró menos de dos minutos, pero aquella visión de conjunto de su inmenso casco que se destacaba sobre el fondo marino, permanecerá grabada para siempre cn mi memoria. El sueño de toda mi vida había sido encontrar ese gran barco, y durante los últimos trece años esa búsqueda había sido la pasión que dominaba mi vida.[4]

¿Cuál es tu búsqueda particular? ¿Por qué sigues hacia adelante? Hay algo maravillosamente emocionante en proseguir hacia el futuro con entusiasta presentimiento, y aquellos que persiguen nuevas aventuras a través de la vida permanecen más jóvenes, piensan mejor y ¡se ríen más alto! Acabo de hablar con un hombre de mediana edad que me dijo que espera aprender por sí mismo el mandarín, uno de los dialectos chinos, con el fin de que cuando se retire temprano dentro de unos pocos años, ser capaz de ir a China para enseñar el inglés como segunda lengua. Mientras me contaba sus planes estaba sonriendo de oreja a oreja, y yo lo animé a seguir hacia adelante para alcanzar lo que yace ante él.

Cynthia y yo recientemente almorzamos con una maravillosa pareja treintona que están considerando cambiar de carrera. El va a irse a un seminario y ella se va trabajar para ayudarlo a lograr su deseo. Lo han estado pensando durante años. Ambos están tan entusiasmados, tan motivados. Nos dijeron que nosotros éramos los primeros que parecíamos entusiasmados con sus planes; todos los otros a quienes les habían contado sus proyectos inmediatamente les habían señalado todas las cosas que podían salir mal. Todos los sacrificios que tendrían que soportar. ¿Por qué concentrarse en eso? Les aconsejé seguir hacia adelante... para perseguir su sueño. Y ¿necesito mencionarlo? Ambos estaban riendo otra vez cuando se alejaron.

- El plan es progreso, no perfección.

- El pasado pasó, olvídalo.

- El futuro encierra esperanza, alcánzala.

4. *El secreto es una actitud decidida...* ¡mantenla! Pablo menciona específicamente el mantener la actitud correcta. Ya escribí sobre esto antes en este libro, pero quizás éste es un buen momento para volver al tema, puesto que la actitud es un ingrediente de tan vital importancia en la vida de quien planea perseverar con ahínco. Aquí, la actitud correcta es importante para los que están en camino a la madurez; los que están creciendo y están listos para aprender la próxima lección que les espera.

De paso les diré que me gusta la benevolencia con que Pablo les concede a otros la libertad de crecer a su propio paso: "Si otra cosa sentís, esto también os lo revelará Dios".

Pero hasta donde al apóstol le concernía, el perseverar con ahínco y el mantener una actitud decidida iban juntos.

Esto me recuerda algo similar que otro evangelista escribió en el Nuevo Testamento:

> Hermanos míos, tened por sumo gozo cuando os halléis en diversas pruebas, sabiendo que la prueba de vuestra fe produce paciencia. Mas tenga la paciencia su obra completa, para que seáis perfectos y cabales, sin que os falte cosa alguna.
>
> *Santiago 1:2-4*

El no quiere decir que alcanzamos perfección; ya hemos establecido que esa no es la meta. El tiene en mente la madurez. Jacobo dice lo mismo:

> Amados hermanos, ¿están ustedes afrontando muchas dificultades y tentaciones? ¡Alégrense, porque la paciencia crece mejor cuando el camino es escabroso! ¡Déjenla crecer! ¡No huyan de los problemas! Porque cuando la paciencia alcanza su máximo desarrollo, uno queda firme de carácter, perfecto, cabal, capaz de afrontar cualquier circunstancia.
>
> *Santiago 1:2-4, B.D.*

Pienso en el proceso como semejante al efecto del dominó [reacción en cadena]. Vienen aflicciones y pruebas que hacen impacto en nuestra paciencia y le dan oportunidad de crecer (¿habrase visto?). Mientras la paciencia empieza a desarrollarse, se cultiva el carácter fuerte, moviéndonos siempre adelante hacia la madurez. ¡No hay atajos! Mas al rehusar zafarle el cuerpo a sus problemas, uno se encuentra convirtiéndose en el hombre o la mujer que siempre quiso ser. ¿Y se fijaron en esa selecta porción de consejo? "Alégrense" (¡otra vez el recordatorio!) ... cuando el camino es escabroso ... [seréis capaces] de afrontar cualquier circunstancia". Ningún gran cambio los sacará de quicio.

Durante años todos los miembros de nuestra familia vivieron bajo el mismo techo. Incluso después que uno tras otro nuestros hijos se casaron y se mudaron a sus propias casas, siempre vivieron cerca. Nuestras vidas permanecieron entrelazadas, y mantuvimos una estrecha armonía. Y entonces, de la noche a la mañana, nos separamos. Fue como si una bomba explotara y nos esparciera a todos por todo el país.

Nuestro hijo mayor, Curt, y su esposa Debbie, más sus tres hijos permanecieron cerca. Felizmente, ellos no se vieron envueltos en el barajar y repartir del mazo de naipes Swindoll. Pero nuestra hija mayor, Charissa, y su esposo Byron, con sus dos hijos se mudaron para Atlanta cuando Byron cambió de trabajo y se unió a la compañía Ronald Blue. Nuestra hija menor, Colleen, se mudó al área de Chicago con su esposo Mark, cuando él comenzó a estudiar para el ministerio en la escuela Trinity Evangelical Divinity. Y nuestro hijo menor, Chuck, se mudó a Orlando para comenzar su entrenamiento como ingeniero de sonido en el *Full Sail Center* para *Recording Arts*.

Todas esas tres mudadas ocurrieron de repente, en un período de tres meses ... ¡bum, bum, bum! Mientras Cynthia y yo nos sentábamos solos en nuestro portal una mañana después del súbito desparramo de la tribu Swindoll, con las cabezas todavía dando vueltas como un trompo, tomamos aliento y decidimos que no íbamos a luchar contra aquello ni tampoco a quejarnos. Deliberadamente decidimos mantener una buena actitud, lo que significaba aceptar lo que había ocurrido y ajustarnos al nuevo reto de mantener vínculos estrechos lo mejor que pudiéramos entre el sur de California, Chicago, Atlanta y Orlando.

Puesto que Dios es soberano y está en medio de todo lo que nos sucede, esta prueba repentina de estar tan separados unos de otros era algo que nosotros podíamos soportar. Y lo hemos hecho. Nuestra cuenta telefónica de larga distancia y nuestros gastos de viaje son otra historia, les aseguro. Pero tras todo —por parte de todos— el secreto de perseverar juntos con ahínco ... y disfrutarlo, ha sido la actitud de cada uno. ¿Quién sabe? Puede que vivamos para ver el día cuando volvamos a vivir en la misma región y nuestro hogar esté, una vez más, lleno de pared a pared con hijos —y *nietos*— ¡y añoremos la paz y la tranquilidad a la que ya habíamos llegado a acostumbrarnos! No, sólo bromeaba.

Recientemente se nos ocurrió a Cynthia y a mí que nosotros habíamos educado a nuestros hijos para mantener siempre actitudes controladas. A lo largo de todos los años en que fueron creciendo, les predicamos y tratamos con empeño de ser modelo de actitudes positivas, cooperativas, dispuestas y felices. En nuestro hogar se escucharon siempre risas, así que ¿por qué no aplicar todo esto ahora? ¡Ha hecho maravillas! Debido a eso, le he estado particularmente agradecido a Bob Benson por lo que escribió hace varios años.

Risas en las paredes

Yo veo en camino a mi morada muchas casas;
unas bonitas,
otras lujosas,
algunas atractivas;
pero mi corazón siempre palpita
cuando a la vuelta del camino
veo mi nido junto a la colina.
Pienso que estoy especialmente orgulloso
de la casa y de su apariencia porque
yo mismo la diseñé.
Al principio resultaba grande para nosotros;
hasta tuve un estudio;
ahora viven en él dos chicos adolescentes.
Y tenía un cuarto para huéspedes
—sus huéspedes permanentes son
mi niña y nueve muñecas—.
Tiene una pequeña habitación que Peg
esperaba que fuera su cuarto de costura
—dos chicos balanceándose en la puerta
reclamaron esta habitación como suya—.

Así que no parece por el momento
que yo fuera un gran arquitecto.
Pero volverá a ser grande otra vez
—uno a uno se irán lejos
a trabajar,
a la universidad,
al servicio,
a sus propias casas,
y entonces habrá espacio
—una habitación de huéspedes,
un estudio,
y un cuarto de costura
sólo para nosotros dos—
Pero no estará vacía:
cada rincón,
cada habitación,
cada entalladura
en la mesita de café
estará llena de recuerdos.
Recuerdos de jiras,
fiestas, Navidades,
vigilias junto a la cama, veranos,
fogatas, inviernos, andar descalzos,
salidas de vacaciones, gatos,
conversaciones, ojos amoratados,
graduaciones, primeras citas,
juegos de pelota, discusiones
lavado de platos, bicicletas,
perros, paseos en bote,
regreso a casa en vacaciones,
comidas, conejos, y
mil otras cosas
que llenan las vidas
de quienes habrán criado cinco hijos.

Y Peg y yo nos sentaremos
    quietamente junto al fuego
      y escucharemos
    risas en las paredes.[5]

5. Es necesario mantener una norma alta... juntos.
Aquellos que perseveran con ahínco pueden hacerlo mejor
cuando lo hacen con otros. Eso es especialmente cierto en
tiempo de graves crisis. Como dijo Benjamín Franklin en la
firma de la Declaración de Independencia: "Debemos empe-
ñarnos en mantenernos todos juntos, o con toda seguridad,
nos liquidarán separados."[6] Y mientras nos mantenemos juntos, necesitamos conservar las normas altas. Como el apóstol
escribió a sus amigos filipenses: "Sigamos una misma regla".

El estar de acuerdo en los mismos principios mientras
nos animamos unos a otros a perseverar día tras día, es uno
de los muchos beneficios de abrazar una estrecha amistad con
un pequeño grupo de cristianos. El grupo no solamente nos
hace responsables, sino que nos recuerda que no estamos
solos. He descubierto que la vida no me es tan pesada cuando
me arrimo a unos pocos hermanos que tienen la misma idea
y se toman el tiempo de cultivar una relación significativa.
Esto es práctico y bíblico:

> No nos cansemos, pues, de hacer bien; porque a su
> tiempo segaremos, si no desmayamos.
>
> *Gálatas 6:9*

> Así que, hermanos míos amados, estad firmes y
> constantes, creciendo en la obra del Señor siempre,
> sabiendo que vuestro trabajo en el Señor no es en vano.
>
> *1 Corintios 15:58*

187

UN PLAN FACTIBLE PARA
LA VIDA DIARIA

Veamos si puedo resumir este capítulo en una sola afirmación. El progreso se mantiene por:

Olvidar las glorias y afanes del pasado
y por
Concentrarse en los retos de las oportunidades
del futuro mientras
Mantenemos la actitud correcta y recordamos
que estamos juntos en esto.

Sinceramente, estoy convencido de que ese es el plan de victoria para perseverar con ahínco... y disfrutarlo. De hecho, te sugiero que copies la fórmula en una hoja de papel o en una cartulina de ocho por trece centímetros y la adhieras al espejo del baño o la fijes a la visera de tu auto. Repítela hasta que se transfiera a tu memoria y se convierta en tu lema por un mes. Yo empecé haciendo eso y ¿sabes lo que sucedió? Lo adivinaste... empecé a reír otra vez... incluso cuando la mitad de la familia está todavía dispersa por el país.

Enlacemos los brazos y "prosigamos a la meta, al premio del supremo llamamiento de Dios en Cristo Jesús". ¿De acuerdo?

Todavía puedo recordar cómo me sentaba cuando era un niñito en la pequeña iglesia en mi pueblo natal, El Campo, Texas, escuchando aquellos coros evangélicos cantados por alguna de la gente más sencilla y mejor de la tierra. Eran los amigos cristianos de mi madre y mi padre y miembros de la familia; gente de mis mismas raíces sencillas. Un coro se destaca en mi memoria por sobre el resto, un estribillo rara vez escuchado en la mayoría de las iglesias hoy. Es más que un coro. Es una oración que declara nuestro compromiso de resistir a largo plazo y mantener normas altas.

Prosigo adelante cuesta arriba,
nuevas alturas cada día alcanzo,
sigo orando mientras avanzo,
Señor, pon mis pies en alturas.

Señor, álzame y haz que me afirme,
por la fe, en celestiales cumbres,
cimas a las que aún no he llegado;
Señor, pon mis pies en alturas.[7]

10

Es un mundo loco, malo y triste, pero...

A estas alturas algunos de mis lectores ya han de estar hartos de que les diga que necesitan reírse más. Toda esta cantaleta acerca de ser positivos y de mantener una buena actitud puede estar empezando a cansarlos. Hasta puede que estén empezando a preguntarse si —tú y yo— vivimos en el mismo planeta. Quizás te estés preguntando si Swindoll está realmente en contacto con el lado crudo y maligno de la vida. Si es así, te aseguro que sí lo estoy.

Vivo en el árca del Gran Los Angeles, recuerden, que no se parece a la idea de nadie de un pueblecito tranquilo y pintoresco, con gente atenta que vive en deliciosa armonía. Alguna de la gente entre la que me muevo y algunas de las escenas que veo son suficientes para hacerme desear montar en mi auto y salir en dirección opuesta. ¡Espero no ser tiroteado en la autopista al tratar de salir de la ciudad! Los actos de violencia y las formas más groseras de conducta criminal prevalecen a tal punto, que los reporteros de la televisión local pueden llenar su hora de noticias cada anochecer solamente con ese tipo de reportajes. Nuestra área es el criadero de todo un espectro de depravación humana. Tristemente, es aquí donde muchos cultos se originan; donde uno puede encontrar todas las formas de pornografía, abuso, adicción y actividad demoníaca, para no mencionar a los

193

omnipresentes vagabundos sin casa que veo a diario. Y además están los trágicos colapsos emocionales y las rupturas matrimoniales de los que tengo noticia con regularidad. Este lugar es ¡m-a-a-a-a-l-o!

¿Es que yo vivo en una isla encantada alejada de la realidad, donde el amor es abundante y las suaves brisas del gozo soplan a través de las palmeras? ¿Es éste la clase de lugar que una persona escogería para criar una familia que espera escapar de las duras realidades de un mundo que se ha vuelto loco? Tú sabes que no es así. Hay días en que me encantaría empacar y encontrar un espacio protegido lejos de todo el ruido y la estupidez... la avidez de vida pomposa... el aire enrarecido... todos los conflictos y presiones que incluye una ciudad superpoblada como la nuestra. Pero entonces Dios atrae mi atención y me recuerda que El no me ha llamado al Sendero del Riachuelo Umbroso donde la gente se sienta en el portal y se mece hasta el anochecer, contemplando los pajarillos y mirando las luciérnagas. Mi mundo —mi misión, mi llamado— es la ciudad donde la vida se vuelve fea y la gente se vuelve hostil y los niños están expuestos a demasiadas cosas demasiado pronto. En esta área donde la depravación está a la vista implacablemente, los más aptos son los únicos que sobreviven.

Y es exactamente por eso que he decidido escribir un libro como éste. En un mundo tan malo, la risa es lo último que cualquiera esperaría oír. Créeme, cuando uno se ríe en medio de *este* ambiente de albañal, la gente quiere saber por qué. "La risa es la última arma de la esperanza", leí recientemente, y pienso que es hora de que utilicemos esa arma. Por aquí, tan sólo aquellos que están firmes en su fe pueden reírse en la cara de la tragedia. Como escribió Flannery O'Connor:

Cuando no hay creencia en el alma, hay muy poca emoción.... O uno toma en serio la salvación o le importa un comino. Y es bueno percatarse de que la máxima cantidad de seriedad admite la máxima cantidad de comedia. Sólo si estamos seguros de nuestras creencias podemos ver el lado cómico del universo.[1]

El cristiano es un tipo raro, admitámoslo. Somos terrícolas, aunque la Biblia dice que somos ciudadanos del cielo. Este mundo puede no ser nuestro hogar, pero es nuestra residencia. Más aún, tenemos que vivir en el mundo, pero no debemos ser de este mundo. Y puesto que el gozo es uno de nuestros distintivos, la risa es pertinente, aunque estemos rodeados de todas las formas del error y la maldad. Puede ser un poco confuso, como A. W. Tozer señaló más bien gráficamente:

Un verdadero cristiano es un tipo raro, tenemos que admitirlo. Siente un supremo amor por Uno a quien jamás a visto, habla familiarmente cada día con Alguien que no puede ver, espera ir al cielo por la virtud de Otro, se vacía a sí mismo a fin de que lo llenen, admite que está equivocado para que lo declaren justo, baja a fin de subir, es más fuerte cuanto más débil sea, más rico cuando es pobre, y más feliz cuando peor se siente. Muere para poder vivir, abandona a fin de poseer, regala para poder guardar, ve lo invisible, oye lo inaudible y conoce aquello que sobrepasa todo entendimiento.[2]

LA EXTRAÑA ESTRATEGIA DEL SEÑOR

A la luz de todo eso, ¿no parece extraño que Dios no nos proporcione una vía rápida de escape hacia el cielo en cuanto nos convertimos? ¿Por qué había de dejarnos en medio de un escenario tan loco e impío? Te pregunto ¿por qué? ¿Qué estrategia extraña puede tener en mente, al dejar que tanta gente destinada al cielo se quede atascada en esta tierra endemoniada?

La respuesta merece la pena de buscarse, y no conozco una fuente más calificada para ello que al mismo Jesucristo. Al examinar sus palabras, dirigidas a sus discípulos antes de su crucifixión, encuentro por lo menos tres declaraciones definitivas que explican qué podemos esperar cuando nos dejan en la tierra.

1. Podemos tener paz interior en medio de la presión y el dolor externos. Lee las palabras de Jesús con detenimiento y cuidado:

> Estas cosas os he hablado, para que no tengáis tropiezo. Os expulsarán de las sinagogas; y aun viene la hora cuando cualquiera que os mate, pensará que rinde servicio a Dios.
>
> *Juan 16:1-2*

> Pero cuando venga el Espíritu de verdad, él os guiará a toda la verdad; porque no hablará por su propia cuenta, sino que hablará todo lo que oyere, y os hará saber las cosas que habrán de venir.
>
> *Juan 16:13*

> Estas cosas os he hablado para que en mí tengáis paz. En el mundo tendréis aflicción, pero confiad, yo he vencido al mundo.
>
> *Juan 16:33*

Si esas palabras significan algo, explican muy claro lo que es la vida sin una cómoda zona acolchada. No estaremos protegidos de los golpes de la vida. Grábatelo en la mente de una vez por todas: los cristianos no están protegidos de forma sobrenatural de los golpes, maldiciones, horrores, dolores y padecimientos de vivir en este globo. Los cristianos pueden ser tratados injustamente, asaltados, robados, violados y asesinados. Podemos sufrir reveses económicos, pueden abusar de nosotros, maltratarnos, descuidarnos y abandonarnos cónyuges insensibles. Entonces ¿cómo se puede esperar que estemos gozosos, a diferencia de los que nos rodean? Porque El nos prometió que muy adentro El nos daría paz... una inexplicable e ilógica paz interior.

2. Hemos sido apartados por el poder divino, pero no podemos llevar una vida aislada. Una vez más, pon cuidadosa atención al consejo de Jesús:

Estas cosas habló Jesús, y levantando los ojos al cielo, dijo: Padre, la hora ha llegado; glorifica a tu Hijo, para que también tu Hijo te glorifique a ti; como le has dado potestad sobre toda carne, para que dé vida eterna a todos los que le diste. Y ésta es la vida eterna: que te conozcan a ti, el único Dios verdadero, y a Jesucristo, a quien has enviado.

Juan 17:1-3

Y ya no estoy en el mundo; mas éstos están en el mundo, y yo voy a ti. Padre santo, a los que me has dado, guárdalos en tu nombre, para que sean uno, así como nosotros. Cuando estaba con ellos en el mundo, yo los guardaba en tu nombre; a los que me diste, yo los guardé, y ninguno de ellos se perdió, sino el hijo de perdición, para que la Escritura se cumpliese. Pero ahora voy a ti; y hablo esto en el mundo, para que tengan mi gozo cumplido en sí mismos. Yo les he dado tu palabra; y el mundo los aborreció, porque no son del mundo, como tampoco yo soy del mundo. No ruego que los quites del mundo, sino que los guardes del mal.

Juan 17:11-15

Echen otra ojeada a esa última afirmación. Jesús está orando, pidiéndole deliberadamente al Padre que *no* nos saque de entre los desperdicios terrenales, todo el escombro que a diario se apila alrededor de este viejo planeta maldecido por el pecado. Entonces, ¿cómo puede alguno de nosotros volver a reír? ¡El nos ha apartado! El fuego de la pasión desatada puede rugir alrededor de nosotros, pero El nos da el poder de su escudo protector para sacarnos fuera de la contaminación. Y no crean que la gente del mundo no lo nota.

3. Podemos ser únicos, pero debemos estar unidos. A Dios le complacen nuestras diferencias. Entre nosotros no hay dos iguales, así que cada persona es capaz de alcanzar su esfera de influencia. Sin embargo, nuestra fuerza radica en nuestra unidad.

No son del mundo, como tampoco yo soy del mundo. Santifícalos en tu verdad; tu palabra es verdad.... para que todos sean uno; como tú, oh Padre, en mí, y yo en ti, que también ellos sean uno en nosotros; para que el mundo crea que tú me enviaste. Yo en ellos, y tú en mí, para que sean perfectos en unidad, para que el mundo conozca que tú me enviaste, y que los has amado a ellos como también a mí me has amado.

Juan 17:16-17, 21, 23

La idea es esta: que ellos (los cristianos dejados en la tierra) puedan unirse en una unidad —una poderosa fuerza para el bien— en una sociedad debilitada por la independencia y el aislamiento. Cuando los del mundo, que no tienen sentido del propósito eterno, ven este frente unificado, se darán cuenta de su propio vacío, y tratarán de averiguar dónde está la diferencia. ¡Qué estrategia! Mayor razón para que la familia eterna de Cristo permanezca gozosamente unida bajo la autoridad de Su Majestad, el Rey Jesús.

Nuestro mundo puede ser un lugar loco, malo, triste... vacío por completo, espiritualmente hablando. Pero ¿imposible de alcanzar y de ganar? ¡Nada de eso! La extraña estrategia es efectiva porque desafía el ser pasada por alto.

- paz en medio de la presión y el padecimiento
- apartado pero no aislado
- único pero unido

Detente a pensarlo. ¿Es fácil dejar de ver a una persona que tiene paz cuando uno está crispado por el pánico? Y si se siente interiormente débil, ¿no le pica la curiosidad ver a alguien que parece resistente y apartado? Más aún, ¿qué podía hacer reír a alguien en una sociedad corrupta como la nuestra? Repito, es una estrategia ingeniosa.

LAS ORDENES DE MARCHAR DEL CRISTIANO

Todo eso nos devuelve a la carta escrita por Pablo a sus amigos en Filipos. Les está escribiendo a cristianos —gente apacible, gozosa, fuerte y apartada— que viven en un mundo real. El quiere que ellos sepan cómo llevar a cabo la gran obra. Y así, él les dice, vivir para Cristo significa marchar al ritmo de Su tambor.

Hermanos, sed imitadores de mí, y mirad a los que así se conducen según el ejemplo que tenéis de nosotros. Porque por ahí andan muchos, de los cuales os dije muchas veces, y aun ahora lo digo llorando, que son enemigos de la cruz de Cristo; el fin de los cuales será perdición, cuyo dios es el vientre, y cuya gloria es su vergüenza; que sólo piensan en lo terrenal. Mas nuestra ciudadanía está en los cielos, de donde también esperamos al Salvador, al Señor Jesucristo; el cual transformará el cuerpo de la humillación nuestra, para que sea semejante al cuerpo de la gloria suya, por el poder con el cual puede también sujetar a sí mismo todas las cosas. Así que, hermanos míos amados y deseados, gozo y corona mía, estad así firmes en el Señor, amados.

Filipenses 3:17-4:1

Aquí encuentro muchas orientaciones útiles en cuanto a cómo hacer que nuestra vida cuente... cómo hacer más que sentarnos por ahí, esperando el regreso de Cristo. Específicamente hay cuatro que me vienen a la mente mientras leo el sabio consejo de Pablo.

Primero, *necesitamos ejemplos que seguir.*

Hermanos, sed imitadores de mí, y mirad a los que así se conducen según el ejemplo que tenéis en nosotros.

Filipenses 3:17

Lo malo del caso es que el nuestro es un arduo y largo viaje que a veces se torna aburrido a través de un universo podrido. Y, observa, es una caminata, no una carrera. Lo bueno del asunto es que no estamos solos en esta ardua peregrinación, lo que significa que algunos de los que viajan con nosotros serán excelentes modelos. Así que, ¡imitémoslos!

Me gusta que, mientras Pablo invitaba a los creyentes a imitarlo, reconocía que había otros que también eran dignos de imitar. Este es un buen momento para recordar que ninguna persona en la tierra debe ser nuestra única fuente de instrucción o nuestro único objeto de admiración. Cuando eso sucede, con facilidad puede conducir a que tengamos "visión de túnel" y nos acerquemos peligrosamente a la idolatría de un individuo. Se nos dice que sigamos el ejemplo de otros, pero no que nos fijemos solamente en una persona, sin importar cuan devota o dotada sea. Felices y equilibrados son los que en el ejército de Dios tienen varios mentores y respetan muchos héroes.

¿Qué buscamos cuando procuramos hallar ejemplos que seguir? Me gusta la lista de cosas que Pablo le envía a Timoteo:

Pero tú [Timoteo] has seguido mi doctrina, conducta, propósito, fe, longanimidad, amor, paciencia, persecuciones, padecimientos, como los que me sobrevinieron en Antioquía, en Iconio, en Listra; persecuciones que he sufrido, y de todas me ha librado el Señor. Y también todos los que quieren vivir piadosamente en Cristo Jesús padecerán persecución.

2 Timoteo 3:10-12

Y no olvides nunca que aquellos a quienes imitamos tienen que ser diligentes imitadores del mismo Cristo. El sigue siendo el Mentor principal.

Sed imitadores de mí, así como yo de Cristo.

1 Corintios 11:1

Pero antes de abandonar este tema, permíteme darte unas pocas indicaciones prácticas en cuanto a escoger tus modelos:

- Tómate tiempo para escoger a tus mentores.
- Estudia sus vidas privadas con cuidado.
- Pasa tiempo con ellos regularmente.

Algunos que dan una buena impresión en público, en privado pueden carecer de las cualidades sólidas del carácter. Conozco por experiencia propia el lado malo de seguir tales ejemplos. Sin entrar en detalles, hubo un tiempo en que yo era nuevo en la fe y terriblemente vulnerable. Un vigoroso líder con un enorme carisma me arrebató. Se convirtió en mi única fuente de enseñanza, y durante varios años, la suya fue la única voz autorizada que yo tomaba en serio. Mi respeto por el hombre bordeaba peligrosamente la idolatría, aunque yo lo hubiese negado en aquel tiempo. Si estaba enseñando, allí estaba yo para beberme cada palabra. Sus interpretaciones se convirtieron en mis convicciones. Incluso sus poses y fraseología se me pegaron tanto que perdí mi propio sentido de identidad y confianza. Gracias a Dios, mediante una sucesión de acontecimientos que tan sólo el Señor pudo haber preparado, todo eso cambió poco a poco. Salieron a la superficie muchas sutilezas que me suscitaron dudas acerca de la vida privada de aquel hombre. Y cuando puse objeciones a algunas de las cosas que estaba enseñando, enfáticamente me aclaró que a él nadie iba a cuestionarlo *jamás*. Eso lo decidió todo. Mi respeto por él se desvaneció con rapidez. Más importante aún, me percaté de que me había dejado deslumbrar por alguien a quien no debía haber imitado, por lo menos, no exclusivamente. Una lección dura de aprender, pero muy buena.

Es interesante que cuando desperté de mi ofuscamiento, Dios comenzó a mostrarme muchas otras cosas para las que había estado ciego, y su Palabra me trajo discernimiento fresco. Una vez restaurado mi equilibrio espiritual, recobré de nuevo el sentido de la perspectiva, junto a un sentido del humor que había permanecido dormido demasiado tiempo. En resumen, así se aclaró el camino para que fuera yo mismo y no la sombra de otro. Con benevolencia, en los años que siguieron, Dios me trajo varios maravillosos mentores que en realidad imitaban a Cristo. Cada uno de ellos ha contribuido inmensamente a mi crecimiento espiritual.

Así que aprendan de mi error. Necesitamos ejemplos (¡plural!) que imitar. Según integramos sus características piadosas a nuestras vidas, mejoramos como personas.

Segundo, *vivimos entre muchos que son enemigos de la cruz*. Este hecho nos impide imitar toda personalidad fuerte que encontremos. "Muchos", dice Pablo, "son enemigos".

> Porque por ahí andan muchos, de los cuales os dije muchas veces, y aun ahora lo digo llorando, que son enemigos de la cruz de Cristo; el fin de los cuales será perdición, cuyo dios es el vientre, y cuya gloria es su vergüenza; que sólo piensan en lo terrenal.
>
> *Filipenses 3:18-19*

Pablo es firme, pero no dogmático. El está comprometido con la verdad, que a veces duele. Pero ¿está orgulloso del contraste entre él y aquellos que llama sus enemigos? No. Declara que lo que está diciendo le hace llorar.

Si ustedes y yo alguna vez vamos a ocuparnos en contar a otros cuánto gozo hay en conocer a Cristo y seguir sus pasos, debemos admitir que la gente sin Cristo en sus vidas está perdida; absoluta e innegablemente P-E-R-D-I-D-A. De hecho, Pablo nos da una de las descripciones más claras y detalladas de la persona que está perdida. Está:

• *Destinada a la eterna condenación.* Ese es su futuro. La realidad del infierno debería ser suficiente para impulsar a *cualquiera* a volverse a Cristo.

• *Dominada por los apetitos sensuales.* Cualquiera que esté en contacto con el mundo de los impíos, pronto descubre cuán actualizado está realmente el consejo de Pablo. El antiguo lema de: "Come, bebe, regocíjate" todavía está muy de moda. La sensualidad es el combustible que enciende su fuego.

• *Dedicada a las cosas materiales.* Casi *cualquier* cosa atrae a la persona perdida hacia las posesiones ... cosas que tienen etiquetas de precio, que son tangibles, que pueden poseerse y deben mantenerse. En las palabras de Pablo, "sólo piensan en lo terrenal".

Cuando todo esto se suma, ¿puede sorprendernos que el sonido de la risa haya quedado ahogado? Mientras uno relee la lista, se percata de nuevo del vacío, del hastío de tal existencia. No hay risa aquí.

Ahora bien, el propósito de este análisis de los perdidos no es de juzgar o de condenar o de dejar la impresión de que los cristianos son mejores que los que no lo son. Es recordarnos que Dios nos ha colocado entre ellos. ¡Ellos están, de hecho, en mayoría! Nuestra misión es no pelear con ellos ni inferiorizarlos ni hacerlos sentir avergonzados; ¡es de alcanzarlos! Es de *ganarlos*. Ayudarlos a comprender que la vida es mucho más de lo que hayan conocido jamás. De servir de modelos de un estilo de vida diferente que sea tan convencente, tan atractivo, que les estimule la curiosidad, para que puedan descubrir lo que se están perdiendo. El mundo no cristiano puede estar perdido y corriendo en el vacío, pero no son estúpidos o indiferentes a lo que los rodea. Cuando se tropiezan con un individuo que está en paz, libre de temores y preocupaciones, realizado y genuinamente feliz, nadie tiene que decirles que algo les falta a sus vidas. El nuestro puede ser un mundo loco, malo y triste, pero no es *ciego*. Y, ciertamente, no es incansable. El interesarlos en algo diferente y con sentido no es una imposibilidad. ¿Quién no quiere alivio? ¿Liberación de las adicciones? ¿Un propósito para vivir? ¿Una razón para reír otra vez?

Mencioné antes que estoy ocupado en un ministerio radial: *Discernimiento para Vivir.* Con frecuencia los radioescuchas llaman o escriben para comunicarnos los cambios que han ocurrido en sus vidas como resultado de escuchar nuestras transmisiones. Conservamos gavetas enteras llenas de esas cartas, cada una cuenta cómo una persona fue atraída al programa, a menudo por lo que le estaba faltando en su vida.

Nunca olvidaré una de esas cartas, de una joven mujer que había llegado al límite de su resistencia. Se había registrado en un motel, planeando quitarse la vida. A lo largo de toda la noche, sentada al borde de la cama, había repasado toda su miserable existencia. Había soportado numerosas relaciones fracasadas con hombres y había tenido muchos abortos. Estaba vacía, colérica y no podía ver una razón para seguir viviendo. Finalmente, justo antes de amanecer, tomó su bolso y sacó de él una pistola cargada. Temblando, se la metió en la boca y cerró los ojos. De repente, el radio reloj se encendió. Aparentemente el ocupante anterior tenía el radio preparado para encenderse en ese preciso momento, sintonizado en esa precisa estación ... y se escuchó el tema musical de "Discernimiento para Vivir". Los sonidos estimulantes la sobresaltaron. Trató de prestar atención, pero no pudo. Escuchó mi voz y se sintió extrañamente atraída hacia el mensaje de nueva esperanza y auténtico gozo que jamás había escuchado en su vida. Antes que terminara la transmisión de treinta minutos, había entregado su vida a Jesucristo. Cuando nos llamó para contarnos lo sucedido, dijo que todavía sentía en el paladar el sabor del acero frío del cañón del arma que se había sacado de la boca. No todas las historias son tan dramáticas. Algunos llaman o escriben pidiendo ayuda para sobreponerse a las cicatrices horribles dejadas en ellos años atrás. Algunos son víctimas de abusos. Otros cuentan de otras clases de vacío —abundante aburrimiento y codicia materialista, donde lo bastante nunca era suficiente— pero no tenían nada más con qué llenar ese vacío. Hombres de negocios y mujeres en un galope enloquecedor para llegar a la cumbre, hacen contacto con nosotros por causa de su falta de felicidad y contentamiento, sus espantosos sentimientos de distanciamiento de sus parejas e hijos, y su desilusión con el "sistema". Muchos mencionan enredos extramaritales que no son capaces de terminar o adicciones que no pueden controlar: drogas, alcoholismo, comida, actividad sexual pecaminosa.

En cada caso, parece, comprenden que Cristo es capaz de proporcionarles lo que les falta, y desean entregarles sus vidas a El o ya lo han hecho. Muchos mencionan sus sentimientos de desesperanza y su incapacidad para ayudarse a sí mismos. Anhelan ser libres... libres para vivir en vez de existir tan sólo en una puerta giratoria de repetidas derrotas... suficientemente libres para reír otra vez. Es *ese* ingrediente el que percibimos en casi todas las cartas de las vidas transformadas... el gozo; un gozo *rebosante*.

Tercero, *somos de los que van al cielo*.

Mas nuestra ciudadanía está en los cielos, de donde también esperamos al Salvador, al Señor Jesucristo; el cual transformará el cuerpo de la humillación nuestra, para que sea semejante al cuerpo de la gloria suya, por el poder con el cual puede también sujetar a sí mismo todas las cosas.

Filipenses 3:20-21

¿No es ese un gran pensamiento? "Nuestra ciudadanía está en los cielos". Pero no olvidemos nunca que nuestras actividades están en la tierra. Eso puede crear un poco de tensión de cuando en cuando, pero ¡qué reto es esta oportunidad! Unicamente los que se dirigen al cielo son lo bastante objetivos para constituir una diferencia considerable en la tierra. Mientras "esperamos al Salvador", somos capaces de presentarles una forma de vida nueva por completo a quienes están atados a la tierra. ¿Pueden imaginarse la curiosidad que un grupo de nosotros será capaz de despertar tan sólo llevando vidas de tranquila risa, disfrutando juntos de una deliciosa diversión? Los testigos nos mirarían asombrados y maravillados. No podrán soportar quedarse afuera. *Tendrán* que averiguar lo que se están perdiendo y por qué somos capaces de divertirnos tanto, y nuestro gozo será explicarles. *¡Me gusta eso!* El nuestro puede ser un viejo mundo loco, malo y triste, pero ¿imposible de conmover? Vamos, ¡hablemos seriamente! O pensándolo mejor, *¡alegrémonos!* Nunca he sido capaz de comprender por qué ciudadanos de la gloria que se dirigen al cielo se han vuelto tan sombríos. En cuestión de poco tiempo seremos transformados de nuestra presente condición y conformados a imagen de Cristo; ¡qué cambio! Y a la luz de eso, ¿por qué considerar tan importante una corta temporadita de malos ratos aquí en la tierra? Es hora de que tengamos otro aspecto y sonemos diferente. Es hora de que comencemos a reír otra vez.

Salomón tenía toda la razón:

> El corazón alegre constituye buen remedio;
> mas el espíritu triste seca los huesos.

Proverbios 17.22

¿Sabías que la risa realmente sí tiene efectos curativos en nuestro sistema? Ejercita los pulmones y estimula la circulación. Aleja la mente de nuestros problemas y renueva nuestras emociones. La risa disminuye la tensión. Cuando nos reímos, liberamos una especie de anestesia en nuestro organismo, que obstaculiza el dolor mientras desvía nuestra atención. Como mencioné antes, la risa es uno de los ejercicios más saludables que podemos disfrutar. Literalmente trae sanidad.

¿Quién no ha oído acerca de la notable experiencia de Norman Cousins? En su excelente libro, *Anatomía de una enfermedad como la percibe el paciente,* nos cuenta de su batalla contra una "incurable" enfermedad y del dolor que soportaba mientras el colágeno de su cuerpo se iba deteriorando. Eso es, de paso, el material fibroso que mantiene unidas las células del cuerpo. En las propias palabras de Cousins, él se estaba "desencolando".

Entonces decidió tomar el asunto en sus manos y tratarse (con la aprobación de su médico) (1) tomando vitaminas, (2) comiendo solamente comida sana, y —¿estás preparado para esto?— (3) someterse a "terapia de risa" mirando viejas películas cómicas de los hermanos Marx, recortes de "Cámara Indiscreta", cartones... y cualquiera otra cosa que pudiera hacerle reír. Descubrió que si se reía fuertemente durante diez minutos, podía disfrutar de dos horas de alivio de sus dolores. Para asombro de su médico, Cousins terminó por curarse.[3] El hombre vivió muchos años más de lo que cualquiera hubiese esperado... ¡cualquiera menos él! La notable historia de Norman Cousins me recuerda otro de los proverbios de Salomón: "El de corazón contento tiene un banquete continuo" (Proverbios 15:15).

Piensa en el impacto que pudiéramos hacer como ciudadanos del cielo liberados de la tierra que llevan vidas de risa disfrutable, responsables aunque maravillosamente despreocupadas, entre gente que no puede encontrar nada humorístico en su despedazado mundo de locura, maldad y tristeza. Si Laurel y Hardy, los Tres Chiflados y los Hermanos Marx pudieron ayudar a Norman Cousins a recuperarse, imagínate el poder curativo que puede emanar del gozo de Jesucristo. No hay comparación. Pero no podemos olvidar la clave: tú y yo... tenemos que ser los modelos del mensaje si esperamos ayudar alguna vez a nuestro mundo a que ría otra vez. Fue G. K. Chesterton quien escribió:

> Estoy por completo a favor de la Risa. La Risa tiene algo en sí que es común a los antiguos vientos de fe e inspiración; descongela el orgullo y relaja la reserva; hace que los hombres se olviden de sí mismos en la presencia de algo mayor que ellos; algo (como se dice comúnmente de un chiste) que no pueden resistir.[4]

Cuarto, *debemos permanecer firmes, pero no inmóviles.*

> Así que, hermanos míos amados y deseados, gozo y corona mía, estad así firmes en el Señor, amados.
>
> *Filipenses 4:1*

Antes Pablo nos habla de estar "confiado" [Versión Antigua} en el Señor (1:6). Más tarde, de mantener el "sentir" de Cristo (2:5). Después, de "gozarnos en el Señor" (3:1). Y ahora nos está diciendo que debemos "estar firmes en el Señor" (4:1). A todo lo largo de la carta a los Filipenses, el énfasis no ha estado en nuestras circunstancias o en otros o en nosotros mismos, sino en el Señor, nuestra fuente de vida y amor, confianza y gozo.

Aquí se nos dice que nos "mantengamos firmes". Pero no confundamos eso con quedarnos inmóviles. En un mundo como el nuestro, es fácil quedar atrapados en el sistema y perder nuestra estabilidad, de ahí la orden "Estad firmes". En otras palabras, mantener el equilibrio... no dejar que las subidas y bajadas nos sacudan... asirse firme de la relación eterna que se tiene con el Señor y no permitir que se pierda. El nos dará la fuerza para seguir adelante, y El seguirá trayéndonos los pensamientos que nos mantendrán positivos, afirmativos y alegres.

En las líneas finales de este capítulo, quiero estimularte a ser todo lo que puedas ser en este mundo que hace mucho tiempo perdió su camino. Quizás no lo sepas y no lo sientas, pero para alguna otra persona eres la única fuente de luz y de risa. Puede que sean locos o quizás malos o incluso tristes, pero, repito, no son incansables. La cuestión en realidad es: ¿Estás dispuesto a alcanzarlos?

Puede que haya que alargarse mucho. Y a veces nos golpean la mano... hieren nuestros sentimientos. Son gajes del oficio. La gente que sufre a veces hiere a los demás. Pero tenemos a Dios de nuestra parte.

Así que salga de su concha y alcance a alguien. Aun cuando el que ha de ser alcanzado a veces actúe como incansable, siga intentándolo. Y recuerde, una buena mezcla de compasión y realismo es esencial.

Me gusta el sarcástico comentario que Bárbara Johnson hace en su libro, *Salpicaduras de gozo en el lodazal de la vida:*

La lluvia cae sobre el justo y también sobre el injusto,
pero principalmente sobre el justo,
porque el injusto le roba el paraguas al justo.[5]

No hay problema... como te estaba diciendo, es un mundo loco, malo y triste. Incluso si te mojas al hacerlo, sigue intentando alcanzarlo, y, seguro que sí, sigue riendo.

11

Desactivando la discordia

EN UNA PARABOLA QUE SE TITULA "Una novia peleona", Karen Mains pinta una vívida escena, en que describe un momento de suspenso en una ceremonia matrimonial. Al frente del estrado está el novio con un impecable esmoquin; apuesto, sonriente, lleno de anhelo, zapatos brillantes, cuidadosamente peinado, esperando ansioso la llegada de su novia. Todos los asistentes en su lugar, se ven felices y atractivos. El momento mágico llega al fin cuando el órgano toca en crecendo y se escuchan las primeras notas de la marcha nupcial.

Todos se ponen de pie para echar el primer vistazo a la novia. De repente, se escucha un grito ahogado. El público se conmociona. El novio observa lleno de avergonzada incredulidad. En vez de una adorable mujer vestida de elegante traje blanco, que sonríe tras el velo de encaje, la novia entra cojeando por el pasillo. Su vestido está sucio y rasgado. Parece tener una pierna torcida. Luce feos tajos y arañazos en los brazos. La nariz le sangra, tiene un ojo amoratado, y está desgreñada.

"¿No merece algo mejor este apuesto novio?", pregunta la autora. Y responde: "Desgraciadamente, Su novia, LA IGLESIA, ¡ha estado peleando otra vez!"[1]

Llamándolos a ellos (y a nosotros) "la iglesia", el apóstol Pablo escribe a los efesios:

Cristo amó a la iglesia, y se entregó a sí mismo por ella, para santificarla, habiéndola purificado ... a fin de presentársela a sí mismo, una iglesia gloriosa, que no tuviese mancha ni arruga ni cosa semejante, sino que fuese santa y sin mancha.

Efesios 5:25-27

Maravilloso plan... pero difícilmente un retrato real. Quiero decir, ¿puedes imaginarte cómo se verían las fotos de la boda si Cristo reclamara a su novia, la iglesia, *hoy?* Trata de imaginártelo de pie junto a su novia peleona. Una cosa es que tratemos de sobrevivir a los golpes de un mundo que es hostil a las cosas de Cristo, pero estar en discordia unos con otros, riñendo y discutiendo entre nosotros... impensable.

El puritano Thomas Brookes una vez escribió estas palabras: "Que los lobos ataquen a las ovejas, es natural, pero que las ovejas se ataquen unas a otras, es antinatural y monstruoso".[2]

Aunque parezca impensable y antinatural, la novia ha estado riñendo durante siglos. Nos llevamos bien por un tiempo y de pronto nos lanzamos al cuello del otro. Después de un poco hacemos las paces, andamos en una maravillosa armonía por unos pocos días, y otra vez nos volvemos unos contra otros. Podemos cambiar de amigo a enemigo en cuestión de segundos.

En un cartón de "Peanuts" Lucy le dice a Snoopy:

—Hay veces en que realmente me fastidias, pero debo admitir que también hay veces en que te daría un gran abrazo.

Snoopy le responde:

—Así es como soy... abrazable y fastidiable.

Y así es también con nosotros y nuestras relaciones dentro de las filas de la familia de Dios. No me estoy refiriendo a la variedad de nuestras personalidades, dones, preferencias y gustos; eso es saludable. El Maestro nos hizo así. Me refiero a la forma en que nos maltratamos unos a otros, las luchas intestinas, los asaltos coléricos. Las tergiversaciones verbales, el tomar un bando u otro, las testarudeces, las perretas de chiquillos. Un observador objetivo que nos mirara desde cierta distancia podría preguntarse cómo y por qué algunos de nosotros nos llamamos cristianos. "Bueno", preguntas, "¿tenemos que estar de acuerdo siempre?" No, por supuesto. Pero mi pregunta es: "¿Por qué no podemos ser *conciliatorios?* ¿Qué es lo que nos hace tan tozudos y espulgadores en nuestras actitudes? ¿Por qué tantas peleíllas ruines y querellas feas? ¿Por qué tan poca tolerancia y aceptación? ¿No se nos dio el mandamiento directo de "guardar la unidad del Espíritu en el vínculo de la paz"? ¿Qué hace que la novia de Cristo olvide esas palabras y tenga tantas riñas verbales?

ANALIZANDO LAS CAUSAS Y LA EXTENSION DEL CONFLICTO

Santiago hizo preguntas similares allá en el siglo primero; lo que nos dice que la discordia no es un mal del siglo veinte únicamente. Incluso en aquellos días, cuando la vida era simple y el paso de todo el mundo era más pausado, había querellas.

¿De dónde vienen las guerra y los pleitos entre vosotros? ¿No es de vuestras pasiones, las cuales combaten en vuestros miembros? Codiciáis, y no tenéis; matáis y ardéis de envidia, y no podéis alcanzar; cambatís y lucháis, pero no tenéis lo que deseáis, porque no pedís. Pedís, y no recibís, porque pedís mal, para gastar en vuestros deleites.

Santiago 4:1-3

Santiago nunca anduvo con rodeos. Con franqueza penetrante hace y responde la pregunta crítica. Los términos que usa son extremadamente descriptivos: "guerras y pleitos". El primer término sugiere una escena de amplia hostilidad sangrienta entre bandos opuestos. El segundo describe escaramuzas, batallas locales y limitadas, incluso un estado crónico de discordia. Durante la Segunda Guerra Mundial hubo dos grandes "teatros" de guerra, vastos territorios en lados opuestos de nuestro país: el teatro de guerra europeo y el teatro de guerra en el Pacífico. Dentro de ambos tuvieron lugar numerosas escaramuzas y batallas aisladas. Esa es la idea aquí. Lo mismo se observa dentro de las filas de la religión hasta el día de hoy. Inglaterra e Irlanda han sostenido durante siglos su "pleito" territorial y denominacional. Todavía se matan y se mutilan gentes de los dos bandos por bombas y balas reales. Quizás menos sangrienta, pero no menos reales, son los pleitos denominacionales en nuestro propio país; reyertas y cismas dentro de las filas. Peleas en los seminarios cuando una posición teológica toma las armas contra otra. Las disputas parecen corteses y sofisticadas cuando cada lado publica su posición en periódicos y libros, pero detrás del velo de la intelectualidad hay una enorme hostilidad.

Y además están esos "conflictos" entre iglesias locales, así como entre miembros de la misma iglesia. Batallitas mezquinas... discusiones, forcejeos por el poder, envidias, comentarios maliciosos, alejamientos silenciosos e incluso demandas legales entre miembros del cuerpo de Cristo. Quizás no aparezcan en el boletín nacional de noticias, pero pueden llegar a ser muy feos.

Un pastor de otro estado hace poco me dijo que algunos de los miembros de su cuerpo de ancianos no se han hablado por más de un año. Un preocupado miembro del cuerpo de una iglesia diferente en otro estado me dijo que hacía poco había renunciado porque estaba agotado de no hacer otra cosa que "apagar fuegos" y "tratar de mantener contentos a los miembros de la iglesia". Su iglesia en particular había sufrido dos divisiones en el transcurso de los últimos siete años, por razones que harían a cualquiera sonreír y sacudir la cabeza incrédulo. Esos son los "conflictos entre nosotros".

¿Por qué suceden?

Santiago señala "la fuente" cuando trata del asunto. Su respuesta puede parecer extraña: "¿No es de vuestras pasiones, las cuales combaten en vuestros miembros?" "Pasiones" no suena muy hostil, ¿verdad? Quizás no en nuestro idioma, pero en el texto original la palabra griega es de donde proviene "hedonismo". Significa el fuerte deseo de obtener lo que no se tiene, que incluye la idea de satisfacción propia... la pasión de conseguir lo que se quiere, sin tener en cuenta otra cosa. Semejante anhelo ardiente nos empuja a actos egoístas y vergonzosos. Como lo plantea Santiago, semejante pasión nos conduce a "librar una guerra" —*strateuo*— de donde proviene "estrategia". Nuestro deseo de obtener lo que deseamos nos impulsa a maniobrar: poner en ejecución un plan que dé por resultado que *yo* me salga con la *mía*.

¿Es ese un esfuerzo determinado? Miremos otra vez lo que escribe Santiago:

> Codiciáis, y no tenéis; matáis y ardéis de envidia, y no podéis alcanzar; combatís y lucháis, pero no tenéis lo que deseáis, porque no pedís.
>
> *Santiago 4:2*

¡Yo llamaría a eso determinado! Si hace falta luchar, *¡lucha!* Si significa una discusión, *¡discute!* Si es necesario el apoyo de alguien, *¡recluta!* Si algunas palabras más fuertes me pueden ayudar a alcanzar mi objetivo y conseguir lo que quiero, *¡asesina!*

Comprendo que no llevamos armas a la iglesia; no de modo literal. Esto no es necesario, puesto que el músculo que está detrás de nuestros dientes siempre está listo a lanzar sus proyectiles mortales. Puede que no le saquemos sangre a otro cuerpo, pero de verdad sabemos como hacer que se retuerzan y se rindan. Y nunca admitimos que es porque somos egoístas o porque necesitamos salirnos con la nuestra; siempre hay un principio en la balanza o una causa digna de luchar por ella, porque es mayor que las personalidades. Sí, seguro. Comprendo que en unas pocas ocasiones surgirán conflictos. *Hay* momentos en que es esencial que defendamos nuestros principios y nos neguemos a comprometer los principios bíblicos. Pero muy a menudo las miserables luchas intestinas entre nosotros son embarazosamente mezquinas. Y, por desgracia, el mundo tiene un palco para observarnos pelear y querellarnos por las más tontas razones.

Formas en que expresamos nuestra discordia

Pretendiendo dar explicaciones racionales plausibles — que no son las verdaderas— a nuestra conducta, los cristianos llegaremos a extremos insospechados para salirnos con la nuestra. A todo lo largo de la historia de la iglesia se hallan amontonados los vestigios de las batallas. Repito, algunas de esas peleas fueron altruistas y necesarias. Haber retrocedido en ellas hubiera significado transigir en un compromiso de nuestras convicciones, claramente expresadas en las Escrituras. Pero más frecuentemente de lo que quisiéramos, "las guerras y los pleitos" se han manifestado en juegos de poder personal, maniobras políticas, feligreses egoístas y tozudos decididos a salirse con la suya, pastores testarudos que intimidan y tiranizan a otros, miembros del cuerpo oficial intransigentes y tacaños que rehúsan escuchar razonamientos, y, sí, aquéllos que parecen disfrutar agitando a otros mediante rumores y chismes. ¡Es un revoltijo! A veces me maravillo de que el Pastor nos soporte. ¡Podemos ser ovejas tan tozudas y rebeldes! Y pensar que El lo ve todo —cada una de las palabras hirientes o malas acciones— y todavía nos ama. Unicamente por su gracia somos capaces de continuar adelante.

Marshall Shelley, en su libro *Dragones bien intencionados,* habla acerca de la discordia en la iglesia desde otra perspectiva. A veces viene de los hermanos que no necesariamente quieren ser conflictivos, pero lo son:

Los dragones, por supuesto, son criaturas ficticias; reptiles monstruosos con garras de león, cola de serpiente, alas de murciélago y cubiertos de escamas. Existen sólo en la imaginación.

Pero hay dragones de otra clase, decididamente reales. En la mayoría de los casos, aunque no siempre, no intentan ser siniestros; de hecho, usualmente son amigables. Pero su encanto encubre su poder destructivo.

Dentro de la iglesia, con frecuencia son sinceros santos bien intencionados, pero a su paso provocan úlceras, relaciones tensas y resentimientos. No se consideran a sí mismos gente difícil. No se sientan por la noche a pensar en formas de ser desagradables. A menudo son pilares de la comunidad —personalidades talentosas y fuertes, que merecen respeto— pero por alguna razón, minan el ministerio de la iglesia. No son naturalmente rebeldes o patológicos; son miembros leales de la iglesia, convencidos de que están sirviendo a Dios, pero terminan haciendo más daño que bien.

Pueden volver locos a los pastores... o sacarlos de la iglesia.

Algunos dragones son abiertamente críticos. Son los que lo acusan a uno de ser (escoja alguno) demasiado espiritual, no lo suficientemente espiritual, demasiado dominante, demasiado indolente, demasiado cerrado, demasiado abierto, demasiado organizado, demasiado desorganizado, o de tener intenciones ocultas.

Estas críticas son dolorosas porque son mayormente imposibles de rebatir. ¿Cómo poder defenderse y mantener un espíritu de paz? ¿Cómo puede uno probar la pureza de sus intenciones? Los dragones hacen difícil estar en desacuerdo sin ser desagradable.

Las relaciones son las prioridades tanto profesionales como personales de un pastor —llevarse bien con la gente es un elemento esencial de cualquier ministerio— y cuando las críticas de los dragones destrozan las relaciones, muchos pastores sienten que han fracasado. Los políticos están satisfechos con que cincuenta y uno por ciento del público esté con ellos; los pastores, sin embargo, sienten un gran dolor cuando uno solo de los vocales se le opone. Estos dragones se encuentran por dondequiera. Como un pastor veterano dice: "Cualquiera que haya estado en el ministerio más de hora y media sabe de la ira de un dragón". O como los describe Harry Ironside: "Dondequiera que hay luz, hay insectos molestos".[3]

MIRANDO A TRAVES DE LA CERRADURA DE UNA IGLESIA DEL SIGLO PRIMERO

Me sentiría mucho más descorazonado por el problema de la discordia entre los creyentes si no recordara que ha sido así desde el principio de la iglesia. Aquellas primeras iglesias eran cualquier cosa menos remansos de perfección. Los cristianos en lugares como Corinto y Galacia, Roma y Tesalónica tenían sus problemas igual que aquellos que viven hoy en día en pueblos y ciudades alrededor del mundo. Incluso en Filipos —un grupo de cristianos tan excelente como eran— tenían sus propias escaramuzas, una de las cuales Pablo señala en su carta a ellos.

Así que, hermanos míos amados y deseados, gozo y corona mía, estad así firmes en el Señor, amados. Ruego a Evodia y a Síntique, que sean de un mismo sentir en el Señor. Asimismo te ruego también a ti, compañero fiel, que ayudes a éstas que combatieron juntamente conmigo en el evangelio, con Clemente también y los demás colaboradores míos, cuyos nombres están en el libro de la vida.

Filipenses 4:1-3

En su manera típica, Pablo comienza con un principio general antes de dirigirse a una preocupación específica; entonces presenta juntas las cosas cuando hace una solicitud. Detrás de todo eso está su deseo implícito de que los filipenses disipen la discordia y comiencen a reír otra vez. Cuando persiste la discordia, la primera cosa que se va es el más dulce de los sonidos que puede escucharse en una iglesia: la risa. Quizás ha pasado demasiado tiempo desde que los filipenses hayan disfrutado la presencia uno de otro. La esperanza de Pablo es que una vez que esta dificultad se haya aclarado, su gozo pueda volver.

Un principio primordial

Para resolver los problemas que surgen de la discordia entre creyentes se requiere el volver a estar firme en las cosas del Señor, no satisfacerse a sí mismos.

Así que, hermanos míos amados y deseados, gozo y corona mía, estad así firmes en el Señor, amados.

Filipenses 4:1

Antes en la carta Pablo había escrito:

Solamente que os comportéis como es digno del evangelio de Cristo, para que o sea que vaya a veros, o que esté ausente, oiga de vosotros que estáis firmes en un mismo espíritu, combatiendo unánimes por la fe del evangelio.

Filipenses 1:27

En realidad, la idea de mantenerse firmes es uno de los temas predilectos del apóstol. Por ejemplo:

"Estad firmes en la fe" (1 Corintios 16:13).
"Estad, pues, firmes" (Gálatas 5:1).
"Porque ahora vivimos, si vosotros estáis firmes en el Señor" (1 Tesalonicenses 3:8).
"Así que, hermanos, estad firmes" (2 Tesalonicenses 2:15).

¿Por qué hacer tanto énfasis en estar firmes en el Señor? ¿Cuál es el secreto? Permíteme sugerirte que es uno de los más fundamentales principios para mantener la armonía:

PERMANECER FIRMES EN EL SEÑOR
PRECEDE A
LLEVARSE BIEN EN LA FAMILIA

¿Qué incluye estar firmes? Seguir las enseñanzas de Cristo. Respetar su Palabra. Servir de modelo de sus prioridades. Amar a su Pueblo. Buscar y cumplir su voluntad. He observado que aquellos que se dedican a cumplir estas cosas tienen pocas dificultades para llevarse bien con otros miembros de la familia de Dios. No es sorprendente que el siguiente asunto tratado por Pablo se relacione con dos de la iglesia en Filipos que necesitaban "vivir en armonía" entre sí. Pero antes de entrar en eso, esta pudiera ser una buena oportunidad para preguntarse a uno mismo: "¿Soy de los que están firmes *en el Señor?*" Otras opciones provocan estragos: Estar firme *por lo que yo quiero*... o estar firme *en honor a la tradición*... o estar firme *con un par de mis amigos*. Sin duda que esas tres actitudes representan la antítesis de "estar firmes en el Señor".

Una necesidad de relación

Después de dejar sentado el principio, Pablo pone el dedo sobre la llaga en Filipos. Incluso menciona nombres.

Ruego a Evodia y a Síntique, que sean de un mismo sentir en el Señor. Asimismo te ruego también a ti, compañero fiel que ayudes a éstas...

Filipenses 4:2

Permíteme mencionar algunas observaciones:

*1.*Estas son dos mujeres en la iglesia en Filipos (nombres femeninos)

*2.*No se mencionan en otro lugar en las Escrituras.

*3.*Los detalles específicos de su disputa no se explican.

*4.*El consejo de Pablo es instarlas hacia la armonía: "Ruego a... y a" (él ni las reprende ni decide el asunto).

*5.*Apela a su conciencia... a sus corazones (motivación intrínseca).

Me impresiona tanto lo que Pablo dice como lo que calla. No menciona un proceso paso por paso; eso era para que las dos mujeres resolvieran el asunto por sí mismas. Igualmente impresionante es que no echa mano de su rango añadiendo una advertencia o una amenaza, como: "Les doy dos semanas para aclarar esto: o "Si no se arreglan, les..." Pablo maneja el asunto con dignidad y benevolencia. Aunque estaba hondamente preocupado ("Ruego a... y a"), no intenta hacerse cargo del asunto a distancia. Si alguien se siente tentado a pensar que Pablo se mostraba muy indiferente o debió haber dicho más, un rápido vistazo a otras versiones puede ayudar:

- "Ruego a... y a..." (NIV).

- "Por amor a Dios, no discutan más; pónganse de acuerdo" (B. al D.).

- "Evodia y Síntique, os ruego por mí que resolváis vuestras diferencias como deben hacerlo los cristianos!" (Phillips).

Al repetir el verbo (A Evodia ruego y a Síntique ruego [griego]), Pablo deja la impresión de que hubo falta de ambos lados. De hecho, la Vulgata, la versión latina de la Escritura, utiliza diferentes verbos en la apelación, lo que parece enfatizar falta mutua.

Raras veces he visto una excepción a esto: Cuando la discordia surge entre dos personas o dos grupos, en alguna medida hay falta de ambas partes. El camino que conduce a la ruptura de la armonía nunca es una calle de una sola dirección. Ambas partes deben ser alentadas a ver las faltas de cada una, los fracasos de cada una... y encontrarse en un terreno común con una mutua disposición de escuchar y cambiar.

¿Y cuál es el terreno común? La declaración de Pablo incluye la respuesta: "ser de un mismo sentir en el Señor". Tal como debemos "estar firmes" en El, también hemos de encontrar acuerdo en El. Ambos lados necesitan concentrarse en El si alguna vez ha de encontrarse una solución. Es como si el Apóstol de la Gracia estuviera diciendo: "Es importante que ambas liberen su resentimiento y declaren su perdón y adopten la misma actitud de su Señor cuando negándose a sí mismo vino del cielo a la tierra para ser nuestro Salvador. Sólo entonces habrá renovada armonía".

Un pensamiento más antes de seguir adelante. Todo lo que sabemos acerca de esas dos mujeres es: Pelearon. A través de los siglos, la única respuesta que podría haberse dado a la pregunta: "¿Quiénes eran Evodia y Síntique?" ha sido: "Eran dos mujeres de Filipos que vivían en discordia". Eso me induce a preguntarte: Si *tu* vida hubiese de ser resumida en una simple declaración, cuál sería?

Una petición confirmatoria

A veces una disputa es tan profunda y permanente que necesita una tercera parte —un árbitro objetivo e imparcial— que venga a mediar entre aquéllos en conflicto para ayudar a traer restauración. Esa es la solicitud de Pablo aquí:

> Asimismo te ruego también a ti, compañero fiel, que ayudes a éstas que combatieron juntamente conmigo en el evangelio, con Clemente también y los demás colaboradores míos, cuyos nombres están en el libro de la vida.
>
> *Filipenses 4:3*

Para identificar al llamado "compañero fiel" se han hecho toda clase de sugerencias. Un estudioso sugirió a Bernabé. Si así fuera, ¿por qué Pablo no lo llamó por su nombre? Otro dijo que podía haber sido Epafrodito. Pero, otra vez, uno se pregunta por qué se le llamó por su nombre antes y ahora "compañero fiel". Una curiosa sugerencia ha sido que se trataba de una persona llamada Sunzugos, que es la transliteración griega de "compañero". Una idea original es que se refería a uno de los esposos de ellas (dudo que a ninguno de ellos le habría gustado ese papel)... otra, ¡que fuera la esposa de Pablo!

El nombre del mediador no es ni de lejos tan importante como la ayuda que él o ella pudiera proporcionar ("que ayudes a éstas"). ¿Por qué esto significaba tanto para Pablo que lo incluyó en su carta? Porque estas mujeres eran importantes. Ellas "habían combatido con él en el evangelio", y pertenecían a la misma familia espiritual. Su desavenencia estaba lastimando la hermandad entre los cristianos en Filipos, así que necesitaba solución... pronto. ¡Hacía falta que la novia se dejara de bravuconear!

Alguien ha dicho que el intento de los cristianos de tratar de vivir en armonía es lo más parecido al imposible. La escena no es muy distinta de la del viejo cuento del bosque donde dos puercos espines se arrimaban uno al otro en una helada noche en el norte del Canadá. Mientras más se acercaban para calentarse, más se pinchaban uno al otro con las respectivas púas, haciendo prácticamente imposible que permanecieran juntos. En silencio se apartaban. Al poco rato, estaban temblando con el viento glacial, así que se acercaban de nuevo. Pronto ambos estaban otra vez aguijoneándose mutuamente... y tenían que separarse de nuevo. La misma historia... el mismo resultado. Sus actos eran como una monótona danza en cámara lenta: hacia adelante y hacia atrás, hacia adelante y atrás.

Las dos mujeres en Filipos eran como los puercos espines canadienses; se necesitaban una a la otra, pero seguían pinchándose. Por desgracia, la entrecortada danza de la discordia no se detuvo en el primer siglo de la iglesia.

¿Puedo hablarte de corazón a corazón, como un amigo a otro, antes de terminar este capítulo? Con toda sinceridad, ¿han abierto mis palabras alguna vieja herida que nunca había sanado? ¿La escena imaginaria de la novia peleona trajo a tu memoria algunos feos recuerdos de un conflicto sin resolver en tu pasado... o quizás unos cuantos de ellos? ¿Hay alguien a quien sigues culpando por la herida que tuviste que soportar, que causó un dolor que nunca se disipó? Si es así, ¿tienes una idea de cuánta energía emocional estás quemando al alimentar esa herida? Y mientras estoy haciendo preguntas: ¿Te has percatado del efecto de robar gozo que un espíritu de indisposición a perdonar está teniendo en tu vida? Si tu amargura es lo suficientemente honda, prácticamente has dejado de vivir. ¡No en balde has dejado también de reír!

Por favor, escúchame. *No vale la pena*. Necesitas enfrentar y resolver este mortificante asunto irresuelto *ahora*. La paz y el contentamiento y el gozo que pudieras estar disfrutando se están escurriendo, como el agua por un tragante destapado. Es tiempo de que pongas fin a la disputa; esa discordia debe desactivarse. Pero no sucederá automáticamente. Tú eres parte esencial de la ecuación de sanidad. Tienes que hacer algo al respecto. Comienza por decirle a Dios cuánto te duele y que necesitas que El te ayude a perdonar la ofensa. Si tienes un amigo lo suficientemente íntimo para ayudarte a atravesar ese proceso, llámalo y pídeselo. Líbrate de todo el veneno de la cólera acumulada y vierte afuera todo el ácido del viejo resentimiento. Tu objetivo es claro: perdonar por completo al ofensor. Una vez que eso esté hecho, descubrirás que ya no vuelves a reproducir las escenas terribles en tu mente. El deseo de vengarte se esfumará, y su lugar ahora vacío vendrá a llenarlo un desbordante sentimiento de alivio y tal nuevo espíritu de gozo, que te sentirás como si fueras otra persona. Ese ceño fruncido y esas largas líneas en tu rostro irán desapareciendo. Y antes que pase mucho tiempo te será familiar un sonido que no has oído durante meses, quizás años. Se llama risa.

Un espíritu resentido e indispuesto a perdonar y un corazón feliz y despreocupado nunca han existido en el mismo cuerpo. Hasta que te hayas librado del primero no podrás disfrutar del último.

TOMANDO EN CONSIDERACION LA LECCION QUE ESTO NOS ENSEÑA...

Puedo pensar en por lo menos cuatro lecciones prácticas que hemos aprendido de las cosas que hemos estado considerando.

1. Los choques continuarán ocurriendo. Desearía poder prometer otra cosa, pero mientras la depravación contamine a la humanidad, podemos olvidarnos de un medio libre de conflictos. Así que no te sorprendas cuando surja otra escaramuza.

2. No todos los conflictos carecen de razón. No todos los desacuerdos requieren reconciliación. Según recuerdo, fue Jesús quien dijo que El había venido para traer "espada" a

ciertas relaciones. En ocasiones es correcto ser desafiante y luchar. Cuando se trata de principios bíblicos críticos y están en juego asuntos que nada tienen que ver con las preferencias personales o las personalidades individuales, está mal rendirse a una causa que pudiera conducir a error.

3. Si el desacuerdo *debería* y *podría* resolverse y no se resuelve, entonces en la raíz está la testarudez y el egoísmo. Podemos ser adultos por la edad y la estatura, pero podemos ser espantosamente infantiles en actitud. Vamos, cede. Persistir en esta falta de armonía trae sufrimientos mucho mayores que el pequeño alcance de tus relaciones.

4. Si fueras el "compañero" que necesita asistir en la reconciliación, recuerda el triple objetivo:

- El objetivo final: La restauración (no la disciplina)

- La actitud general: La benevolencia (no la fuerza)

- El plano común: Cristo (no la lógica o la iglesia o la tradición o tu voluntad)

Hay algo magnánimo en el nombre de Jesús que suaviza nuestra actitud y desarma la discordia. De alguna manera, la inserción de su nombre hace inapropiado el mantener un espíritu de pelea.

La verdad de eso quedó subrayado cuando leí algo que sucedió hace cien años.

Charles H. Spurgeon, ministro bautista de Londres, Inglaterra, tenía un amigo pastor, el doctor Newman Hall, quien escribió un libro titulado *Ven a Jesús*. Otro predicador publicó un artículo en el cual ridiculizaba a Hall, quien lo soportó pacientemente durante un tiempo. Pero cuando el artículo ganó popularidad, Hall se sentó y escribió una carta de protesta. Su respuesta estaba llena de invectivas vengativas que superaban cualquier cosa contenida en el artículo que lo atacaba. Antes de enviar la carta, Hall se la llevó a Spurgeon para que le diera su opinión.

Spurgeon la leyó cuidadosamente y devolviéndola, afirmó que era excelente y que el escritor del artículo se lo merecía todo. "Pero", agregó, "le falta algo". Después de hacer una pausa, Spurgeon continuó. "Debajo de tu firma, deberías escribir las palabras: 'Autor de *Ven a Jesús*'".

Los dos hombres de Dios se miraron uno al otro durante unos minutos. Entonces Hall rompió la carta en pedazos.[4]

12

Liberándote para reír
otra vez

*C*ynthia y yo estábamos montando motocicletas Harley-Davidson.

Ya sé, ya sé... no está de acuerdo con el concepto que se tiene de nosotros. ¿Y a quién le importa en realidad? Hace años que dejamos de preocuparnos por nuestra reputación. ¿Deberíamos avergonzarnos? No lo estamos. ¿Estamos atravesando ambos la crisis de la media vida? Esperamos que no. ¿Deberíamos ser mejores ejemplos para la juventud? ¡A ellos les encanta! En realidad, son únicamente unos pocos adultos gruñones los que no lo aprueban. ¿Qué vamos a decirles a nuestros nietos? "Eh, chicos, ¿quieren dar una vuelta?" ¿Y cómo vamos a explicarle todo a la "junta directiva"? A ellos tampoco les importa. Esta es *California, ¿*recuerdas?

Estamos divirtiéndonos más de lo que nadie puede imaginarse (excepto los que también montan en Harley). Lo mejor de todo el asunto es que los otros que están en el taller no tienen idea de quiénes somos. *Al fin* hemos encontrado un lugar en nuestra área donde podemos estar en público y permanecer absolutamente anónimos. Si alguien allí pregunta nuestros nombres, les diremos que somos Jim y Shirley Dobson. Esos tipos de la Harley tampoco saben quiénes son ellos.

Debían haber estado en el salón de ventas la primera vez que me senté en una de esas grandes motos. Cynthia me miraba de pie a unos pasos de mí. No sabía si reírse a carcajadas o amonestarme. Después que le guiñé un ojo, transigió y se sentó atrás. No pudo resistirse. Tan pronto como se inclinó hacia adelante y me murmuró en el oído: "Querido, yo podría habituarme a esto", supe que no pasaría mucho tiempo antes que anduviéramos por el asfalto sin preocupación alguna.

Nos sentamos allí con una risita tonta, como si fuésemos una pareja de novios de secundaria sorbiendo un refresco con dos pajillas. A ella le encantaba la sensación de estar sentada muy junto a mí (no podía resistirse, claro), y a mí me gustaba la sensación de que ella estuviera detrás de mí, con aquella máquina gigantesca debajo de nosotros. Y aquel inimitable *rugido* de la Harley. ¡Hombre, era estupendo!

De repente, sentados en aquella reluciente Heritage Softail Classic negra con alforjas de cuero grueso, nos remontamos con la imaginación otra vez a las calles de las afueras de Houston en 1953, rugiendo por nuestro camino hacia el juego de fútbol de la Milby High School. Ella llevaba mi suéter de la escuela y falda roja y blanca de cuadros, y yo usaba un corte militar con cola de pato y una chaqueta de cuero negro con adornos de cromo.

Cuando recuperamos el sentido, nos percatamos de que, de alguna manera, estábamos como fuera de lugar, quiero decir, un responsable pastor principal y predicador radial, con traje y corbata, acompañado de una conservadora y bien vestida señora que es vicepresidenta ejecutiva de *Discernimiento para Vivir,* encaramados en una Harley-Davidson en un lugar de ventas de motocicletas. El resto del público usaba *pulóveres,* pantalones vaqueros desgarrados, botas, adornos de cuero negro y tatuajes. Vi a un tipo que tenía un tatuaje en cada brazo... uno era un bulldog de colmillos amenazantes con collar de púas y el otro era una insignia de la Marina —el águila, globo y ancla del Cuerpo—. Unos pocos tipos miraban hacia nosotros como si fueran a decir: "¡Vamos, sean serios!" Y Cynthia se inclinó otra vez y murmuró:

—¿Crees que deberíamos estar aquí?

—Por supuesto, querida, ¿a quién le importa? Después de todo *¡yo soy un marine!* Lo que me hace falta es un par de pantalones vaqueros negros y zahones de cuero, y tú sólo necesitas un tatuaje, y pasaremos inadvertidos". Los vaqueros y zahones para mí, tal vez algún día. Pero ¿el tatuaje de Cynthia? Lo dudo. No creo que le quedaría bien en una cena formal de la iglesia y en los banquetes de la Asociación Nacional de Radiodifusores Religiosos.

Nos hemos divertido de lo lindo con esto en nuestra familia. Sobre todo porque yo eduqué a mis cuatro hijos con una sola regla invariable: "*¡Nunca* montarán o poseerán una motocicleta!*" Ahora el viejo y su chica andan rugiendo por todo el pueblo. Y son nuestros hijos ya crecidos quienes están tratando de imaginarse qué les ha pasado a sus padres y qué pueden decirles a *sus* hijos cuando vean a sus abuelos paseando por las carreteras como una pareja de adolescentes canosos. En realidad, nos estamos preocupando últimamente porque nuestros hijos puedan ser demasiado estrictos con *sus* hijos. "Tienen que aflojar un poco, muchachos", como dicen los de la tropa de Harley. El único del grupo que nos comprende es nuestro benjamín, Chuck; pero eso tiene su razón: él también maneja una Harley.

¿Qué está sucediendo? ¿Qué me ha agarrado para empezar a andar en una motocicleta, paseándome por alguno de los caminos más pintorescos que bordean el océano, o saliendo con mi hijo para pasar juntos dos o tres horas sosegadas? ¿A qué se debe esto?

Se debe a que hay que olvidar toda esa tontería de que cada momento de la vida es serio. Se trata de romper el grueso y rígido molde de la previsibilidad. Se trata de disfrutar un aspecto de la vida completamente diferente, donde no tengo que preocuparme por vivir según lo que espera cualquier otro o por lo que piensa de mí no sé quién. Se trata de estar con uno de nuestros hijos en un mundo que es totalmente suyo (para variar), no mío, en un entorno que es nada más que diversión, no trabajo. Se trata de ser yo mismo, no nadie más. Se debe a que hay que romper las ataduras de la visión de túnel. Se trata de negarme a vivir mi vida tocando una sola nota en un solo instrumento dentro de una habitación, y disfrutar del placer de una sinfonía de imágenes y sonidos y olores. Se trata de ampliar el radio de una planificación restrictiva y exigente, donde a veces es difícil respirar aire fresco y el tener una idea original es lo más parecido a lo imposible.

En resumen, se debe a la necesidad de la libertad. Es eso, simple y sencillamente. Se trata de ser libre.

Se trata de entrar en un mundo libre de tensiones y preocupaciones donde no tengo que decir algo profundo o encargarme de alguien o hacer algo que no sea sentir el viento y oler las flores y abrazar a mi esposa y reírnos hasta que estemos roncos. Es eso en síntesis... se trata de liberarnos para reír otra vez.

En los tiempo de Jesús El condujo a sus doce discípulos a través del lago para disfrutar de descanso y recuperarse solos en la ladera de una montaña. ¿Quién sabe lo que hicieron para divertirse? Quizás treparon peñascos o nadaron en un fresco lago o se sentaron alrededor de una fogata y contaron unos pocos chistes. Cualquier cosa que hayan hecho, pueden estar seguros de algo: se rieron. Hoy en día, Cynthia y yo preferimos encaramarnos en la vieja Harley. Si Jesús viviera en la tierra hoy, quizás saliera con nosotros de paseo en ella. Pero algo me dice que probablemente no se tatuaría. Pero, ¿quién sabe? El hizo otras muchas cosas que hicieron retorcerse a los legalistas. El conocía la verdad... y la verdad lo había liberado realmente.

HABLANDO EN SERIO ACERCA DE LIBERARSE

No fueron los americanos quienes inventaron la idea de la libertad. Aunque hayamos librado guerras por ella y le hayamos erigido monumentos, no es original de nosotros. Comenzó con Dios, allá en el huerto de Edén, cuando El hizo a Adán y a Eva. Dios los hizo —y nos ha hecho a ti y a mí— para que disfrutáramos los placeres y las responsabilidades de la libertad. ¿Cómo?

- Dios nos hizo con una mente... para que pudiéramos pensar libremente.

- Dios nos hizo con un corazón... para que pudiéramos amar libremente.

- Dios nos hizo con una voluntad... para que pudiéramos obedecer libremente.

Permíteme analizar esos tres factores desde un punto de vista estrictamente humano. Al hacernos a su imagen, Dios nos dio capacidades que no le fueron dadas a otras formas de vida. Idealmente, El nos hizo para que le conociéramos, le amáramos y le obedeciéramos. No nos puso aros en las narices para tirar de nosotros como si fuésemos bueyes, ni nos creó con cordeles permanentemente atados a nuestros pies y manos como marionetas humanas para controlar y manipular cada uno de nuestros movimientos. ¿Qué placer podía sentir con el amor de una marioneta o de un animal estúpido?

No, El nos dio libertad para que eligiéramos. Por su gracia estamos equipados para comprender su plan porque tenemos una mente con la cual podemos conocerle. También somos libres para amarle y adorarle porque tenemos emociones. El se deleita con nuestro afecto y devoción. Podemos obedecer sus instrucciones, pero no somos peones en un tablero mundial. Es en la voluntaria espontaneidad de nuestra respuesta que El encuentra el placer divino. Cuando su pueblo le responde *libremente* venerándole y alabándole, obedeciéndole y adorándole, glorifica a Dios al máximo. Hay un lado negativo en todo esto, no obstante. Puesto que somos libres de hacer estas cosas, también somos libres para *no* hacerlas. Tenemos libertad para escoger erróneamente; ¡qué bien lo sabemos! De hecho, podemos continuar haciéndolas durante tanto tiempo que podemos terminar dentro de una prisión de consecuencias hechas por nosotros mismos. Esa prisión que hemos escogido nosotros mismos puede encadenarnos de tal manera que seamos incapaces de escapar. Cuando eso sucede, experimentamos el súmmum de la miseria humana. Se llama *adicción*. Si alguna vez has estado bajo ese yugo o has trabajado con alguien que lo padeciera, ya sabes de primera mano qué horrible puede ser semejante existencia. Por extraño que parezca, la adicción es la trágica consecuencia de la libertad... libertad incontrolada... libertad echada a perder.

Lo que Dios ha prometido

Es en este punto que Dios es más que benevolente. El no disfruta cruelmente viendo como nos retorcermos, atrapados en una mazmorra hecha por nosotros mismos. De hecho, esa es en parte la razón por la cual El envió a su Hijo a esta tierra. El lo envió en una misión de misericordia para liberar a los cautivos. Una de las primeras declaraciones de la gran comisión de Cristo (la afirmación de su misión) se encuentra en la antigua profecía de Isaías. Aunque escrita siete siglos antes de su nacimiento, esta fue la "descripción del trabajo" del Mesías que había de venir:

El Espíritu de Jehová el Señor está sobre mí,
porque me ungió Jehová; me ha enviado
a predicar buenas nuevas a los abatidos,
a vendar a los quebrantados de corazón,
a publicar libertad a los cautivos,

y a los presos apertura de la cárcel;
a proclamar el año de la buena voluntad de Jehová,
y el día de venganza del Dios nuestro;
a consolar a todos los enlutados;
a ordenar que a los afligidos de Sion
se les dé gloria en lugar de ceniza,
óleo de gozo en lugar de luto,
manto de alegría en lugar del espíritu angustiado;
y serán llamados árboles de justicia,
plantío de Jehová, para gloria suya.

Isaías 61:1-3

No pierdas esas palabras: "A publicar libertad a los cautivos, y a los presos apertura de la cárcel".

Para que no pienses que el profeta estaba escribiendo de sí mismo, fíjate en lo que Jesús hizo y dijo más de setecientos años después cuando El comenzaba su ministerio en Nazaret. Lee estas palabras cuidadosamente mientras te imaginas la escena:

Vino a Nazaret, donde se había criado; y en el día de reposo entró en la sinagoga, conforme a su costumbre, y se levantó a leer. Y se le dio el libro del profeta Isaías; y habiendo abierto el libro, halló el lugar donde estaba escrito,

EL ESPIRITU DEL SEÑOR ESTA SOBRE MI,
POR CUANTO ME HA UNGIDO PARA DAR
BUENAS NUEVAS A LOS POBRES;
ME HA ENVIADO A SANAR A LOS QUE-
BRANTADOS DE CORAZON;
A PREGONAR LIBERTAD A LOS CAUTIVOS,
Y VISTA A LOS CIEGOS;
A PONER EN LIBERTAD A LOS OPRIMIDOS;
A PREDICAR EL AÑO AGRADABLE DEL
SEÑOR.

Y enrollando el libro, lo dio al ministro, y se sentó; y los ojos de todos en la sinagoga estaban fijos en él. Y comenzó a decirles: Hoy se ha cumplido esta Escritura delante de vosotros.

Lucas 4:16-21

¿No es esto interesante? De todas las Escrituras que pudo haber leído, Jesús seleccionó aquella porción de Isaías. No sólo afirmó que "liberar a los cautivos" y "poner en libertad a los oprimidos" estaban en su primitiva agenda, sino que El estaba empezando a cumplir la profecía de Isaías ese mismo día.

Cientos de años antes que llegara el Mesías, Dios prometió que El liberaría a los cautivos. Obviamente El no estaba refiriéndose a abrir las puertas de todas las prisiones y romper los barrotes de cada cárcel. Los cautivos que El tenía en mente eran aquellos atados por yugos de pecado. Y El también afirmó que daría vista a los ciegos, física y espiritualmente. ¡Qué grandes promesas!

Echemos un vistazo a otra escena más del Nuevo Testamento:

Dijo entonces Jesús a los judíos que habían creído en él: Si vosotros permaneciereis en mi palabra, seréis verdaderamente mis discípulos; y conoceréis la verdad, y la verdad os hará libres. Le respondieron: Linaje de Abraham somos, y jamás hemos sido esclavos de nadie. ¿Cómo dices tú: Seréis libres? Jesús les respondió: De cierto, de cierto os digo, que todo aquel que hace pecado, esclavo es del pecado. Y el esclavo no queda en la casa para siempre; el hijo sí queda para siempre. Así que, si el Hijo os libertare, seréis verdaderamente libres.

Juan 8:31-36

Lo que encuentro significativo es la promesa de labios de Jesús; a saber: que un conocimiento de la verdad es liberador... y una vez liberados, seremos "verdaderamente libres". Esto se refiere a una libertad hondamente personal, una emancipación interior de lo que lo ha atado a uno durante demasiado tiempo. ¿Qué maravilloso pensamiento!

Cómo hemos respondido

Si la verdad pudiera saberse, hemos creído sólo a medias en la promesa de Dios a nosotros. Aunque El nos ha hecho para ser libres y liberados de cualquier cosa que nos ate, muchos hemos decidido vivir esclavizados. Al hacer malas elecciones, le hemos dado oportunidad a toda clase de adicciones para que nos dominen.

Juan Jacobo Rousseau, el filósofo francés del siglo dieciocho, nunca tuvo más razón que cuando dijo: "El hombre nació libre, y por dondequiera está encadenado".[1]

LA MAS UNIVERSAL DE TODAS LAS ADICCIONES

Es hora de ser específico. Hasta ahora he tratado de generalidades y no he apuntado ni una vez a una adicción determinada, así que probablemente te sientas seguro. Basta de eso. No vaya a ser que tú y yo empecemos a sentirnos un poco engreídos, pensando que estamos a salvo porque no tenemos ningún hábito tan cautivador que nos mantenga encadenados, lo mejor es que yo señale la mayor de todas las adicciones: la preocupación. ¡Los adictos a la ansiedad abundan!

El problema con la preocupación es que no parece ser tan dañina. Es algo como las primeras olfateadas de cocaína. Una persona puede saber en su interior que no es bueno, pero seguro que no es tan malo como algunos han querido hacerlo. Estúpida manera de pensar.

Cuando se trata de la preocupación, la excusamos alegremente. Por ejemplo, una tarde le decimos a un amigo:

—Vamos, no te preocupes.

Y nuestro amigo responde:

—Bueno, puede que no debiera, pero tú sabes cómo soy. Soy de los que se preocupan.

—Y le contestamos:

—Sí, bueno, te entiendo. Yo también me preocupo. No puedo culpar a nadie por sentirse un poco preocupado esta noche.

¿Qué te parece si cambiamos esa conversación para referirnos al beber demasiado alcohol? Imagínate esto:

—Vamos, todo va a salir bien.

Nuestro amigo responde:

—Bueno, quizás no debiera, pero tú me conoces. Soy de los que beben licor.

Y le contestamos:

—Sí, bueno, te entiendo. Yo mismo bebo demasiado. No puedo culpar a nadie por beber un par de copas de más esta noche.

De repente, la preocupación toma una nueva significación.

Analizando el problema

De todos los ladrones de gozo que pueden plagar nuestras vidas, ninguno es más molesto, más inquietante o más común que la preocupación.

Tomamos nuestra palabra inglesa *worry* de la palabra alemana *wurgen,* que significa "estrangular, ahogar".

La palabra castellana preocupación viene del latin *praeoccupatio,* y el diccionario dice que es el "juicio o primera impresión que hace una cosa en el ánimo de uno, de modo que estorba o incapacita para admitir o pensar con rectitud cierta cosa". Nuestro Señor mencionó esa misma imagen verbal cuando se refirió al asunto en una ocasión:

El sembrador es el que siembra la palabra. Y éstos son los de junto al camino: en quienes se siembra la palabra, pero después viene Satanás, y quita la palabra que se sembró en sus corazones. Estos son asimismo los que fueron sembrados en pedregales: los que cuando han oído la palabra, al momento la reciben con gozo; pero no tienen raíz en sí, sino que son de corta duración, porque cuando viene la tribulación o la persecución por causa de la palabra, luego tropiezan. Estos son los que fueron sembrados entre espinos: los que oyen la palabra, pero los afanes de este siglo, y el engaño de las riquezas, y las codicias de otras cosas, entran y ahogan la palabra, y se hace infructuosa.

Marcos 4:14-19

En otras palabras, cuando la preocupación (afanes) ofusca nuestro pensamiento, ahogando la verdad, somos incapaces de dar fruto. A la vez de volvernos mentalmente perturbados y emocionalmente tensos, nos encontramos espiritualmente estrangulados. La preocupación corta de raíz nuestra motivación y vía de acceso al gozo.

A pesar de todas esas consecuencias, hay más personas adictas a la preocupación que a todas las otras adicciones combinadas. ¿Eres una de ellas? Si lo eres, es preferible que pongas en espera todas las cosas que he estado diciendo en este libro acerca de ser más gozoso y despreocupado con una actitud optimista. Necesitarás poner punto final a esa adicción de ansiedad antes que puedas verte liberado lo suficiente para reír otra vez.

Sé de lo que estoy escribiendo, créeme. Hubo un tiempo en mi propia vida cuando la preocupación me controlaba y los tentáculos de la tensión ahogaban mucha de la diversión de mi vida. Tenía demasiado en cuenta lo que la gente pensaba y decía, así que a diario me movía un poco asustado. Además, tampoco estaba muy seguro de mi futuro. Así que me preocupaba por eso. La agitación se intensificó después que me uní a los Marines. ¿Dónde nos estacionarían? ¿Y si me mandaban a ultramar? ¿Qué sería de Cynthia sin mí... y viceversa? La lista de preocupaciones creció cuando recibí mis órdenes: *¡Okinawa!* ¿Por qué había permitido el Señor que sucediera semejante cosa? Quiero decir, en la oficina de reclutamiento me habían prometido que eso *jamás* sucedería (te sonríes, ¿no?). Una por una, día tras día, mis preocupaciones se intensificaban mientras mi gozo se desvanecía. La oración no era más que una formalidad.

Fue mientras que Cynthia y yo estábamos separados por el Océano Pacífico que yo me vi forzado a poner punto final a mi adicción a la ansiedad. Finalmente me determiné a parar aquella tontería. Empecé a tomar a Dios y a su Palabra mucho *más* en serio y a tomarme a mí mucho *menos* en serio (a menudo invertimos esos términos). Me percaté de que la oración no estaba concebida para ser un ritual sino una llamada a Dios para que ayudara... y cada vez que lo hice, El vino. También descubrí que El dominaba todas las circunstancias de la vida, así como los detalles de mi vida y la de mi esposa. De hecho, ella estaba mucho mejor cuidada bajo sus alas protectoras de lo que pudo haber estado nunca bajo mi techo. Ella y yo lo pasamos muy bien; si a eso vamos, *increíblemente bien*. Yo llevaba un diario y también le escribía cartas a ella, a veces cuatro o cinco por semana. Mirándolo desde aquí, me doy cuenta de que fue en medio de aquella solitaria e involuntaria separación que comencé a interesarme por escribir. (Quién hubiese podido imaginar a lo que conduciría aquel escribir de cartas en una cabañita Quonset en el Campamento Courtney, no lejos de Naha, Okinawa) Cuando le entregué mis ansiedades a Dios, El se hizo cargo de ellas y resolvió cada una de las cosas que puse en sus manos. Cuando relajé la tensión, El intervino con soberana benevolencia. Fue *maravilloso*.

El momento crucial tuvo lugar cuando hice un estudio a fondo de Filipenses 4:4-9, el cual todavía recuerdo vivamente. Fue entonces cuando comencé a...

Comprender la terapia de Dios

¿Te has percatado de que Dios tiene una solución de cura segura para la preocupación? ¿Alguien te ha dicho alguna vez que si perfeccionas el proceso serás capaz de vivir una existencia libre de la preocupación? Sí, has leído bien. Y si me conoces lo suficiente sabes que yo rara vez hago una afirmación que pueda parecer dogmática. Pero ésta es una en la que tengo confianza. Si sigues con cuidado el procedimiento establecido por Dios, tú mismo te liberarás para reír otra vez.

Primero, dejemos que las Escrituras hablen por sí mismas:

Regocijaos en el Señor siempre. Otra vez digo: ¡Regocijaos! Vuestra gentileza sea conocida de todos los hombres. El Señor está cerca. Por nada estéis afanosos, sino sean conocidas vuestras peticiones delante de Dios en toda oración y ruego, con acción de gracias. Y la paz de Dios, que sobrepasa todo entendimiento, guardará vuestros corazones y vuestros pensamientos en Cristo Jesús.

Filipenses 4:4-7

Después, fijemos en nuestras mentes con claridad siete palabras. Estas siete palabras forman los cimientos del proceso terapéutico para todos los preocupados por nimiedades.

POR NADA SE PREOCUPEN
OREN POR TODO

Repítelo una y otra vez hasta que puedas decirlo sin mirar. Repite las palabras en voz alta. Cierra el libro. Cierre los ojos. Imagina las palabras en tu mente. Tómate un minuto o más para darle vueltas en tu cabeza. ¿Qué puede considerarse como una preocupación? Cualquier cosa que drena tu tanque de gozo; algo que no puedas cambiar, algo de lo que no seas responsable, algo que esté fuera de tu alcance controlar, algo (o alguien) que te atemoriza o atormenta, te agita, te mantiene despierto cuando deberías estar durmiendo. Algo que necesitas cambiar de la lista de preocupaciones para la lista de oraciones. Entrégale cada preocupación —una por una— a Dios. Hazlo ahora mismo. Dile al Señor que nunca más conservarás tu ansiedad para ti mismo.

Ahora bien, una vez que hayas entrado en ese importante plan general que Dios ha provisto para aquellos que desean ser libres, comenzarás a tener tiempo libre en tu día... mucho tiempo y energía extra. ¿Por qué? Porque pasabas mucho tiempo preocupándote. Tu adicción, como todas las adicciones, te mantenía cautivo. Te tomaba tu tiempo, requería tu atención, te obligaba a concentrarte en lo que no tenías que tratar o resolver.

¿Y ahora qué? ¿Cómo empleas el tiempo que antes perdías preocupándote? Vuelve a las palabras de Pablo a los filipenses. Al volver a leerlas, veo surgir tres palabras clave:

> regocijarse (v.4)
> > relajarse (v.5)
> > > descansar (v.7)

Parecen muy fáciles, pero para alguien que se ha preocupado durante mucho tiempo, como *tú*, no lo son. Tú no has hecho mucho de estas tres cosas últimamente ¿verdad?

Para empezar, ¡REGOCIJATE! No te preocupes por nada... ora por todo, y *¡REGOCIJATE!*

> Regocijaos en el Señor siempre. Otra vez digo: ¡Regocijaos!
>
> *Filipenses 4:4*

Debido a que hemos repetido el término y varios sinónimos a lo largo del libro tan a menudo, toda la idea puede haber empezado a perder impacto. No permitas que así ocurra. Regocijarse es claramente un mandamiento escritural. El omitirlo, debo recordártelo, es desobediencia. En lugar de preocuparte, empieza a ocupar tu tiempo en disfrutar la liberación de tu humor. Encuentra el lado bueno, el lado soleado de la vida. Deliberadamente busca cosas que sean chistosas durante el día. Suéltate y ríete libremente. Ríe con más frecuencia. Mantente consciente de la importancia de un rostro sonriente. ¡Vive con despreocupación! Deja de leer tan sólo las secciones sombrías del periódico. Mira menos la televisión y empieza a leer más libros de los que traen una sonrisa en vez de un ceño fruncido. ¡Por eso escogiste éste! Tiene una cubierta que atrae la atención (pienso que mi editor dio en el clavo, ¿no te parece?), y mientras comenzaste a hojearlo, probablemente pensaste algo parecido a: *Necesito dejar de ser tan serio; quizás este libro me ayude.* No te limites a este libro. Escoge otros semejantes. Alimenta tu imaginación con "comida mental" que levante el ánimo.

Contacta a algunos conocidos que te ayuden a reírte más en la vida. Lo ideal es encontrar amigos cristianos que miren la vida a través de los ojos de Cristo, lo que de por sí es más alentador. Divertíos juntos. Contaos cuentos graciosos unos a otros. Apoyaos unos a otros.

La risa compartida crea un vínculo de amistad. Cuando las personas se ríen juntas, dejan de ser joven y viejo, maestro y alumnos, trabajador y conductor. Se convierten en un grupo de seres humanos que disfrutan su existencia.[2]

Fred Allen, uno de mis humoristas favoritos de antaño, acostumbraba a decir que era perjudicial contener la risa, porque cuando uno lo hacía, decía, ésta bajaba y nos ensanchaba las caderas.[3] Tal vez eso sea la razón de esas libras de más.

Salomón escribe que "el corazón contento tiene un banquete continuo" (Proverbios 15:15), y tiene razón. He encontrado que un espíritu de alegría se extiende rápidamente. Antes que te des cuenta, otros se te habrán unido a la mesa. ¡Escoge el gozo! Hay muy pocos días en mi vida en que no encuentre algo de qué reírme. La risa es el sonido más familiar en el salón donde mi equipo y yo trabajamos juntos.

Y qué cosa más contagiosa es el júbilo... todo el mundo quiere estar alrededor de él. Así que ¡regocíjate! Después, ¡RELAJATE! No te preocupes por nada... ora por todo, y ¡RELAJATE!

Vuestra gentileza sea conocida de todos los hombres. El Señor está cerca.

Filipenses 4:5

¿Dónde encuentro "relajarse" en la afirmación de Pablo? Mira esa expresión poco común, "longanimidad"; significa "gentileza" o "tranquilo". Podríamos decir "condescendiente". Es una "dulce comprensión"... la idea de un estilo de vida relajado y tolerante. Un mundo lleno de preocupación puede aumentarnos la tensión a un nivel peligroso. Físicamente, puede ser una carga muy pesada para nuestra salud.

¡Alégrate! Muchas de las cosas que nos ponen nerviosos y sobresaltados nunca llegan a suceder. Déjame ser específico: Relájate más con tus hijos. Tómalo con calma, especialmente si son adolescentes (a quienes mi amigo Kenny Poure llama "pregente"). Si tu hijo o hija está luchando por atravesar una etapa de los tormentosos años de la adolescencia, considéralos. No los atormentes. Afloja las riendas. Más tarde te darás cuenta de que Dios estuvo allí todo el tiempo —controlando— haciéndose cargo del asunto, Su asunto. ¡Ah, si yo hubiera aplicado más de esto cuando nuestro hijos eran más jóvenes! De vez en cuando, durante uno de mis arranques de alta presión y tensión, uno de nuestros chicos decía: "Respira profundo, Papi". ¡Ay! Cuando seguía su consejo, mi "longanimidad" afloraba otra vez.

Mi querida amiga Ruth Harms Calkin describe el dilema con este sabio recordatorio:

Retiro espiritual

Este era mi plan calculado:
Iba a descartar mi programa acostumbrado;
las tareas menores que se hacen rutinariamente.
En la paz y quietud de mi sala de estar
me relajaría en Tu gloriosa presencia.
Cuán gozosamente preveía esas horas
—¡Mi retiro espiritual personal!
Con la Biblia y la libreta de apuntes al lado,
Estudiaría y meditaría—.
Intercedería por el mundo necesitado.Pero qué diferen-
te sucedió todo, Señor:
Nunca había sonado tantas veces el teléfono.
Las emergencias se sucedieron
como los chaparrones de verano.
Mi esposo regresó enfermo a casa.
Hubo que cancelar citas
y rehacer planes.
El cartero trajo dos cartas perturbadoras;
una prima cuyo nombre no podía recordar
me visitó al pasar por la ciudad.
Mi regocijo matutino se volvió agua y sal.
Y sin embargo, querido Señor,
tú estabas conmigo en todo aquello!
Siento tu presencia vital
—tu guía segura y estable—.
Ni una vez me dejaste desamparada.
Quizás en tu gran sabiduría
deseabas enseñarme una verdad práctica:
Cuando *tú* eres mi Retiro Espiritual
no necesito ser una reclusa espiritual.[4]

Y entonces, ¡DESCANSA! No te preocupes por nada...
ora por todo, y *¡DESCANSA!*

Por nada estéis afanosos, sino sean conocidas vuestras
peticiones delante de Dios en toda oración y ruego, con
acción de gracias. Y la paz de Dios, que sobrepasa todo

entendimiento, guardará vuestros corazones y vuestros pensamientos en Cristo Jesús.

Filipenses 4:6-7

Conozco pocos pasajes de las Escrituras que me hayan ayudado más que las palabras que acabas de leer. Vuelve atrás y reléelas, más despacio. Quizás verlas en la Biblia al Día ayude. De ahí saqué la idea de descansar.

No se afanen por nada; más bien oren por todo. Presenten ante Dios sus necesidades y después no dejen de darle gracias por sus respuestas. Haciendo esto sabrán ustedes lo que es la paz de Dios, la cual es tan extraordinariamente maravillosa que la mente humana no podrá jamás entenderla. Su paz mantendrá sus pensamientos y su corazón en la quietud y el reposo de la fe en Jesucristo.

Filipenses 4:6-7, B. al D.

Pablo escribe de la paz de Dios, la cual guardará vuestros corazones y vuestros pensamientos". Cuando menciona la paz como un "guardia", usa un término militar para "estar de centinela" alrededor de algo valioso o estratégico, o ambas cosas. Cuando descansamos de nuestro caso, cuando transferimos nuestros problemas a Dios, a "la Paz" se le designa el deber de marchar como un centinela silencioso alrededor de nuestras mentes y nuestras emociones, calmándonos interiormente. ¿Cuán obvio será esto para otros? Retrocede y nótalo —ella "sobrepasará todo entendimiento"—. La gente simplemente no será capaz de comprender la paz llena de reposo que reflejaremos. En lugar de la ansiedad —ese ladrón del gozo— ponemos la oración. Echamos de sobre nuestros hombros a ese agobiante monstruo con garras aprisionantes y se lo entregamos a Dios en oración. No estoy exagerando; debo hacerlo así cientos de veces cada año. Y no recuerdo una sola vez que no me produjera alivio. En su lugar viene siempre una tranquilidad de espíritu, una quietud mental. Con una mente aliviada, regresa el descanso.

Regocijarse. Relajarse. Descansar. Los tres sustitutos de la preocupación. Y la impaciencia. Y la agitación.

Rectificando nuestra perspectiva

Tres simples ejercicios te ayudarán a mantenerte libre de preocupaciones.

1. Alimenta tu mente con pensamientos positivos.

Por lo demás, hermanos, todo lo que es verdadero, todo lo honesto, todo lo justo, todo lo puro, todo lo amable, todo lo que es de buen nombre; si hay virtud alguna, si algo digno de alabanza, en esto pensad.

Filipenses 4:8

No importa con qué estés lidiando, o cuán malas parezcan estar las cosas, o por qué Dios pudiera estar permitiéndolas, el dirigir deliberadamente los pensamientos para que giren en torno a ideas positivas y alentadoras te hará posible sobrevivir. Literalmente. Con frecuencia me cito yo mismo esas palabras de Filipenses 4:8. Digo cosas como: "Está bien, Chuck, es hora de permitir que tus pensamientos giren en torno a cosas mejores". Y vuelvo a la lista y deliberadamente reemplazo una preocupación con algo mucho más honorable o puro o amable, algo digno de alabanza. Nunca falla; la presión que sentía comienza a desvanecerse y la paz que echaba de menos empieza a surgir.

2. Concentra tu atención en modelos alentadores.

Lo que aprendisteis y recibisteis y oísteis y visteis en mí, esto haced.

Filipenses 4:9a

En el caso de los filipenses, Pablo era su modelo. De su ejemplo había cosas que aprender, recibir, escuchar y ver. ¡Qué demostración de aliento daba él! En tu caso y el mío, nos ayudará a concentrar nuestra atención en alguien que conozcamos o admiremos, o ambas cosas. Esa vida, ese modelo alentador nos proporcionará un impulso, una carga rápida cuando nuestro acumulador empieza a perder energía.

3. Encuentra al "Dios de paz" en cada circunstancia.

Y el Dios de paz estará con vosotros.

Filipenses 4:9b

Este es el logro más importante al recobrarse de la adicción a la ansiedad. En vez de vivir entre las garras del miedo, de permanecer cautivo en las cadenas de la tensión y el temor, cuando nos liberamos de nuestras preocupaciones, encontramos la mano de Dios trabajando a favor nuestro. El, nuestro "Dios de paz", viene en nuestra ayuda, cambiando a la gente, aliviando la tensión, alterando las circunstancias difíciles. Mientras más practiques el entregar tus cargas mentales al Señor, más emocionante será ver cómo Dios manejará las cosas que a ti te son imposibles de resolver. Y como resultado —lo adivinaste— volverás a reír.

UN PRINCIPIO... UN LORO

A fin de cuentas, ¿qué hace de la preocupación enemigo tan formidable del gozo? ¿Por qué la adicción a la ansiedad tiene efectos tan devastadores en nosotros? He estado pensando en eso durante meses, y creo que tengo la respuesta, que pudiéramos llamar un principio. A primera vista puede parecer simplista, pero este *es* el punto crucial del problema. Es exactamente la razón por la cual la ansiedad nos ata en semejante yugo:

LA PREOCUPACION NOS OBLIGA
A CONCENTRARNOS EN LOS PUNTOS
EQUIVOCADOS

En vez de concentrarnos en lo esencial, nos preocupamos de lo que no lo es. En lugar de mirar a las conocidas bendiciones que Dios nos proporciona hoy —de modo tan abundante y continuo— nos preocupamos por lo desconocido y los sucesos inciertos del mañana. Invariablemente, cuando nos concentramos en lo que no debemos, perdemos de vista las cosas principales que constituyen la vida.

Ese hecho queda ilustrado vívidamente por una de mis historias favoritas: Después de más de cuarenta años de matrimonio, el esposo de esta mujer muere de súbito. Durante meses se sienta sola en su casa con las persianas bajas y la puerta cerrada con llave. Al fin decide que necesita hacer algo, porque la soledad la está matando.

Recuerda que su esposo tenía un amigo que era dueño de una magnífica tienda de mascotas; una mascota podría ser una buena compañía. Así que una tarde pasa por allí para mirar lo que hay disponible. Mira gatos, perros, peces de colores... ¡incluso serpientes! Nada le parece bien. Le dice al dueño que quiere una mascota que pueda ser una verdadera compañía; "casi como otro ser humano en la casa".

De pronto él piensa en uno de sus apreciados loros, y le enseña el pájaro de colores.

—¿Habla?

—Por supuesto... un verdadero parlanchín. Todo el que viene a la tienda se asombra de la disposición amigable de este loro y de su amplio vocabulario. Por eso es tan caro.

—¡Vendido! —ella compró al costoso loro y lo llevó a casa en una elegante jaula. Al fin tenía un compañero con quien hablar y que podía contestarle. ¡Perfecto!

Pero había un problema. Pasó una semana, y el pájaro sin decir una palabra. Un poco preocupada, volvió por la tienda.

—¿Cómo le va con el loro? Tremendo hablador, ¿verdad?

—No ha dicho palabra. No he sido capaz de arrancarle un sonido. Estoy preocupada.

—Bueno, ¿le compró un *espejo* cuando se llevó el pájaro y la jaula la semana pasada?

—¿Espejo? No. La jaula no tiene espejo.

—Ese es el problema. Un loro necesita un espejo. Es curioso, pero mientras se contempla en el espejo, el loro empieza a sentirse cómodo. En seguida empieza a hablar.

Así que ella compró el espejo y lo puso en la jaula.

Pasó el tiempo, y nada. Cada día la mujer le hablaba al pájaro, pero éste no decía ni pío. Durante horas ella le hablaba mientras el loro la miraba fijamente. Pasó otra semana sin una palabra. Para entonces ya estaba realmente preocupada.

—El loro no habla —le dijo al dueño de la tienda—. Estoy preocupada. Todo lo que costó, el espejo, y nada!

—Dígame, ¿usted compró una *escalerita* cuando se llevó la jaula?

—¿Escalera? No. No sabía que necesitaba una escalera. ¿Lo hará hablar?

—Eso es como un encantamiento. El loro se mirará en el espejo, hará un poco de ejercicio subiendo y bajando la escalerita varias veces, y antes de lo que se imagina usted no creerá lo que estará oyendo. Créame, necesita una escalerita.

Ella compró la escalera y la puso en la jaula al lado del espejo... y esperó. Y esperó. Otros siete, ocho días, ¡y nada! Para entonces su preocupación llegaba al estado de pánico.

—¿Por qué no habla? —eso era todo lo que podía pensar. Regresó a la tienda llorando... con la misma queja.

—¿Compró usted un *columpio?*

—¡Un columpio! No. Tengo una jaula, un espejo y una escalera; creí tener todo lo que necesitaba. No tenía idea de que necesitara un columpio.

—Necesita un columpio. Un loro tiene que sentirse completamente en casa. Se mira al espejo, da un paseo subiendo y bajando la escalera, y enseguida se sube al columpio para divertirse; ¡y, ya está! He descubierto que los loros por lo general hablan cuando están subidos en un columpio. La mujer compró el columpio. Lo colgó del techo de la jaula cerca de la escalera y empujó al loro a subir la escalera y a subirse al columpio. Pero, seguía en silencio. Por otros diez días siguió sin emitir sonido.

De repente entró como una tromba en la tienda, ardiendo de indignación. El dueño la encontró en el mostrador.

—Vaya, ¿cómo está el loro? Apuesto a que...

—¡Se murió! Mi costoso pájaro está muerto en el fondo de la jaula.

—¡Cómo! No puedo creerlo. Es espantoso! ¿Llegó a decir algo?

—Sí, en realidad sí dijo. Mientras agonizaba, dijo muy bajito: "¿No tienen ninguna *comida* en esa tienda?"

No hay mayor desperdicio de nuestro tiempo ni mayor obstáculo a nuestro gozo que la preocupación. Dirigiendo nuestra atención a lo no esencial, la preocupación nos conduce a vivir nuestras vidas para las razones equivocadas... y Dios se apena. Como mencioné antes en este libro, Dios nos da a sus amados incluso durante el sueño. Mientras nos regocijamos, nos relajamos y descansamos, El nos alivia, nos renueva y nos restaura.

Un cansado cristiano yace despierto una noche tratando de mantener el mundo intacto con su preocupación. Entonces oye que el Señor le dice dulcemente:

—Ahora, vete a dormir, Jim; yo voy a hacer la guardia.[5]

13

---

*No olvides divertirte
mientras creces*

ME ENCANTA LA PREGUNTA que hizo una vez Satchel Paige, aquel venerable ex alumno del béisbol: "¿Qué edad tendrías si no supieras qué edad tenías?" Una respuesta sincera a esa pregunta depende de una sincera admisión de nuestra actitud. No tiene nada que ver con la edad. Como escribió alguien joven de corazón:

Recuerden, los viejos valen una fortuna: plata en sus cabellos, oro en sus dientes, piedras en sus riñones, plomo en sus pies y gas en sus estómagos.

Yo he envejecido un poco desde la última vez que te vi, y en mi vida ha habido unos pocos cambios desde entonces. Francamente, me he vuelto una vieja muy frívola. Estoy alternando con cinco caballeros cada día.

Tan pronto me despierto, Will Power (Fuerza de Voluntad) me saca de la cama. Entonces voy a ver a John (Baño). Entonces viene Charlie Horse (Calambre), que cuando está conmigo me ocupa mucho tiempo y tengo que dedicarle atención. Cuando él se va, aparece Arthur Ritis (Artritis) que se queda el resto del día. A éste no le gusta estarse quieto en un lugar, así que me toma las articulaciones una por una. Después de un día tan agitado estoy realmente muy cansada, y contenta de irme a la cama con Ben Gay [una marca de linimento] ¡Qué vida! P. S. El predicador vino a verme el otro día. Me dijo que a mi edad yo debería estar pensando en *el más allá* (en inglés: *the hereafter).* Le contesté: "Oh, lo hago todo el tiempo. No importa dónde esté —en la sala de estar, en el dormitorio en el piso alto, en la cocina o abajo en el sótano— me pregunto qué es lo que estoy *buscando aquí* (en inglés: *here after).*[1]

Cuanto más vivo, más me convenzo de que nuestra mayor batalla en la vida no es con la edad, sino con la madurez. Todos somos víctimas involuntarias de la primera. No hay dónde escoger cuando se trata de envejecer. Nuestro reto es decidir si vamos a crecer o no. Fue Jesús quien preguntó: "¿Y quién de vosotros podrá, por mucho que se afane, añadir a su estatura un codo"... [o una sola hora a su vida]? (Mateo 6:25-31) En otras palabras, no pierdan su tiempo preocupándose acerca de lo viejos que se están poniendo. La edad es un hecho incontrovertible. La madurez, por otra parte, es un asunto de decisión.

Tú puedes estar pensando: "Vamos, Chuck, esto está bien y es bueno, pero no puedes enseñar nuevos trucos a un perro viejo". A lo que yo respondo con dos recordatorios:

1. No estoy escribiendo para "perros viejos". Tú eres una persona que tienes la capacidad para pensar y decidir. Más aún, si eres cristiano, tienes el poder de Cristo en ti, lo que significa suficiente dinámica interior para llevar a cabo cambios increíbles. Si no eres cristiano, no hay mejor tiempo que éste para resolver ese problema.

2. No estoy enseñando "trucos". Las cosas de las que estás leyendo son técnicas alcanzables y con gran significado que, cuando se aplican, pueden ayudar a romper viejos hábitos y formar otros nuevos. Admitido que el proceso de cambio puede no ser fácil, pero muchos lo han hecho y tú también

puedes hacerlo. La cuestión en realidad no es: "¿Soy capaz?", sino: "¿Deseo hacerlo?"

El que lleguemos a ser más maduros es de las primeras cosas en la lista del plan de Dios para nosotros. Lo menciona repetidamente en su Libro:

> Para que ya no seamos niños fluctuantes, llevados por doquiera de todo viento de doctrina, por estratagema de hombres que para engañar emplean con astucia las artimañas del error, sino que siguiendo la verdad en amor, crezcamos en todo en aquel que es la cabeza, esto es, Cristo.
>
> *Efesios 4:14-15*

> Desechando, pues, toda malicia, todo engaño, hipocresía, envidias, y todas las detracciones, desead, como niños recién nacidos, la leche espiritual no adulterada, para que por ella crezcáis para salvación, si es que habéis gustado la benignidad del Señor.
>
> *1 Pedro 2:1-2*

> Pero el alimento sólido es para los que han alcanzado madurez, para los que por el uso tienen los sentidos ejercitados en el discernimiento del bien y del mal. Por tanto, dejando ya los rudimentos de la doctrina de Cristo, vamos adelante a la perfección; no echando otra vez el fundamento del arrepentimiento de obras muertas, de la fe en Dios.
>
> *Hebreos 5:14-6:1*

Tú y yo nos estamos poniendo viejos. Eso es automático. Pero eso no necesariamente quiere decir que estemos creciendo. Y ¡cuán importante es que lo hagamos! Pero no va a suceder a menos que tomemos control de nuestra actitud, lo cual nos orienta en la dirección correcta. Permíteme instarte a no llenar tu mente con pensamientos como: "Ya estoy muy viejo para cambiar"; o: "Habiendo pasado por todo lo que he pasado, ya no hay forma de cambiar mi actitud". ¡Craso error! Es infantil jugar en medio del tránsito del miedo o permitir que los duendes del hábito impidan nuestro progreso. Nadie puede ganar una carrera si está mirando atrás hacia el lugar en que estuvo. Eso únicamente nos desmoralizaría, nos inmovilizaría y, al final, nos paralizaría. Dios está con nosotros. La meta de Dios es que nos movamos hacia la madurez, a pesar de todos nuestros pasados fracasos, faltas y retrasos. He visto empezar a cambiar a muchos adultos que pensaban que no podían hacerlo. Así que no estoy dispuesto a echarme para atrás y dejar que alguien permanezca aferrado al ayer, pensando: "¡Ay de mí!" Algunos de los cambios más drásticos que han ocurrido en mi vida, han tenido lugar en la edad adulta. Si ha sido posible en mí, hay una enorme esperanza para ti. Las actitudes pueden remontarse aun cuando nuestras circunstancias sean de desventaja y nuestro historial de inestabilidad.

La especialidad de Dios es renovar nuestras fuerzas, no recordarnos nuestras debilidades. Tómalo en fe, El conoce muy bien nuestras debilidades; sólo que prefiere, soberanamente, no detenerse ahí. Ellas se convierten en la plataforma sobre la cual El hace su mejor obra. ¡Anímate! Hay gran esperanza. Tú no vas a ser el primero a quien El ayude a llegar de la pubertad a la madurez.

ESA ELUSIVA CUALIDAD LLAMADA MADUREZ

Si la madurez es tan importante, necesitamos entenderla mejor. Mientras más claro tengamos el concepto en nuestras mentes, más fácil será concentrarnos en el objetivo.

¿Qué es exactamente?

Ser maduro es estar totalmente desarrollado, completo y "crecido". Volverse maduro es un proceso de moverse continuamente hacia la adultez emocional y espiritual. En ese proceso dejamos hábitos de la infancia y la adolescencia, y adoptamos un estilo de vida donde somos del todo responsables de nuestras propias decisiones, motivos, actos y consecuencias. Hace poco escuché a alguien decir que la madurez es la capacidad desarrollada de discernir para saber cómo vivir de forma apropiada y cambiar correctamente. En una palabra, es la *estabilidad*. Nunca "llegamos". Siempre estamos en el proceso de movernos hacia ese objetivo. También he observado que cuando la madurez se va produciendo, el equilibrio reemplaza a los extremos y una confianza plena sustituye la desagradable sensación de inseguridad. Se toman buenas en lugar de malas decisiones.

¿Cómo se expresa?

Me vienen a la mente muchas cosas cuando pienso en cómo se manifiesta todo esto. Están apareciendo señales de madurez cuando:

- Nuestra preocupación por otros pesa más que la preocupación por nosotros mismos.

- Detectamos la presencia del mal o el peligro antes que sea evidente.

- Tenemos sabiduría y comprensión al igual que conocimiento.

- Tenemos, más que grandes ideales: la disciplina para llevarlos a cabo.

- Nuestras emociones están atemperadas por la responsabilidad y la escrupulosidad.

- Nuestra capacidad de percatarnos de la necesidad va aparejada con nuestra compasión y dedicación.

- No sólo entendemos una tarea, sino también tenemos la fortaleza de seguir en ella hasta que esté terminada.

- Tenemos la voluntad de cambiar, una vez que nos convencemos de que se necesita una corrección.

- Tenemos la habilidad de crecer espiritualmente por medio de un acceso independiente a la Palabra de Dios.

Alguien lo resumió así:

La madurez es ser capaz de hacer un trabajo tanto si es supervisado como si no; terminar un trabajo una vez comenzado; llevar dinero sin gastarlo. Y por último pero no menos importante, ser capaz de soportar una injusticia sin desear vengarse.[2]

DOS LADOS DE UNA MISMA CUALIDAD

La mayoría de la gente que yo conozco estaría de acuerdo en que esas cosas describen lo que nos gustaría ser personalmente. Cuando pensamos en crecer, eso es lo que tenemos en mente. Una vez que lo hemos logrado, ¿quién no tendría razón para regocijarse? Pero el hecho es que, si mantenemos la actitud correcta, somos capaces de regocijarnos mientras estamos en el proceso de llegar a alcanzarlo. Eso es lo que resulta emocionante de las palabras de Pablo a sus amigos en Filipos. A lo largo de toda la carta él ha seguido enfatizando y alentando a un júbilo desbordante a pesar de las situaciones difíciles, debido a Cristo. De hecho, ahí empieza la próxima sección.

En gran manera me gocé en el Señor de que ya al fin habéis revivido vuestro cuidado de mí; de lo cual también estabais solícitos, pero os faltaba la oportunidad.

Filipenses 4:10

¿Quién dice esto? ¿Algún tunante que acaba de cerrar la transacción de su primer millón? ¿Una superestrella que recién firmó un increíble contrato? ¿Algún jovencito en sus veinte que está a punto de zarpar en una magnífica aventura? Nada de eso. ¿Creerías que es un judío de más de sesenta años, encadenado a un guardia romano en arresto domiciliario, sin saber si mañana lo van a matar, a llevar ante el juez o a liberarlo? Aunque está envejeciendo, se regocija. No obstante carecer de comodidades en su hogar y del privilegio de la privacidad, es feliz. A pesar de no tener una pista acerca de su futuro, le sonríe a la vida. Aunque lo anulan, lo fuerzan a permanecer en un lugar, le impiden por completo el ejercicio de un amplio ministerio, se sigue regocijando, se sigue riendo. Sin importarle lo que le suceda, Pablo se niega a dejarse atrapar por las garras del pesimismo.

La madurez de Pablo

Podemos dar un buen vistazo aquí al hombre que de verdad practicaba lo que predicaba. Encuentro en esta porción de la carta por lo menos cuatro características de la madurez en la vida de Pablo.

1. Está confirmando.

En gran manera me gocé en el Señor de que ya al fin habéis revivido vuestro cuidado de mí; de lo cual también estabais solícitos, pero os faltaba la oportunidad.

Filipenses 4:10

Las palabras pudieran sonar misteriosas si uno no entendiera que detrás de ellas está el apoyo económico de los filipenses. Cuando escribe que ellos han revivido su cuidado por él, Pablo quiere decir que ellos le han mandado otra contribución para ayudarle a seguir adelante. No te pierdas ni un detallito aquí. Cuando él dice: "De lo cual también estabais solícitos, pero os faltaba la oportunidad", quiere decir que ellos deseaban enviarle una ofrenda antes, pero o no sabían dónde estaba, o no tenían forma de hacérsela llegar. ¡Normalmente, es todo lo contrario! Tenemos oportunidad de enviar nuestro apoyo, pero nos falta cuidado. Me impresiona la afirmación de Pablo acerca de sus amigos. Esta es una carta de agradecimiento... un "acuse de recibo", pudiéramos decir. La implicación es tan considerada: Aun cuando no sabía de ustedes, sé que se preocupaban por mí. Pablo pensaba lo mejor de otros, no menos. El defendía sus intenciones. Incluso cuando no sabía de sus amigos, no dudaba de que se preocupaban.

Agradecemos lo que la gente hace. Confirmamos lo que son. Cuando le decimos gracias a alguien que termina una tarea, le expresamos nuestro agradecimiento. Pero cuando reconocemos y expresamos nuestra gratitud por lo que otros son —en carácter, en motivo, en sentimientos— los confirmamos y defendemos personalmente. Una señal de madurez es la habilidad de confirmar, no solamente agradecer. Qué fácil es ver a la gente (especialmente a los miembros de la familia y compañeros de trabajo) como hacedores de tareas, pero una mentalidad orientada hacia las tareas es incompleta. Y tan importante como puede ser el agradecimiento por un trabajo bien hecho, también es incompleto. Las personas no son herramientas humanas designadas para llevar a cabo una serie de tareas, sino seres humanos con almas y sentimientos. Cuán esencial es reconocer y confirmar lo que no se ve, las cualidades escondidas que hacen de un individuo una persona valiosa y digna. Los mejores líderes (como Pablo) agradecen y confirman.

Max DePree es presidente y funcionario ejecutivo principal de Herman Miller, Inc., la fabrica de muebles que la revista *Fortune* nombró como una de las mejores administradas y más innovadoras compañías. También fue escogida como una de las cien mejores compañías donde se puede trabajar en Norteamérica. En su libro *El liderazgo es un arte,* DePree habla de la importancia de la comprensión y el reconocimiento de la diversidad de dones internos y habilidades ocultas de la gente. Lo que él describe tiene que ver con la confirmación.

Mi padre tiene noventa y seis años. Es el fundador de Herman Miller, y parte de su contribución es mucho del sistema de valores y de la energía que encierra la compañía, un legado que todavía se conserva hasta hoy. En la industria del mueble de los años veinte, las máquinas de la mayoría de las fábricas no eran movidas por motores eléctricos, sino por poleas conectadas a un árbol de transmisión central. A ese eje central lo movía una máquina de vapor. La máquina de vapor se alimentaba de una caldera. La caldera, en nuestro caso, se alimentaba del aserrín, la viruta y otros desperdicios provenientes de nuestra sala de máquinas; un precioso ciclo.

El jefe de mantenimiento era la persona que supervisaba todo el ciclo y de la cual dependía toda la actividad de la operación. Era el hombre clave.

Un día murió.

Mi padre, siendo un joven administrador en aquel tiempo, no sabía muy bien qué debía hacer cuando moría una persona clave, pero pensó que debía ir a visitar a la familia. Fue a la casa y se le invitó a unirse a la familia en la sala. Había una conversación forzada; la clase con la cual muchos de nosotros estamos familiarizados.

La viuda le preguntó a mi padre si estaría bien que ella leyera unos poemas en voz alta. Naturalmente, él accedió. Ella fue a otra habitación, volvió con un libro encuadernado, y por muchos minutos leyó piezas escogidas de bellísima poesía. Cuando ella terminó, mi padre comentó la belleza de la poesía y preguntó quién la había escrito. Ella replicó que su esposo, el superintendente, era el poeta.

Han pasado casi sesenta años desde que el superintendente murió, y mi padre y muchos de nosotros en Herman Miller seguimos preguntándonos: "¿Era un poeta que trabajaba como superintendente, o un superintendente que escribía poesía?"

En nuestro esfuerzo por entender la vida de la compañía, ¿qué enseñanza debemos sacar de esta historia? Además de todos los promedios y metas y parámetros y fechas límites, es fundamental que los líderes respalden un concepto de personas. Esto comienza con la comprensión de la diversidad de los dones, talentos y habilidades de las personas.[3]

2. Está satisfecho.

No lo digo porque tenga escasez, pues he aprendido a contentarme, cualquiera que sea mi situación.

Filipenses 4:11

Por valiosa que pueda ser la confirmación, nunca es más evidente la madurez que cuando un individuo evidencia satisfacción. Y no había mejor modelo que Pablo, quien "aprendió a contentarse", sin tener en cuenta su situación. Para él no importaba si estaba libre o atado a un soldado... si el día era caluroso y húmedo o seco y frío... si los filipenses le enviaban un regalo o dejaban de hacer contacto con él. ¡Qué maravillosamente refrescante! ¡Cuán admirablemente maduro!

Algunas personas son termómetros. Simplemente *registran* lo que los rodea. Si la situación es tensa y apretada, registran tensión e irritabilidad. Si es tormentosa, registran preocupación y miedo. Si es calmada, tranquila y cómoda, registran relajación y paz.

Otros, sin embargo, son termostatos. Ellos *regulan* la atmósfera. Son los agentes de cambios maduros que nunca permiten que la situación les dicte nada a ellos.

Probablemente tú estés pensando ahora: "Desearía tener ese 'don de la satisfacción'". Espera. Eso no es un don. Es un rasgo aprendido. Pablo admite que él ha desarrollado la habilidad de aceptar y adaptarse. ¿Recuerdas? El escribió: "He aprendido a contentarme".

Eso me recuerda un comentario que escuchamos de varios hombres que habían sido prisioneros de guerra durante la guerra de Vietnam y sobrevivido a los horrores de Hanoi. Muchos de esos valientes decían lo mismo: "Aprendimos a las pocas horas lo que hacía falta para sobrevivir, y nos limitamos a adaptarnos a eso". No gimotearon ni se quejaron porque habían sido capturados. No se remordieron porque las condiciones eran miserables y la comida terrible. Decidieron adaptarse.

Es interesante que el término griego traducido como "contentarme" no significa "No me importa lo que suceda; permaneceré indiferente e insensible". No, este vocablo poco usado sugiere "autosuficiencia", y en el contexto de esta carta significa estar en paz en la suficiencia de Cristo. ¿Cómo pudo Pablo adaptarse y resistir? ¿Qué fue lo que alivió la tensión y le permitió estar tan relajado interiormente? Estaba convencido de que Cristo estaba junto a él, derramando sobre él su poder. Cuando creemos eso, *cualquier* cosa es soportable. *Nada* está fuera de control. Cuando genuinamente tenemos esa actitud, la risa brota fácil y naturalmente.

3. Es flexible

Sé vivir humildemente, y sé tener abundancia; en todo y por todo estoy enseñado, así para estar saciado como para tener hambre, así para tener abundancia como para padecer necesidad.

Filipenses 4:12

Qué lista más envidiable. Tres fuertes contrastes ilustran la habilidad del hombre para adaptarse:

Prosperidad   Estar saciado   Tener abundancia

Vivir humildemente   Tener hambre   Padecer necesidad

En el yo-yo de la vida, es esencial ser flexible. Pablo no estaba irritado porque estuviera en la calle, durmiendo bajo un puente con el estómago vacío. Tampoco estaba incómodo en un aposento alto, disfrutando deliciosas comidas en abundancia. Cuando carecía, no se quejaba. Y cuando era bendecido, no actuaba como un indigno ni se avergonzaba. Los hombres y mujeres maduros pueden manejar ambas situaciones sin perturbar su equilibrio espiritual o emocional.

Por alguna razón extraña, la mayoría de los cristianos que conozco luchan más con tener abundancia que con sufrir gran necesidad. Quizás eso explica la tendencia entre los cristianos a juzgar y criticar a otros creyentes que tienen riquezas y preciosas posesiones, aunque los hayan ganado honestamente y sean generosos. ¡Qué torpe inmadurez! Por alguna extraña razón, preferimos fanfarronear acerca de lo poco que tenemos antes que relajarnos en el contexto de la prosperidad que nos ha dado Dios. ¿Estoy promoviendo alguna clase de evangelio de "prosperidad"? De ninguna manera; pienso que tal enseñanza es una herejía. Pero mi preocupación aquí es que estemos tan dispuestos a "gozarnos con los que se gozan" como lo estamos a "llorar con los que lloran" (Romanos 12:15). Cuando me encuentro con quienes no pueden hacer ambas cosas con igual entusiasmo y apoyo, comprendo que el problema es la inmadurez. Lo que me preocupa más es la falta de interés en aprender a cambiar en esta área.

4. Está confiado.

Todo lo puedo en Cristo que me fortalece.

Filipenses 4:13

Mencioné antes que Pablo demostraba autosuficiencia en su satisfacción. Aquí está la declaración a que me referí cuando dije que él era suficiente en la suficiencia de Cristo. La Biblia al Día lo dice así:

Con la ayuda de Cristo, que me da fortaleza y poder, puedo realizar cualquier cosa que Dios me pida realizar.

Ninguna declaración de la Escritura habla más claramente del Cristo que mora en nuestro interior. Nuestro Salvador no sólo *vive* dentro de cada miembro de su pueblo, El también *derrama su poder* sobre nosotros. Y eso solo es suficiente para darnos confianza.

Piensa otra vez en la declaración de Pablo. Cualquier cosa que usemos para sustituir a "Cristo" no encaja en la declaración. Tratemos con varias.

"Todo lo puedo con las *drogas*". No.
"Todo lo puedo con la *educación*". No.
"Todo lo puedo con el *dinero*". No.
"Todo lo puedo con el *éxito*". No.
"Todo lo puedo con los *amigos*". No.
"Todo lo puedo con el *pensamiento positivo*". No.
"Todo lo puedo con la *influencia política*". No.

Ninguna otra cosa encaja... sólo Cristo. ¿Por qué? Porque nada ni nadie es capaz de darnos poder y suministrarnos la fuerza que necesitamos. Porque el cristiano tiene al mismo Señor viviendo dentro de sí, el potencial para la fortaleza interna (por ejemplo, la confianza) es ilimitada. Esto explica por qué aquellos que dieron su vida por cualquier causa justa a través de las edades lo hicieron con tanto valor. Con frecuencia fueron individuos débiles físicamente, de corta estatura, pero se negaron a echarse atrás. Unicamente el Cristo que mora en el interior y da el poder puede conceder a alguien tanta confianza. Es casi como si nos diera una sensación de victoriosa invencibilidad. Esa clase de confianza madura nos capacita para reírnos frente a la resistencia.

La madurez de los filipenses

Encontramos cuatro cualidades de madurez en Pablo:

• Confirmar a otros
• Satisfacción a pesar de todo
• Flexibilidad en cualquier situación
• Confianza por Cristo

Considero interesante que sus amigos cristianos de Filipos, de acuerdo con lo que él escribe de ellos, también demostraron madurez. Encuentro al menos tres características en sus vidas:

1. Compasión personal.

Sin embargo, bien hicisteis en participar conmigo en mi tribulación. Y sabéis también vosotros, oh filipenses, que al principio de la predicación del evangelio, cuando partí de Macedonia, ninguna iglesia participó conmigo en razón de dar y recibir, sino vosotros solos.

Filipenses 4:14-15

Pablo tenía numerosas necesidades mientras andaba en sus viajes misioneros. El soportó privaciones y desengaños, penas y aflicciones. A través de todo aquello, los filipenses le prestaron su apoyo. De hecho, ninguna otra iglesia demostró tal compasión personal —una señal de madurez—. Nunca vacilaron en apoyar al apóstol en su determinación de seguir viajando; lo respaldaron. No lo juzgaron cuando las cosas iban bien, ni se quejaron cuando vinieron los malos tiempos y no se veían los frutos de su labor; lo respaldaron. Se dolían cuando él sufría, oraban por él cuando no tenían contacto con él, y le mandaban amigos que lo confortaran cuando estaba en prisión. ¡Qué iglesia! No en balde sentía tal afecto por ellos.

2. Generosidad financiera.

Pues aun a Tesalónica me enviasteis una y otra vez para mis necesidades. No es que busque dádivas, sino que busco fruto que abunde en vuestra cuenta.

Filipenses 4:16-17

Quizás no haya mejor evidencia de la madurez que la generosidad financiera. Cuando las personas bondadosas y liberalmente ceden su tesoro para la causa de Cristo, es una señal de que están creciendo. Los de Filipos eran modelos de esto: "aun a Tesalónica". Esa era una ciudad más rica que Filipos. Sin embargo, cuando Pablo estuvo allí, los filipenses siguieron enviándole sus dádivas.

De paso, no te abalances sobre la segunda frase ("No es que busque...") demasiado rápido. Pablo no está interesado en recibir el dinero de ellos; más bien, estaba buscando el mejor interés de ellos. ¿Estoy diciendo que él no necesitara sus contribuciones económicas? Todo lo contrario. Probablemente no hubiera sobrevivido sin ellas.

Necesitamos toda una nueva mentalidad en lo que se refiere al dinero. La avaricia de esta época ha sido la causa de que el tema del dinero esté viciado y malentendido. El dinero, sin embargo, no es malo. Es inmaduro pensar eso. Aunque puede ser causa de abuso y de toda clase de maldad (1 Timoteo 6:10), la forma en que manejemos este medio de intercambio a menudo es un buen barómetro del crecimiento espiritual y emocional de uno. Pocas cosas pueden llevarse a cabo en el medio del ministerio sin la presencia del generoso apoyo económico de los siervos escogidos de Dios. Enfrentémonos a ello: el dinero y el ministerio con frecuencia fluyen juntos. No hay nada materialista en admitir la necesidad de dinero en nuestras vidas. Citando a la gran Sophie Tucker:

De la cuna a los dieciocho, una chica necesita
    buenos padres.
De los dieciocho a los treinta y cinco, necesita buena
    apariencia.
De los treinta y cinco a los cincuenta y cinco,
    necesita buena personalidad.
De los cincuenta y cinco en adelante, necesita dinero en
    efectivo.[4]

La necesidad de Pablo era de efectivo, no cabe duda. Como sus amigos eran maduros, respondieron generosamente.

3. Dedicación sacrificial.

Pero todo lo he recibido, y tengo abundancia; estoy lleno, habiendo recibido de Epafrodito lo que enviasteis; olor fragante, sacrificio acepto, agradable a Dios.

Filipenses 4:18

Cuando Pablo evalúa su situación, se percata de que no podía estar mejor atendido. Como dice, estaba "lleno". Tenía más que suficiente. Gracias a la dedicación sacrificial de los filipenses, sus necesidades estaban maravillosamente cubiertas. Y ¿no es esa la forma en que debe ser? Cuando la dádiva es entregada, alentada por el Espíritu de Dios, viene como "olor fragante", y da gran deleite a Dios.

Es como si el corazón de Pablo de pronto prorrumpiera en gratitud cuando él escribe esta espléndida promesa a sus amigos:

Mi Dios, pues, suplirá todo lo que os falta conforme a sus riquezas en gloria en Cristo Jesús.

Filipenses 4:19

Cuando Dios está en nuestros corazones compasivos, compeliéndonos a comprometernos en ayudar a otros... cuando El está en nuestros actos de generosidad, haciendo honor a nuestro respaldo de aquellos que se ocupan en el ministerio... y cuando El está en nuestra fuerte dedicación, usando nuestro sacrificio para bendecir otras vidas, El no nos olvida en nuestra necesidad. Es todo tan hermoso, tan simple, tan correcto. Es suficiente para hacer que cada uno de nosotros *¡se ría con ganas!*

Pero hay otra cara de la moneda de esto cuando algo que debe ser simple y hermoso puede volverse tramposo y feo. Todo el tema de las finanzas y el recaudar fondos y permanecer puro, humilde y agradecido en la manipulación del dinero es un peso muy gravoso que cuelga de los finos alambres de la integridad y la responsabilidad. Por causa de que unos pocos ministerios, raros casos negativos, han constituido los titulares por el mal uso de los fondos, algunos pudieran desacreditar todos los ministerios que necesitan el respaldo del pueblo de Dios. Eso es tan desafortunado como injusto. No se mira a todos los médicos con suspicacia porque unos pocos han sido culpables de malas prácticas. Dios honra la dedicación sacrificial de su pueblo y promete sus bendiciones sobre aquellos que dan para que su obra pueda continuar.

Es como si Pablo estuviese resumiendo sus pensamientos en el versículo final:

Mi Dios...   sus necesidades...   Sus riquezas...

Cuando esos tres ingredientes se unen bajo el control del Espíritu Santo, ¡es *algo* digno de contemplarse!

Antes que terminemos este capítulo, deseo dedicarme a la importancia de ganarse el respeto de aquellos que continúan respaldando a un ministerio. Como Pablo mantenía una vida de confianza y fe y tranquila seguridad en Dios, el pueblo en Filipos no dudaba en respaldarlo económicamente. Aunque a veces disfrutaba tiempos de abundancia y prosperidad, Pablo nunca se enamoró del éxito. El nada daba por sentado y seguía andando humildemente con Dios. Rehusaba creer en sus propios recortes de prensa y no perdía de vista que la mano de Dios estaba en todo.

Cuando el escándalo de la PTL acaparó la atención de los medios informativos nacionales, muchos en la iglesia, incluido yo, observábamos avergonzados e incrédulos. Mientras un acto vergonzoso tras otro salía a la luz pública, nuestra incredulidad se trocó en conmoción y vergüenza. Todos nosotros nos preguntábamos cómo podían suceder semejantes cosas en un ministerio. Algunas de las respuestas las suministró una entrevista que apareció en *Christianity Today* con Richard Dortch, quien estaba en el personal cuando PTL ganó popularidad. Para mí fue de especial interés cómo él describió la forma en que los administradores de aquella organización llegaron a definir el éxito:

Todo está vinculado a cuántas estaciones tenemos en la red o cuán grande es nuestro edificio. Es tan fácil perder el control, transigir sin reconocerlo. En PTL, no había tiempo dedicado a orar o a la familia, porque la presentación debía continuar. Estábamos tan ocupados en trabajar para la obra de Dios, que nos olvidamos de Dios.[5]

Con franqueza inusitada, el señor Dortch también mencionó el asombroso impacto de la televisión en el que estaba al frente bajo las luces brillantes, siempre ante una audiencia que aplaudía:

Una cámara de televisión puede cambiar a un predicador más rápidamente que ninguna otra cosa. Aquellos que nos sentamos a los lados podemos notar los cambios en la gente una vez que se paran ante una cámara. Transforma a un buen hombre en un potentado. Es tan fácil que nos arrastre la popularidad: Todo el mundo te ama, te esperan carros, y tú vas a la cabeza de la fila. Esa es la devastación de la cámara. Nos ha convertido en menos de lo que Dios deseaba que nos convirtiéramos.[6]

Las palabras del señor Dortch sacaron a la luz otro recordatorio sombrío de que la madurez, la integridad y la responsabilidad deben seguir presentes si tenemos la esperanza de conocer las bendiciones de Dios. El respaldo del pueblo es una encomienda sagrada, que nunca debe tomarse a la ligera.

HACIENDO DE LA MADUREZ UN ASUNTO PERSONAL

¿Cómo pueden extraerse esas verdades de la página impresa y transferirlas a nuestras vidas? ¿Qué es necesario si esperamos romper el síndrome egoísta y acelerar nuestro crecimiento hacia la madurez? Permíteme dejarte tres huesos para roer:

1. Mira adentro... y suelta. ¿Qué hay dentro de ti que está obstaculizando tu crecimiento? Cuando busques alrededor y encuentres algo a lo cual te estás aferrando demasiado fuerte, deliberadamente suéltalo. Sí, puedes hacerlo. Lo acabas de leer de la pluma de Pablo. Tú "todo lo puedes en Cristo". Deja que El te ayude a soltar los dedos apretados. El gozo interno comienza cuando no tengas "otros dioses delante de ti".

2. Mira alrededor... y responde. No esperes por algún otro. Actúa por ti mismo, espontáneamente. Los filipenses vieron a Pablo en necesidad y respondieron... una y otra vez.

Aun cuando otras iglesias no siguieron el ejemplo de ellos, estos creyentes de Filipos vieron la necesidad y respondieron. ¿Hay alguna necesidad que puedes ayudar a suplir? Decídete a responder.

Mira arriba... y regocíjate. Tú eres el receptor de Sus riquezas: ¡disfrútalas! Date cuenta de nuevo de todo lo que El ha hecho por ti; entonces regocíjate en el placer de ocuparte de otros. Entre la gente más feliz que existe, están aquellos que voluntariamente sirven a otros para la gloria de Dios. Algunas de las personas más tristes son aquellas que han cortado todo contacto con los que tienen necesidad.

Un comentario del libro de Jeanne Hendricks *Afternoon* (Tarde) me ha ayudado a recordar esto:

El vivir no es un deporte de espectadores. Nadie, a ningún precio, tiene el privilegio de sentarse en las gradas y observar la acción desde lejos. El haber nacido significa ser un participante en la arena de la vida, donde la oposición es feroz y la victoria la alcanzan sólo aquellos que emplean hasta su última onza de energía.[7]

La risa está relacionada definitivamente con mantenerse identificado con la gente. ¡Mantente identificado! Más aún, eso te ayudará a crecer mientras envejeces. Y mientras más identificado estés, menos te importará lo viejo que te estás poniendo.

A propósito, ¿cuán viejo *serías* tú si no supieras la edad que tienes?

14

Un gozoso adiós lleno de gracia

*E*STE HA SIDO EL LIBRO que yo más he disfrutado escribiendo. Los capítulos han fluido sin interrupción (¡el sueño de un escritor!), y el tema del gozo desbordante y la risa me ha levantado mi propio ánimo enormemente. Estoy convencido de que el Señor sabía que yo necesitaba una dosis de mi propia medicina. Con toda la pesadez y la "depresión de las malas noticias" con que he tenido que lidiar últimamente, estaba listo para recibir una inyección de despreocupación. Ha hecho efecto. Espero que en ti también.

Todo eso impulsa a una confesión: estoy cansado de esos creyentes que viven toda su vida con sus caras largas y pronunciando únicamente las palabras "¡Miserable de mí!" Comprendo que la vida no es un jardín donde siempre están floreciendo las rosas (la mía por cierto no lo es), pero seguro que es algo mejor que el Sendero de los Lamentos. Miro a algunos que proclaman ser "felices en su interior" y me pregunto si es que fueron bautizados en jugo de limón recién exprimido. ¿Cuándo nos metimos en esa tontería? Cada vez que alzo la vista y veo al doctor Polvoseco y a su esposa Gruñona que se dirigen a mí, siento la necesidad de correr y esconderme, o mejor, ¡irme en el rapto!

Recuerdo un chiste que toda madre de niños pequeños agradecerá. Un niñito de carita pecosa, de cinco o seis años, está de pie en pijama ante la puerta cerrada *con llave* de la habitación de su mamá. Tiene el aspecto de ser capaz de mantener en jaque a cinco o seis adultos robustos. El fondillo de su pijama está suelto y su pañal se sale empapado; a su osito le arrancaron la nariz y uno de los ojitos de botones le cuelga y el otro le falta. Está mirando un letrero, que cuelga del picaporte, en el cual su mamá escribió:

¡CERRADO PARA NEGOCIOS!
MATERNIDAD DESCOMPUESTA

Hay días en que estoy tentado a hacer lo mismo en la puerta de mi oficina. Sólo que mi letreto diría:

¡YA HE OIDO DEMASIADO!
MINISTERIO DESCOMPUESTO
ME FUI A PASEAR EN MI HARLEY
VOLVERE —QUIZAS— EN DOS DIAS

Hay días en que a un tipo como yo (y quizás tú te identifiques también) empieza a quedarse sin ideas de cómo ayudar a otros tipos a arreglar su vida que han convertido en un revoltijo. A veces mientras más trato, peor se ponen las cosas. ¿Te ha sucedido eso también? Entonces me entiendes. Pero quizás no tan bien como un tipo llamado R. D. Jones. La "Querida Abby" lo mencionó en una de sus columnas del periódico hace unos meses. Tenía que ver con un error tipográfico en la sección de clasificados de un periódico de un pueblecito y los subsecuentes intentos desastrosos de corregirlo. Las cosas fueron de malas a peores, a *horribles*.

Lunes: EN VENTA - R. D. Jones tiene una máquina de coser a la venta. Teléfono 948-0707 después de las 7 p.m. y pregunte por la señora Kelly quien vive con él barata.

Martes: NOTA - Lamentamos el error que apareció en el anuncio de R. D. Jones ayer. Debía haber dicho: Se vende una máquina de coser. Barata. Teléfono 948-0707 y preguntar por la señora Kelly que vive con él después de las 7 p.m.
Miércoles: NOTA - El señor R. D. Jones nos informó que ha recibido muchas llamadas telefónicas mortificantes debido al error que cometimos en su anuncio clasificado de ayer. Su anuncio corregido es así: EN VENTA - R. D. Jones tiene una máquina de coser a la venta. Barata. Teléfono 948-0707 p.m. y pregunte por la señora Kelly quien ama con él.
Jueves: NOTA - Yo, R. D. Jones, NO tengo máquina de coser alguna a la venta. LA ESTRELLE. No llamen al 948-0707, porque el teléfono está desconectado. No me he estado entendiendo con la señora Kelly. Hasta ayer era mi ama de llaves, pero renunció.[1]

Sugiero que R. D. Jones recoja una copia de mi libro el viernes y comience a leerlo inmediatamente. Y la señora Kelly debería emplear todo el fin de semana en lo mismo, sin parar.

En momentos así necesitamos encontrar alivio a los crueles vientos del desengaño y el desaliento de la vida. Para mí nada me hace mejor efecto que una pausa en el programa donde una risa a carcajadas y un completo cambio de paso me distrae la mente de todas la exigencias y las fechas topes. Y de todos los libros de la Biblia que ayudan a traer una perspectiva fresca, el mejor es Filipenses. Una y otra vez nos recuerda que podemos escoger el gozo sin reparar en nuestra situación, nuestras condiciones económicas, nuestra ocupación, nuestros pasados fracasos o en nuestro sufrimiento presente. Gracias a Dios, las cosas no necesitan ser perfectas o casi perfectas para que podamos concentrarnos en el lado iluminado de la vida.

¿DONDE HEMOS ESTADO?

Puesto que hemos llegado a las últimas pocas palabras que Pablo les escribió a sus amigos en Filipos, este es un buen momento para un breve repaso de dónde hemos estado. Entretejido en la trama de esta deliciosa carta ha estado un tema de gozo y regocijo de capital importancia.

* En el capítulo 1 de la carta encontramos *gozo en vivir.* ¿Recuerdas? Fue allí donde el Apóstol de la Gracia declaró: "Para mí el vivir es Cristo" (1:21). Mientras Cristo sea el centro de mi vida, nada podrá robarme el gozo que El me trae.

* En el capítulo 2 de Filipenses descubrimos que hay *gozo en servir.* ¿Y de quién aprendemos esto? Otra vez, Cristo es el modelo. Con una actitud de humildad y aceptación, El dejó el esplendor del cielo para venir y servir a otros en la tierra.

* En el capítulo 3 el mensaje importante fue el *gozo en la humildad.* Cristo, de acuerdo a ese capítulo, es nuestra meta. Pablo relaciona todos sus logros y esfuerzos humanos para admitir que, comparado con Cristo, esas cosas las "cuenta como pérdida". Cero. Comparada con la justicia de Cristo, el esfuerzo humano es nada más que algodón de azúcar.

* En el capítulo 4 aprendimos que hay *gozo en descansar.* ¿Por qué? Porque Jesucristo es nuestra causa de satisfacción. Podemos descansar en El, y mientras lo hacemos El derrama su poder en nosotros. Cuando lo hace, nuestra confianza se enciende y restablece otra vez.

Esta cartita, la más optimista de todas las que Pablo escribió, nunca deja de silenciar a los pesimistas y de levantarnos el ánimo. Rodeados de tantos que expresan desaliento, convencidos de que vamos directos a la ruina (con estadísticas que lo prueban), necesitamos que nos recuerden que Cristo todavía está triunfante. Nuestra situación puede ser un desafío, pero Dios no está estrujándose las manos, preguntándose cómo va a lograr que las cosas funcionen. Esa clase de razonamiento negativo se merece una de mis palabras griegas favoritas en respuesta: *Bazofia*.

Me encanta la manera en que G. Campbell Morgan se refiere a todo esto:

No me hacen gracia los que nos dicen hoy que estos son los días más oscuros que jamás se hayan visto. Los días en los que vivimos son horrorosos, pero no pueden compararse con las condiciones en el mundo cuando Jesús vino aquí. Los historiadores nos hablan de la *Pax Romana* y recalcan el hecho de que había paz por todas partes, la paz romana. No olviden que la paz romana fue el resultado del hecho de que el mundo había sido aporreado brutalmente hasta la sumisión a un poder central...

Sin tener en cuenta las condiciones prevalecientes, la nota dominante de esas cartas, que revelan la experiencia de la Iglesia, es una nota de triunfo. Los atroces y espantosos hechos y condiciones nunca están fuera de la vista; de hecho, están presentes todo el tiempo. Se ve que la gente sale y enfrenta esos hechos —y sufre a causa de ellos— pero nunca está deprimida o aplastada, nunca padece la fiebre del pesimismo. Siempre está triunfante. Esa es la gloria del cristianismo. Si alguna vez me veo tentado a pensar que la religión está casi muerta hoy, es cuando escucho los gimoteos de algunos cristianos: "Todo me sale mal", o "Todo está saliendo mal". ¡Oh, cállense! Piénsenlo otra vez, mírenlo otra vez, no juzguen por las situaciones de la hora que pasa sino por las cosas infinitas de nuestro Evangelio y de nuestro Dios. Y eso es exactamente lo que esa gente hizo.[2]

Me encantan sus agallas cuando se encuentra con los gruñones y los presagiadores de desastres: "¡Oh, cállense!"

¿COMO PROCEDEMOS?

Echemos un vistazo a los últimos comentarios de Pablo. Leamos sus palabras despacio, deliberadamente deteniéndonos en los términos importantes que usa:

> Mi Dios, pues, suplirá todo lo que os falta conforme a sus riquezas en gloria en Cristo Jesús. Al Dios y Padre nuestro sea gloria por los siglos de los siglos. Amén.
>
> Saludad a todos los santos en Cristo Jesús. Los hermanos que están conmigo os saludan. Todos los santos os saludan, y especialmente los de la casa de César. La gracia de nuestro Señor Jesucristo sea con todos vosotros. Amén.
>
> *Filipenses 4:19-23*

A diferencia de las fanfarrias de gran cadencia sinfónica, Pablo dice adiós en una forma discreta. Encuentro alrededor de cuatro afirmaciones a manera de staccato.

Primera, *él escribe acerca de la gloria del plan del Señor.* Escondido en el salón del trono de la existencia celestial de Dios están las "riquezas en gloria". El nos bendice con ellas y nos proporciona lo que necesitamos. El saca de ese almacén de provisiones infinito al suplir nuestras necesidades diarias. Y cuando lo hace, recibe la correspondiente gloria... para siempre. Observen cómo Pablo lo expresa:

Mi Dios, pues, suplirá todo lo que os falta conforme a sus riquezas en gloria en Cristo Jesús. Al Dios y Padre nuestro sea gloria por los siglos de los siglos. Amén.

Filipenses 4:19-20

Dios nos da de sus "riquezas en gloria", y a su vez, recibe la gloria. Nosotros diríamos que recibe el crédito. ¿Necesitan unos ejemplos?

- Cuando tu jefe se te acerca y te felicita —tú has sido ascendido— Dios recibe la gloria. Por supuesto que tú te sientes bien por eso y trabajaste duro para lograrlo, pero el crédito es de Dios.

- Una enfermedad te ha estado atormentando durante días, quizás meses. Mientras orabas y buscabas atención médica adecuada todo ese tiempo, hubo poco cambio. Para tu asombro, Dios intervino y resolvió el problema. ¿Quién puede explicar la curación que El ha realizado milagrosamente? No podemos explicarla, pero *podemos* darle a El la gloria. Y puesto que podemos, *debemos*.

- Uno de tus hijos ha sido un desafío muy especial. Casi desde su nacimiento ha sido problemático. Cuando ya estás a punto de alzar tus manos y rendirte, el Señor interviene y "suple todo lo que os falta conforme a sus riquezas en gloria", y tu reto casi adulto cambia de repente y comienza a comportarse como un modelo en responsabilidad, modales, y cortesía. Como resultado, Dios recibe la gloria... mientras tú recuperas la risa.

Cuán felices son aquellos a quienes Dios muestra Su gloria.

Segundo, *él menciona el saludo a los santos.*

Saludad a todos los santos en Cristo Jesús. Los hermanos que están conmigo os saludan. Todos los santos os saludan, y especialmente los de la casa de César.

Filipenses 4:21-22

Como podrás suponer, esas palabras han estimulado la imaginación durante siglos. Lo intrigante es la referencia de Pablo a "la casa de César". ¿Se referiría Pablo a la esposa e hijos del emperador? ¿Se trataría de su familia política y parientes lejanos? ¿Estaría refiriéndose *literalmente* a los que vivían allí?

Los eruditos más dignos de confianza sugieren que se refiere a un enorme cuerpo de personas en Italia y las provincias limítrofes, esclavos y ciudadanos libres por igual... miembros de una minoría selecta de la guardia imperial que servía a César, cada uno en su especialidad. Y no debemos olvidar la red de ejecutivos y administradores, secretarios y cortesanos dentro y alrededor del palacio real del César.

Si encuentras esto fascinante, como yo, las siguientes notas exitarán más todavía tu interés.

J. B. Lightfoot escribe:

Se ha creído que esta frase tiene que referirse a personas de alto rango y posición, poderosos favoritos de la corte, grandes funcionarios de estado o incluso parientes del mismo emperador.... El 'domus' o 'familia Caesaris' ... incluye a toda la casa imperial, desde el más humilde esclavo hasta el más poderoso cortesano.... En la misma Roma ... el 'domus Augusta' tiene que haber formado una parte considerable de la población total; pero comprendía a todas las personas al servicio del emperador, tanto si eran esclavos como hombres libres, en Italia e incluso en las provincias.[3]

William Ramsey, en su fascinante clásico, *St. Paul, the Traveler and the Roman Citizen* (San Pablo, el viajero y el ciudadano romano), añade esto:

El nuevo movimiento hizo significativos progresos en la vasta casa imperial.... La casa imperial era el centro de los negocios y mantenía íntimas relaciones con todas las partes del Imperio.... No cabe duda de que ... el cristianismo entró en el entorno doméstico del César antes que Pablo llegara a Roma; con toda probabilidad él tiene razón también en pensar que todos los esclavos de Aristóbolo (hijo de Herodes el Grande) y de Narciso (el hombre libre favorito de Claudio) habían pasado a ser considerados de la casa imperial, y que los miembros de esas dos *familiae* eran saludados como cristianos por Pablo (Romanos 16:10-16).[4]

Otra más, de Alfred Plummer del Trinity College de Oxford:

Había muchos judíos entre los funcionarios menores de la casa de Nerón, y fue probablemente entre ellos que el Evangelio ganó sus primeros convertidos.[5]

Existe la leyenda de que mientras Nerón estaba fuera de la ciudad, su esposa escuchó el mensaje cristiano y entregó su vida a Cristo. Cuando Nerón regresó y descubrió que ella se había convertido a Cristo, ¡su cólera no tuvo límites! Quizás fue eso lo que lo condujo a la súbita decisión de decapitar a Pablo.

Lo que yo quiero decir es que la notable diseminación del evangelio es suficiente para hacernos reír a carcajadas a todos. Cristo ha invadido e infiltrado la misma ciudadela de la incredulidad. ¿No es ello de admirar? En las mismas habitaciones donde Su nombre no podía mencionarse, se hablaba abiertamente de Cristo como Señor. Y todo eso estaba sucediendo ante las propias narices de Nerón ¡y él no podía impedirlo!

El ministro de música en la iglesia donde sirvo, Howie Stevenson, y su esposa Marilyn, junto con muchos amigos de nuestra iglesia y muchos otros de Estados Unidos, tuvieron el privilegio de llevar sus talentos a Moscú durante la Semana Santa ortodoxa en 1991. Fue una gran reunión de cristianos y no cristianos por igual. El lugar donde se llevó a cabo la ministración fue el Palacio del Congreso, donde el Soviet Supremo se había reunido durante tantos años. Ustedes deben haber visto el inmenso salón por televisión, con el enorme retrato de Lenin colgado delante de todos los asistentes. Excepto que en este caso, el retrato estaba cubierto. Y en lugar de proclamarse la propaganda comunista, Bill Bright, de la Cruzada Estudiantil para Cristo, predicó el Evangelio. Howie, acompañado por su esposa y dos de mis artistas musicales favoritos, Stephen Nielson y Ovid Young, en pianos dobles, dirigieron un gran coro que elevó las alabanzas a Jesucristo en la misma fortaleza del ateísmo.

Los salones estaban llenos con la majetuosa música del Mesías, Jesucristo, cuyo mensaje de perdón y gracia fue anunciado por televisión a millones de telespectadores en la tierra de Rusia... el mismo lugar donde pocos años atrás uno hubiera sido arrestado de inmediato por sólo mencionar el nombre de Jesucristo.

El domingo por la tarde el grupo fue a la Plaza Roja donde distribuyó cientos de miles de folletos que llevaban el mensaje de Cristo, incluso Nuevos Testamentos y Biblias en el idioma del pueblo. (En realidad les advirtieron que no lo hicieran muy abiertamente porque la multitud sedienta de más información acerca de Cristo podía aplastarlos.)

¿No es formidable? Ellos anunciaron con música y sin ella que Jesucristo es el Salvador, el Señor, el resucitado Ser Supremo. Podíamos decir que Cristo fue proclamado "incluso en la casa de Lenin". Debo confesar que cuando Howie informó del maravilloso éxito de su viaje y todos en nuestra iglesia aplaudieron vigorosamente, yo pensé: "¡En tu misma cara, Lenin, reina nuestro Dios!"

Mientras escribo esto estoy sonriendo. La idea de que ese mensaje triunfante sea proclamado públicamente en la región una vez prohibida de nuestro mundo es suficiente para hacerme reír a carcajadas. No puedo evitar preguntarme si Pablo, encadenado a aquel guardia uniformado y armado en su casita de Roma, no sonrió con deleite cuando vio en su mente el irresistible movimiento reformador del cristianismo abriéndose camino hasta los lugares menos imaginables de los dominios de Nerón. Sí, *¡nuestro Dios reina!*

Tercero, *Pablo reafirma la gracia del Salvador.* Nosotros esperaríamos eso de él ¿no es así? La gracia había vuelto y llegado a ser el tema de su vida para entonces. La ley vino por Moisés, pero la gracia vino a través de Jesucristo. Fue la gracia la que alcanzó a Pablo en su camino a Damasco. Fue la gracia la que lo salvó, cuando él se dio cuenta de que todos aquellos logros de su pasado eran obras hechas en la carne. Se le hizo obvio que la gracia sería su mensaje mientras Dios lo usara para ministrarles a los gentiles y ofrecerles la esperanza de que sus pecados serían perdonados y de un hogar en el cielo. Y fue la gracia la que le aseguró su propio destino eterno. Cualquier hombre cuya vida haya sido transformada de forma tan radical, tan completa, debido a la inigualable gracia de Dios, naturalmente la proclamaría desde las azoteas durante el resto de su vida.

Como escribió John Newton con igual pasión siglos después:

> En los peligros y aflicción
> que yo he tenido aquí;
> su gracia siempre me libró
> y me guiará feliz.[6]

Jamás canto ese gran himno antiguo sin darle gracias a Dios de nuevo porque a pesar de todas esas cosas que Él pudo haber tenido en contra de mí, me aceptó, me perdonó, me incluyó en su familia y algún día me recibirá en la gloria. Si todo eso no es suficiente para hacernos reír otra vez, no sé qué pudiera serlo.

Qué magnífica carta Pablo escribió desde Roma a sus amigos lejos en Filipos. Puedo imaginarme al canoso apóstol estirando su brazo esposado hacia Epafrodito, tomando de su mano el estilo... y trazando estas palabras finales con sus propios dedos:

Al Dios y Padre nuestro sea gloria por los siglos de los siglos. Saludad a todos los santos en Cristo Jesús.... Todos los santos os saludan, y especialmente los de la casa de César.... La gracia ... sea con todos vosotros. Amén.

Paulos

Y con eso Pablo enrolló el pergamino, abrazó a su amigo con una sonrisa, y lo envió en camino con la carta en la mano, habiendo orado por misericordias en el viaje. Puedo ver a Pablo sonriendo mientras con su mano despedía gozoso y lleno de gracia al hombre que jamás volvería a ver en esta tierra.

UN LEGADO GUARDADO COMO UN TESORO

Cuando terminé mi propio estudio de la Epístola a los Filipenses, experimenté una nostálgica aptitud para hacer descubrimientos deseables fortuitos. Cuando estaba guardando mis materiales de investigación, junto con la pluma y el papel, me llamó la atención un viejo libro de F. B. Meyer, uno de mis autores favoritos. Resultó ser su obra acerca de Filipenses, pero yo no la había consultado durante los meses que duró mi investigación.

Pensando que quizás hubiera algo que pudiera añadir algo a mi estudio, decidí sacarlo del estante y hojearlo antes de irme a casa ese día. Apagué la luz de arriba de mi despacho y, con sólo la luz de mi lámpara de mesa, me recosté en mi viejo butacón de cuero y abrí el libro de Meyer. Para mi inesperado deleite, no fueron las palabras de F. B. Meyer las que me hablaron ese anochecer, sino las de mi madre. Porque cuando empecé a mirarlo, me percaté de que este libro era uno de los muchos volúmenes que habían ido a parar a mi biblioteca provenientes de la de ella después de su muerte en 1971. Poco podía imaginarse ella, cuando escribió en él años antes, que sus palabras formarían parte de su legado a mí, su benjamín. Me senté muy quieto mientras asimilaba el milagro.

Con su propia letra inimitable, mi madre había hecho notas al márgen del texto a todo lo largo del libro. Cuando llegué al final, noté que ella había escrito estas palabras en la parte interior de la cubierta posterior: "Terminado de leer el 8 de mayo de 1958".

Alcé la vista en mi despacho en la penumbra y reflexioné: "Mil novecientos cincuenta y ocho". Mi mente me llevó al pasado a una islita en el sur del Pacífico donde yo había pasado muchos solitarios meses como marine. Recordé que había sido *en mayo de 1958* que yo había llegado a una encrucijada en mi propio peregrinaje. De hecho, había escrito las siguientes palabras en mi diario: "El Señor me ha convencido de que tengo que servirle. Empezaré a hacer los planes a fin de prepararme para una vida de ministerio". Asombrosamente, había sido en ese mismo mes de ese mismo año que mi madre había terminado de leer el libro de Meyer. Mientras volvía las páginas, encontré una referencia tras otra de sus oraciones por mí mientras yo estaba lejos... su preocupación por mi bienestar espiritual... su deseo porque Dios hiciera lo mejor en mi vida. Y ocasionalmente ella había insertado un ingenioso chiste o un comentario humorístico.

Regresando al principio del libro, encontré otra interesante nota, también con una fecha. Decía: "Gráfico de Filipenses que Charles me envió por correo cuando él estaba ministrando en Massachusetts, 1966". Cuando miré el gráfico, otro recuerdo me invadió. Recordé cuando preparé ese gráfico y se lo mandé a ella durante mis años en Nueva Inglaterra. Otra vez alcé la mirada y reviví esos años entre 1958 y 1966. ¡Qué pasaje más importante! Durante todo ese tiempo, ahora me daba cuenta, mi madre había orado por mí y me había amado y buscado de Dios lo mejor para mí.

Al lado opuesto de la habitación, en mi despacho, cuelga un óleo con una luz encima, que arroja un resplandor dorado sobre el lienzo de colores. La pintura fue un regalo que mi madre me hizo unos años después que yo había entrado en el ministerio. Lo había pintado ella. Representa a un pastor rodeado de un puñado de ovejas sobre una verde ladera.

Yo había mirado ese cuadro incontables veces, pero esta vez fue singular. En el extremo 'inferior derecho observé su nombre y la fecha... sólo pocos días antes que fuera a la presencia del Señor. Atrapado en el embeleso de ese momento nostálgico, apagué la luz de mi lámpara de mesa y contemplé la iluminada pintura. Allí estaba sentado, veinte años después que ella había dejado a un lado el pincel, agradeciéndole a Dios de nuevo las oraciones de mi madre, mi peregrinaje y, especialmente, Su presencia. Con fidelidad, benevolencia y discreción, El me había conducido, ayudado y bendecido. Incliné mi cabeza y le di gracias por su continua benevolencia... y lloré de gratitud.

De repente, el agudo timbre del teléfono rompió el silencio mi hijo menor, Chuck, me llamaba para contarme algo gracioso que había sucedido. Enseguida estuve de otro ánimo y disfruté uno de esos deliciosos y despreocupados momentos que comparten un padre y un hijo. Mientras nos reíamos juntos, me instó a regresar a casa.

Después de su llamada devolví a su lugar el libro de F. B. Meyer. Al abandonar mi despacho, me detuve junto al cuadro y pensé en el papel tan importante que mis padres habían desempeñado en aquellos años formativos de mi vida... y cómo la antorcha había pasado de ellos a Cynthia y a mí, para que a nuestra vez hiciéramos lo mismo con nuestros hijos e hijas... y ellos, en su tiempo, con los suyos. Mientras apagaba la luz sobre el cuadro, sonreí y dije: "Adiós, Madre". En la oscuridad de aquella habitación casi pude escuchar su voz que contestaba: "Adiós, Charles. Te amo, hijo. Todavía estoy orando por ti. Sigue el sendero de Dios... y no olvides divertirte con tu familia esta noche".

¡Qué legado más preciado!: oraciones devotas, amor perdurable, risa franca y jovial. Esa es la forma en que debe ser.

Epílogo

El sentido del humor de Dios me ha intrigado durante años. Lo que me asombra, sin embargo, es la cantidad de gente que no piensa que El lo tenga. De verdad que no puedo imaginarme cómo no son capaces de verlo. El nos hizo a ti y a mí ¿no es cierto? Y ¿qué me dices de esas criaturas del zoológico que lucen tan cómicas y siguen atrayéndonos allá? Si ellas no son prueba del sentido del humor de nuestro Creador, no sé qué otra cosa puedan ser. ¿Has mirado con detenimiento un koala (osito australiano) o un perezoso de dos dedos, o un hormiguero gigante, o un jabalí de verrugas últimamente? ¡Son comiquísimos! Cada vez que miro a un camello, no me río para mis adentros, acordándome de las palabras de un bromista que dijo que le recordaba a un caballo ensamblado por un comité. Sinceramente me pregunto si Dios mismo no se rió cuando dejó a algunas de estas criaturas en nuestro planeta hace siglos.

Lamentablemente, el humor de Dios no ocupa un lugar importante en las obras serias de teología. Yo lo sé; he estado comprobándolo durante años y sintiéndome decepcionado. En mis cuatro intensivos años de estudio en una excelente escuela de teología, no recuerdo una sola vez que un profesor hubiera tratado el tema del sentido del humor de Dios. Y en todas mis lecturas desde entonces —treinta años de búsqueda— rara vez he encontrado algo más que una línea dejada caer despreocupadamente acerca del tema.

Eso está mal. Porque la impresión que nos deja es que nuestro Señor es un Soberano muy serio que no tiene lugar en su carácter para al menos unos momentitos de diversión.

A lo más, esta caricatura ceñuda y tensa sugiere que El es una representación celestial de algún· venerable teólogo terrenal; sólo que más viejo y más sabio. ¡Por favor! Seguramente no es blasfemo pensar que se escuchan risas en el cielo en ocasiones especiales. ¿Por qué no? Hay toda la razón para creer que eso podría suceder en Su infinita y santa presencia, donde todo está bien y no existe el mal. Después de todo, Dios ve todo lo que sucede en esta humana comedia de errores... El lo entiende todo.

El tiene que haber sonreído, por ejemplo, cuando Elías se burló de los falsos profetas en el monte Carmelo, preguntándoles si sus dioses se habían ido de viaje o se habían dormido o se sentían *indispuestos* (1 Reyes 18:27). ¿Y qué me dices de aquel tipo llamado Eutico, que escuchando predicar a Pablo se quedó dormido y se cayó por la ventana de un tercer piso (Hechos 20:9)? No te preocupes, él se recobró... pero ¿van a sentarse aquí y decirme que a Dios no le hicieron gracia estas cosas?

Piensa en cuántas veces a los predicadores se les ha enredado la lengua y han soltado una estúpida tontería. Una vez mientras estaba explicando que muchos del tiempo de Cristo esperaban que El viniera a romper el yugo de Roma, me salió "rugo de Yoma". Pero eso no fue ni de lejos lo sensacional que la vez en que yo estaba describiendo la peculiar estrategia empleada por Josué y sus guerreros para derrumbar las murallas de Jericó. En lugar de decir que iban a marchar alrededor de la muralla, decidí decir que ellos iban a circunscribir la muralla, pero inadvertidamente me salió "circuncidar la muralla"... lo cual hizo que el salón se viniera abajo. ¿Me van a decir que Dios no se rió?

Uno de mis mentores me dijo que a él una vez lo presentó un predicador campesino como "el profesor del Departamento de Predicación Supositiva". Le pregunté qué había hecho él cuando se levantó a predicar después de eso. Se sonrió y dijo: "Bueno, Chuck, me limité a ponerme de pie y "supuse" la Palabra, como lo hago siempre". Con toda seguridad el

Dios al cual servimos encuentra esos momentos tan risibles como nosotros.

Y qué decir de esas embarazosas erratas y anuncios mal redactados que aparecen en los boletines* de las iglesias, como:

* Esta tarde habrá reuniones en los extremos norte y sur de la iglesia. Se bautizarán los niños en los dos extremos.

* El coro participará en los cantos comunales locales, que están abiertos a cualquiera. Estarán pecando [cantando] a las 6:p.m. este domingo.

* Habrá una reunión de pecado [canto] en la casa de los Johnson esta tarde. Inmediatamente después del mensaje del pastor: "Comunión íntima".

* Declaración de Fe No. 738: "La Avaricia apostólica" [el Credo apostólico].

* Solo: "Hay una bomba [bálsamo] en Galaad"

* Orden del servicio: Oración silenciosa y medicación"

* Esto se imprimió después de una comida con múltiples aportes en la iglesia: "Señoras, si les faltan tripas [vasijas], las encontrarán en la cocina de la iglesia".

* El pastor Brown se casará con [casará a] su hijo el próximo domingo por la mañana.

¡Semejantes historias abundan! Y nunca me convencerán de que Dios no se divierte con tales cosas ni se ríe con algunos de nosotros de nuestra bien intencionada seriedad.

---

* Nota de la traductora: muchas de estas notas pierden su humor al traducirse y habría que sustituirlas por otras.

Creo que El nos entiende perfectamente. El entiende a los niñitos que se urgan en la nariz en la iglesia porque están aburridos. No hay arreglo con El. Tiene que reírse con algunas de las notas que los niños le envían al pastor, también, como ésta que leí recientemente:

> Querido pastor:
>
> Sé que Dios ama a todo el mundo, pero El no conoce a mi hermana.
>
> Sinceramente suyo,
>
> Arnold

Un amigo me habló de otra que él leyó:

> Querido *paster* [engrudador]:
>
> Mi padre no pudo dar más $$dinero$$ a la *glesia*. EL es un buen cristano, pero tiene un jefe *barato* [tacaño].
>
> Ronald

Seguramente que Dios sonríe cuando escucha oraciones como la que Erma Bombeck dice que ella le ha dirigido durante años: "Señor, si no puedes hacerme más delgada, entonces haz que mis amigas luzcan gordas".

¿No es Dios quien nos insta a que "hagamos sonidos gozosos ante el Señor?" [Traducción al inglés de Salmo 100:1 y otros pasajes de los Salmos.] ¿Por qué siempre pensamos que significa cantar? Me parece a mí que el sonido gozoso más obvio es la risa. Decimos que creemos en reírnos y en tener un semblante gozoso. No estoy tan seguro. He visto gente citar versículos como "Regocijaos en el Señor siempre" mientras sus caras daban la impresión de que acababan de enterrar a un tío rico que le ha dejado toda se fortuna a su curiela embarazada. Algo falta.

Todos tenemos mejor apariencia y nos *sentimos* mejor cuando nos reímos. No conozco otro sonido tan contagioso. Y sin embargo, hay tantos que no se cansan de decir: "La vida no es cosa de risa". Puede que no lo sea para ellos, pero tengo que admitir que para mí a menudo lo es. El saber que Dios hace que "todas las cosas ayuden a bien", y que nosotros, su pueblo, estamos en camino a un hogar eterno en los cielos sin temores ni lágrimas, le quita el aguijón a este paréntesis temporal al cual llamamos vida terrenal.

El hijo pródigo se quedó asombrado por la inmediata aceptación de su padre, su perdón espontáneo y su amor incondicional. Después de haber estado tan alejado, tan desesperado, tan espantosamente solo, no sabía qué otro camino tomar que el del regreso. Entonces, cuando sus fuerzas se agotaban, se encontró de pronto a salvo en los brazos de su papá, cubierto de besos y rodeado de una benevolencia expresiva. El becerro grueso... una túnica suave y tibia, nuevas sandalias cómodas, y el más caro de los anillos eran suyos... sin condiciones... sin período de prueba. No es sorprendente que aquel hogar pronto estuviera lleno de "música y danza". Cuando Jesús contó la historia, El tuvo el cuidado de agregar: "Y comenzaron a regocijarse".

Entonces, ¿por qué no debíamos nosotros de hacer lo mismo?

A lo largo de estas páginas te he estado instando a que te despreocupes. No pudiera haberlo hecho sin saber que Alguien, como el padre del hijo pródigo, te está buscando diligentemente. Cada día escudriña el horizonte y espera pacientemente a que aparezcas. No ha escatimado recursos. Una cruz chorreando sangre en la cual murió su Hijo es ahora un recuerdo doloroso, pero era esencial para resolver el problema del pecado.

Cada día El le dice a nuestro mundo: "Todo está perdonado... vuelve a casa". Sus brazos están abiertos, y en su rostro hay una amplia, muy amplia, sonrisa. La banda está tocando. El banquete está listo para ser servido. Todo lo que se necesita eres tú.

Vuelve a casa. Te sentirás tan contento como yo lo estuve. De hecho, antes que te des cuenta, comenzarás a reír otra vez.

Notas

NOTA PARA LA EDICION EN ESPAÑOL:
Esta bibliografía se incluye para el uso de aquellos que pueden leer inglés, idioma en que originalmente fue escrita esta obra, y para dar crédito a las fuentes de las cuales se valió el autor para información o apoyo. Se ha dejado sin traducir porque casi todas las obras citadas existen sólo en el idioma inglés.

Introducción

1. James S. Huett, ed., *Illustrations Unlimited* (Wheaton, Ill.:Tyndale, 1988), 101.

Capítulo 1/Tu sonrisa aumenta tu valor personal

1. G. K. Chesterton, Orthodoxy (New York: Dodd, Mead and Co., 1954), 298.
2. Adaptado de "The Chair Recognizes Mr. Buckley," citado en *Tabletalk* 17, no. 1 (marzo 1992): 9.
3. Jane Canfield, en *Quote/Unquote*, comp./ Lloyd Cory (Wheaton, Ill.: Victor Books 1977), 144.
4. Helen Mallicoat, "I Am," in Tim Hansel, Holy Sweat (Waco, Tex.:Word Books,1987), 136. Usado con permiso.
5. Hansel, *Holy Sweat,* 58-59.

Capítulo 2/Pon la proa al gozo

1. Ella Wheeler Wilcox, "The Wind of Fate," en The Best Loved Poems of the American People, comp. Hazel Felleman (Garden City, N.Y.:Garden City Books, 1936), 364.

2. Kenneth S. Wuest, *Philippians in the Greek New Testament* (Grand Rapids, Mich.: William B. eerdmans Publishing Co., 1942), 26-27.

3. William Griffin,"On Making Saints,"*Publishers Weekly*, 5 de Octubre de 1990, 34.

4. Anonimo.

5. John Powell, *Why Am I Afraid to Tell You Who I am?* (Chicago, Ill.: Argus Communications Co., 1969), 54-55.

6. Ibid., 5

7. Ibid., 56-57.

8. Ibid.,61-62.

9. Ibid., 61-62.

10. Howard Taylor y Mary G. Taylor, *El secreto espiritual de Hudson Taylor (Editorial Vida)*.

11. Wilcox, "The Wind of Fate," 364.

Capítulo 3/¡Qué manera de vivir!

1. G.W. Target, "The Window," de *The Window and other Essays* (Boise, Idaho: Pacific Press Publishing Association, 1973), 5-7.

2. Stuart Briscoe, *Bound for Joy:Philippians-Paul's Letter from Prison* (Glendale, Calif.: Regal Books, 1975), 25.

3. Samuel Johnson a Lord Chesterfield, 19 de septiembre de 1777, citado en John Bartlett, *Familiar Quotations,* ed. Emily Morison Beck (Boston, Mass.: Little, Brown and Co., 1980), 355.

4. Anónimo.

Capítulo 4/Riendo en medio de los dilemas de la vida

1. De "Jesus Is All the World to Me," Will L. Thompson {1847-1909}.

2. Horatious Bonar, "Thy Way, Not Mine," *Baker's Pocket Treasury of Religious Verse*, ed. Donald T. Kauffmann (Grand Rapids, Mich.: Baker Book House, 1962), 219. Usado con permiso.

3. Anónimo.

4. Citado por J.Foster, *Then and Now* (London, 1945), 83, citado en, de Ralph P. Martin, *The Epistle of Paul to the Philippians* (Grand Rapids, Mich.: William B. Eerdmans Publishing Co., 1959), 88.

-5. "God's Gargoyle: An Interview with Malcolm Muggeridge," *Radix/Right On* (mayo de 1975):3.

Capítulo 5/El secreto velado de una vida feliz

1. Canfield, *Quote/Unquote,*23.

2. De "Al contemplar la excelsa cruz," de Isaac Watts [1674-1748].

3. Harry A. Ironside, *Notes on the Epistle to the Philippians* (Neptune, N.J.: Loizeaux Brothers, 1922), 38-39.

4. D. Martyn Lloyd-Jones, *The Life of Joy: An Exposition of Philippians 1 and 2* (Grand Rapid, Mich.: Baker Book House, 1989), 142-43.

5.Ironside, *Notes on the Epistole to the Phillippians,*, 47.6. De "Holy, Holy, Is What the Angels Sing," Rev. Johnson Oatman, Jr.

Capítulo 6/Mientras te ríes, ¡mantén tu equilibrio!

1. "Advice to a (Bored) young Man", citado en, de Ted W. Engstrom, *Motivation to Last a Lifetime* (Grand Rapids, Mich.:Zondervan, 1984), 23-24.

2. Mark Twain, *Pudd'nhead Wilson* [1894], "Pudd'n-head Wilson's Calendar," citado en, de Barlett, *Familiar Quotations,* 624.

3. Jimmy Bowen, citado en, de Sharon Bernstein, "When Entertainment Lip Syncs Modern Life," *Los Angeles Times,* 29 de noviembre de 1990, F1.

4. Ibid/

5. Eugene H. Peterson, *Five Smooth Stones for Pastoral Work* (Atlanta, Ga.: John Knox Press, 1980), 47.

6. J.B. Priestly en *Macmillan Dictionary of Quotations*(Norwalk, Conn.: Easton Press, 1989), 120.

7. "World May End with a Splash," *Los Angeles Times,* 9 de octubre de 1982.

8. Julia Seton, *Quote\Unquote,* 67.

9. Laurence Peter y Bill Dana, *The Laugher Prescription* (New York:Ballantine Books, 1987), 42.

10. Jim McGuiggan, *The Irist Papers* (Fort Worth, Tex.:Star Bible Publications 1992), 42.

11. John Wooden, *They Call Me Coach* (Waco, Tex.: Word Books, 1972), 184.

12. Origen desconocido.

Capítulo 7/Los amigos hacen la vida más divertida

1. Michael LeBoeuf, *How to Win Customers and Keep Them for Life* (New York: Berkley Books, 1987), 84-85.

2. "How Importand Are You,"(C) United Technologies Corporation, 1983. Usado con permiso.

3. Briscoe, *Bound for Joy,* 92-93.

4. Leigthon Ford, *Transforming Leadership* (Downers Grove, Ill.: InterVarsity Press, 1991), 139-41.

5. J. B. Lightfoot, *St Paul's Epistle to the Philippians*(London: Macmillan and Co., 1908),123.

6. William Hendriksen, *New Testament Commentary* (Grand Rapids, Mich.:Baker Book House, 1962),144-45.

Capítulo 8/Esperanzas de dicha para los grandes realizadores

1. Joe Lomusio, *If I should Die Before* (Fullerton, Calif.:R.C. Law & Co. 1989,144-45.
2. Tim Hansel, *When I Relax I Feel Guilty* (Elgin, Ill.:David C.Cook Publising Co., 1979),20-22.
3. G.K.Chesterton, *The Napoleon of Notting Hill* (New York:Paulist Press, 1978),37.
4. William Barclay, *The Mind of St Paul*(New York:Harper and Brothers Publishers, 1958),17-19.
5. Archibald T. Robertson *Word Pictures in the New Testament,*vol. 4 (Nashville, Tenn.:Broadman Press, 1931), 453.
6. "I Met My Master," *Poems That Preach,* ed. John R. Rice (Wheaton, Ill.: Sword of the Lord Publishers, 1952),18. Usado con permiso.

Capítulo 9/Perseverando juntos con ahínco y disfrutándolo

1. *Los Angeles Times,* 27 de enero de 1991.
2. Henry David Thoreau, citado en, de Bartlett, *Familiar Quotations,*590.
3. John Pollock, *The Man Who Shook the World* (Wheaton, Ill.: Victor Books, 1972), 18.
4. Robert Ballard, "A Long Last Look an Titanic", *National Geographic* 170, no.6 (diciembre de 1986):698-705.
5. Bob Benson, *Laughter in the Walls* (Nashville, Tenn.: Impact Book, 1969), 16-17. Usado con permiso.
6. Benjamin Franklin, al firmar la Declaración de Independencia [4 Julio de 1776], citado en, de Barlett, *Familiar Quotations,*348.
7. De "Higher Ground," Johnson Oatman, Jr.[1856-1926].

Capítulo 10/Es un mundo loco, malo y triste, pero...

1. Flannery O'Connor, *Mystery and Manners* (New York: Farrar, Straus and Giroux, 1969), 167.
2. A.W.Tozer, *The Root of Righteousness (Harrisburg, Pa.: Christian Publications, 1955), 156.*
3. Norman Cousins, Anatomy of an Illness as Perceived by the Patient (New York: Norton, 1979), 25-43.
4. G.K. Chesterton, The Common Man (New York: Sheed and Ward, 1950), 157,58.
5. Barbara Johnson, *Splashes of Joy in the Cesspools of Life* (Dallas, Texas: Word Publishing,1992), 65.

Capítulo 11/Desactivando la discordia

1. Karen Mains, *The Key to a Loving Heart* (Elging, Ill: David C. Cook, 1979), 143-44.
2. Thomas Brookes, *The Golden Treasure of Puritan Quotations,* ed. I. D. E. Thomas (Chicago, Ill.: Moody Press, 1975), 304.
3. Marshall Shelley, *Well-Intentioned Dragons* (Waco, Texas: "Word Books/CTi, 1985), 11-12.
4. Leslie B.Flynn, *You Don't Have to Go It Alone* (Denver, Colo.: Accent Books, 1981), 117.

Capítulo 12/Liberándote para reír otra vez

1. Jean Jacques Rousseau, Du Contrat Social [1762], bk. 1, chap. 1, citado en, de Bartlett, *Familiar Quotations,*358.
2. W.Grant Lee, in Bartlett, *Familiar Quotations,*174.
3. Fred Allen, en *Quote/Unquote, 174.*
4. Ruth Harms Calkin, "Spiritual Retreat", *Lord, You Love to Say Yes* (Elgin, Ill.: David C.Cook, 1976), 16-17. Usado con permiso.

5. Citado por Ruth Bell Graham, *Prodigals and Those Who Love Them* (Colorado Spring, Colo.: Focus on the Familiy Publishing, 1991), 44.

Capítulo 13/No olvides divertirte mientras creces

1. Anónimo.
2. Fred Cook, en *Quote/Unquote,*200.
3. Max DePree, *Leadership Is an Art* (New York: Dell Publishing, 1987), 7-10. Usado con permiso de Doubleday, dependencia de Bantam Doubleday Dell Publishing Group, Inc.
4. Sophie Tucker, citado en, de Rosalind Russell y Chris Chase, *Life Is a Banquet* (New York: Random Housem, 1977), 2.
5. Citado en "I Made Mistakes", entrevista con Richard Dortch, *Christianity Today,* 18 de marzo de 1988, 46-47.
6. Ibid.
7. Jeanne Hendricks, *Afternoon* (Nashville, Tenn.: Thomas Nelson Publishers, 1979), 103.

Capítulo 14/Un gozoso adiós lleno de gracia

1. De The California Newspaper Association.
2. G. Campbell Morgan, *The Unfolding Message of the Bible* (Westwood, N.J.: Fleming H. Revell Co., 1961), 367.
3. J. B. Lightfoot, *Notes on the Epistle to the Philippians,* 171.
4. W. M. Ramsay, *St Paul, the Traveller and the Roman Citizen* (London: Hoddern and Stoughton, 1895), 352-53.
5. Alfred Plummer *A Commentary on St Paul's Epistle to the Philippians* (London: Robert Scott Roxburghe House, 1919), 107.
6. De "Sublime gracia", de John Newton [1725-1807].

¿Se siente usted limitado en su "vida cristiana"?

Una fe sencilla
Charles R. Swindoll

¿Por qué tantas personas acaban atrapadas por sistemas de fe complicados que se basan en lo que uno hace? ¿Por qué esforzarnos en sobrepasar nuestros límites, empeñados en realizar más obras de las que cualquier fariseo razonable habría demandado? Hemos de correr a un paso que esta entre lo frenético y lo desequilibrado para demostrar que somos de los fieles? ¡"No"! es la respuesta enfática del autor de varios de los libros de gran demanda, Chuck Swindoll.

Aquí, al fin, tenemos una estimulante invitación a la fe sencilla. Abandone el cristianismo de emulación y rompa los barrotes que aprisionan a los espíritus.

498515 ISBN 1-56063-212-7

Adquiéralo en su librería favorita
Distribuido por Spanish House, Miami FL 33172